국가직무능력표준
표준 및 활용패키지 **문화재 관리(학예)**

초판인쇄 2015년 07월 03일
초판발행 2015년 07월 07일

저자 한국산업인력공단
발행처 진한엠앤비
주소 서울시 서대문구 독립문로 14길 66 210호
　　　(냉천동 260, 동부센트레빌아파트상가동)
전화 02) 364 - 8491(대) / 팩스 02) 319 - 3537
홈페이지주소 http://www.jinhanbook.co.kr
등록번호 제313-2010-21호 (등록일자 : 1993년 05월 25일)
ⓒ2015 jinhan M&B INC, Printed in Korea

ISBN 979-11-7009-376-3 (93550) [값 : 26,000원]

☞ 이 책에 담긴 내용의 무단 전재 및 복제 행위를 금합니다.
☞ 잘못 만들어진 책자는 구입처에서 교환해드립니다.
☞ 본 도서는 「공공데이터 제공 및 이용 활성화에 관한 법률」을 근거로 출판되었습니다.

C.o.n.t.e.n.t.s

I. 국가직무능력표준 개요

1. 국가직무능력표준 개념 ··· 03
2. 사업수행 법적근거 ··· 03
3. 국가직무능력표준 구성 ··· 04
4. 국가직무능력표준 수준체계 ··· 05
5. 국가직무능력표준 분류체계 ··· 06

II. 환경분석

1. 노동시장분석 ··· 09
2. 교육훈련 현황 분석 ·· 14
3. 자격 현황 분석 ·· 20
4. 해외사례 분석 ··· 22

III. 표준 및 활용패키지

직무명 : 학예

1. 직무 개요 ·· 35
    1) 직무 정의 ··· 35
    2) 능력단위 ·· 35
    3) 능력단위별 능력단위요소 ··· 36
2. 능력단위별 세부내용 ··38

C.o.n.t.e.n.t.s

3. 관련자격 개선의견 …………………………………………………… 111
4. 활용패키지 …………………………………………………………… 113
   1) 평생경력개발 경로 ……………………………………………… 115
      ① 평생경력개발경로 모형 …………………………………… 116
      ② 직무기술서 ………………………………………………… 119
      ③ 채용·배치·승진 체크리스트 …………………………… 145
      ④ 자가진단도구 ……………………………………………… 166
   2) 훈련기준 ………………………………………………………… 190
   3) 출제기준 ………………………………………………………… 231

IV 부 록

1. 문화재관리 산업현장 검증 ………………………………………… 251
2. 문화재관리 표준 개발 참여 전문가 명단 ………………………… 254

CHAPTER I

국가직무능력표준 개요

1 국가직무능력표준 개념

○ 국가직무능력표준(NCS, national competency standards[1])은 산업현장에서 직무를 수행하기 위해 요구되는 지식·기술·소양 등의 내용을 국가가 산업부문별·수준별로 체계화한 것으로, 국가적 차원에서 표준화한 것을 의미

[그림1] 국가직무능력표준 개념도

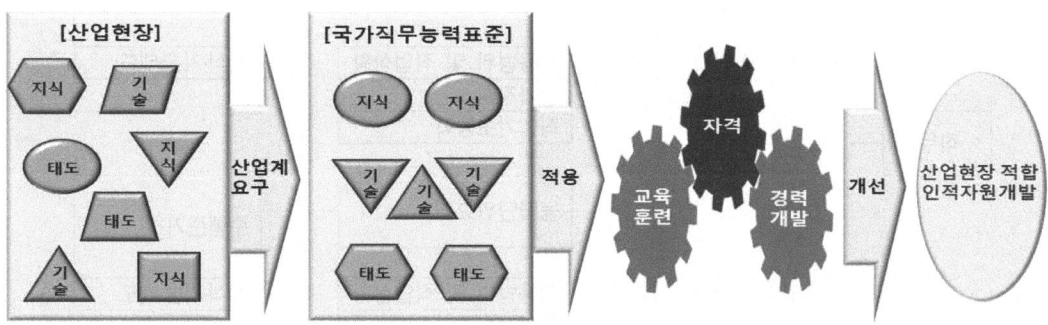

2 사업수행 법적근거

「자격기본법」 규정

(제2조제2호) "국가직무능력표준"이란 산업현장에서 직무를 수행하기 위하여 요구되는 지식·기술·소양 등의 내용을 국가가 산업부문별·수준별로 체계화한 것을 말한다.

---

1) 표준국어대사전('12년, 국립국어원)
  ① 직무능력
   - 직무(職務) : 직책이나 직업상에서 책임을 지고 담당하여 맡은 사무. '맡은 일'로 순화.
   - 능력(能力) : 일을 감당해 낼 수 있는 힘.
  ② 표준
   - 표준(標準) : 사물의 정도나 성격 따위를 알기 위한 근거나 기준.

3 국가직무능력표준 구성

○ 직무는 국가직무능력표준 분류체계의 세분류를 의미하고, 원칙상 세분류 단위에서 표준이 개발
○ 능력단위는 국가직무능력표준 분류체계상 세분류의 하위단위로서 국가직무능력표준의 기본 구성요소에 해당

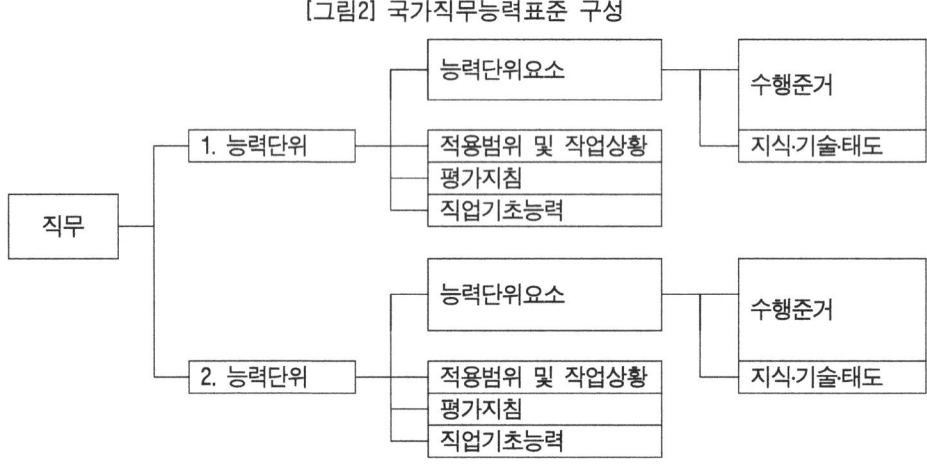

[그림2] 국가직무능력표준 구성

※ 능력단위는 능력단위분류번호, 능력단위정의, 능력단위요소(수행준거, 지식·기술·태도), 적용범위 및 작업상황, 평가지침, 직업기초능력으로 구성

구 성 항 목	내 용
① 능력단위분류번호 (competency unit code)	· 능력단위를 구분하기 위하여 부여되는 일련번호로서 12자리로 표현
② 능력단위명칭 (competency unit title)	· 능력단위의 명칭을 기입한 것
③ 능력단위정의 (competency unit description)	· 능력단위의 목적, 업무수행 및 활용범위를 개략적으로 기술
④ 능력단위요소 (competency unit element)	· 능력단위를 구성하는 중요한 핵심 하위능력을 기술
⑤ 수행준거 (performance criteria)	· 능력단위요소별로 성취여부를 판단하기 위하여 개인이 도달해야 하는 수행의 기준을 제시
⑥ 지식·기술·태도(KSA)	· 능력단위요소를 수행하는 데 필요한 지식·기술·태도
⑦ 적용범위 및 작업상황 (range of variable)	· 능력단위를 수행하는데 있어 관련되는 범위와 물리적 혹은 환경적 조건 · 능력단위를 수행하는 데 있어 관련되는 자료, 서류, 장비, 도구, 재료
⑧ 평가지침 (guide of assessment)	· 능력단위의 성취여부를 평가하는 방법과 평가시 고려되어야 할 사항
⑨ 직업기초능력 (key competency)	· 능력단위별로 업무 수행을 위해 기본적으로 갖추어야할 직업능력

4 국가직무능력표준 수준체계

수준	직무수준 정의
8수준	- 해당분야에 대한 최고도의 이론 및 지식을 활용하여 새로운 이론을 창조할 수 있고, 최고도의 숙련으로 광범위한 기술적 작업을 수행할 수 있으며 조직 및 업무 전반에 대한 권한과 책임이 부여된 수준 (지식기술) - 해당분야에 대한 최고도의 이론 및 지식을 활용하여 새로운 이론을 창조할 수 있는 수준 - 최고도의 숙련으로 광범위한 기술적 작업을 수행할 수 있는 수준 (역량) - 조직 및 업무 전반에 대한 권한과 책임이 부여된 수준 (경력) - 수준7에서 2-4년 정도의 계속 업무 후 도달 가능한 수준
7수준	- 해당분야의 전문화된 이론 및 지식을 활용하여, 고도의 숙련으로 광범위한 작업을 수행할 수 있으며 타인의 결과에 대하여 의무와 책임이 필요한 수준 (지식기술) - 해당분야의 전문화된 이론 및 지식을 활용할 수 있으며, 근접분야의 이론 및 지식을 사용할 수 있는 수준 - 고도의 숙련으로 광범위한 작업을 수행하는 수준 (역량) - 타인의 결과에 대하여 의무와 책임이 필요한 수준 (경력) - 수준6에서 2-4년 정도의 계속 업무 후 도달 가능한 수준
6수준	- 독립적인 권한 내에서 해당분야의 이론 및 지식을 자유롭게 활용하고, 일반적인 숙련으로 다양한 과업을 수행하고, 타인에게 해당분야의 지식 및 노하우를 전달할 수 있는 수준 (지식기술) - 해당분야의 이론 및 지식을 자유롭게 활용할 수 있는 수준 - 일반적인 숙련으로 다양한 과업을 수행할 수 있는 수준 (역량) - 타인에게 해당분야의 지식 및 노하우를 전달할 수 있는 수준 - 독립적인 권한 내에서 과업을 수행할 수 있는 수준 (경력) - 수준5에서 1-3년 정도의 계속 업무 후 도달 가능한 수준
5수준	- 포괄적인 권한 내에서 해당분야의 이론 및 지식을 사용하여 매우 복잡하고 비일상적인 과업을 수행하고, 타인에게 해당분야의 지식을 전달할 수 있는 수준 (지식기술) - 해당분야의 이론 및 지식을 사용할 수 있는 수준 - 매우 복잡하고 비일상적인 과업을 수행할 수 있는 수준 (역량) - 타인에게 해당분야의 지식을 전달할 수 있는 수준 - 포괄적인 권한 내에서 과업을 수행할 수 있는 수준 (경력) - 수준4에서 1-3년 정도의 계속 업무 후 도달 가능한 수준

수준	직무수준 정의
4수준	- 일반적인 권한 내에서 해당분야의 이론 및 지식을 제한적으로 사용하여 복잡하고 다양한 과업을 수행하는 수준 (지식기술) - 해당분야의 이론 및 지식을 제한적으로 사용할 수 있는 수준 - 복잡하고 다양한 과업을 수행할 수 있는 수준 (역량) - 일반적인 권한 내에서 과업을 수행할 수 있는 수준 (경력) - 수준3에서 1-4년 정도의 계속 업무 후 도달 가능한 수준
3수준	- 제한된 권한 내에서 해당분야의 기초이론 및 일반지식을 사용하여 다소 복잡한 과업을 수행하는 수준 (지식기술) - 해당분야의 기초이론 및 일반지식을 사용할 수 있는 수준 - 다소 복잡한 과업을 수행하는 수준 (역량) - 제한된 권한 내에서 과업을 수행하는 수준 (경력) - 수준2에서 1-3년 정도의 계속 업무 후 도달 가능한 수준
2수준	- 일반적인 지시 및 감독 하에 해당분야의 일반 지식을 사용하여 절차화되고 일상적인 과업을 수행하는 수준 (지식기술) - 해당분야의 일반 지식을 사용할 수 있는 수준 - 절차화되고 일상적인 과업을 수행하는 수준 (역량) - 일반적인 지시 및 감독 하에 과업을 수행하는 수준 (경력) - 수준1에서 6-12개월 정도의 계속 업무 후 도달 가능한 수준
1수준	- 구체적인 지시 및 철저한 감독 하에 문자이해, 계산능력 등 기초적인 일반지식을 사용하여 단순하고 반복적인 과업을 수행하는 수준 (지식기술) - 문자이해, 계산능력 등 기초적인 일반 지식을 사용할 수 있는 수준 - 단순하고 반복적인 과업을 수행하는 수준 (역량) - 구체적인 지시 및 철저한 감독 하에 과업을 수행하는 수준

5 국가직무능력표준 분류체계

대분류	중분류	소분류	세분류
08 문화·예술·디자인·방송	01 문화·예술	04. 문화재 관리	01 학예 02 문화재 보수 03 문화재 보존

※ 세분류는 NCS분류체계 전체를 기재하고, 당해 개발분은 음영처리

CHAPTER II

환경분석

1 노동시장분석

1 산업현장 직무능력수준

직능수준＼세분류	01. 학예	02. 문화재보수	03. 문화재보존
7 (직무경험: 10~12년)	1급 학예사		
6 (직무경험: 7~9년)	2급 학예사	문화재 보수 기능·기술장	문화유산 보존연구관
5 (직무경험: 4~6년)	3급 학예사	문화재 보수 기능·기술사	문화유산 보존처리사 문화유산 보존연구사
4 (직무경험: 1~3년)	준학예사	문화재 보수 기능·기술자	문화유산 보존연구원

※ 자료 : 문화재청, 국립중앙박물관, 큐넷

문화재 관리 분야의 직무능력 수준은 위 표와 같다. 학예의 경우 준학예사, 3급 학예사, 2급 학예사, 1급 학예사로 구분되며, 문화재 보수의 경우 문화재 수리기능·기술이 직무 경력에 따라 나누어진다. 또한, 문화재 보존의 경우 문화유산보존연구원, 문화유산보존연구사, 문화유산보존처리사, 문화유산보존연구관으로 세분화하여 구분할 수 있다.

2 사업체 및 종사자 수

소분류	세분류	관련업종	사업체수	종사자수
04.문화재관리	01. 학예	박물관 및 사적지 관리 운영업	1,161	11,079
	02. 문화재보수	문화재수리업	420	2,990 이상
	03. 문화재보존	박물관, 발굴기관, 문화재수리관련업체	1,581	14,069
합 계			3,162	28,138 이상

※ 자료 : 통계청 사업체 조사(2012), 문화재청(2014)

학예의 경우 박물관 및 사적지 관리 운영과 관련된 사업체 수는 1,161개 종사자사수는 11,079명으로 추정되며, 문화재 보수의 경우 문화재청에 문화재수리업으로 등록된 업체 수는 420개가 있다. 문화재 보수 종사자수는 문화재 수리 등에 관한 법률에 나와 있는 문화재수리업 공사업등록기준에 의거하여 보수단청업, 실측·설계업, 조경업, 보존과학업, 식물보호업, 실측·감리업별로 필요한 최소 인원이 2,990명임을 뜻 하며, 실제로는 이보다 많을 것으로 추정 된다. 문화재 보존의 경우 각급 박물관과, 문화재 보수 현장에도 포진 되어 있기 때문에 사업체수와 종사자수는 학예와 문화재 보수 사업체를 합한 수치 1,581개, 종사자수는 14,069명 이상으로 볼 수 있다.

③ 인력배출 현황

중분류	소분류	학과	교육훈련기관	'11년(명) 입학	'11년(명) 졸업	'12년(명) 입학	'12년(명) 졸업	'13년(명) 입학	'13년(명) 졸업
01. 문화·예술	04. 문화재 관리	문화재보존과학과	대학원(1)	33	16	20	13	28	17
		문화재보존관리학과	대학원(1)	2	3	-	6	-	2
		문화재보존학과	대학원(2)	25	8	14	15	17	15
		문화재학과	대학원(5)	57	20	30	16	37	15
		문화재학협동과정	대학원(1)	13	26	16	20	10	14
		박물관.미술관학과	대학원(1)	8	5	12	10	7	8
		박물관과	대학원	3	5	1	7	-	-
		미술관·박물관학전공	대학원(1)	11	6	8	11	9	7
		문화재과학과	대학원(1)	9	4	7	6	7	5
		문화재과학학과간 협동과정	대학원(1)	10	2	4	4	6	3
		문화유산학협동과정	대학원(1)	10	1	12	4	5	4
		문화유산·문화콘텐츠학협동과정	대학원(1)	4	-	2	-	3	-
		문화재보존학과 협동과정	대학원(1)	-	-	2	-	4	-
		문화유산보존전공	대학원(1)	-	-	8	-	5	-
		문화유산정책전공	대학원(1)	-	-	7	-	10	-
		문화유산활용전공	대학원(1)	-	-	10	-	10	-
		무형유산학과	대학원(1)	-	-	-	-	10	-
		수리복원학과	대학원(1)	-	-	-	-	19	-
		박물관학과	대학원(1)	-	-	-	-	-	7
		회화문화재 보존수복학과	대학원(1)	3	4	6	-	4	1
		문화유산학과	대학원(1)	-	-	-	-	7	-

중분류	소분류	학과	교육훈련기관	'11년(명) 입학	'11년(명) 졸업	'12년(명) 입학	'12년(명) 졸업	'13년(명) 입학	'13년(명) 졸업
01. 문화·예술	04. 문화재 관리	고고학과	대학원(4)	4	53	14	26	14	22
		국사학과	대학원(7)	7	51	32	54	23	47
		사학과	대학원(48)	48	313	160	325	174	304
		서양사학과	대학원(1)	1	3	5	3	2	5
		역사문화학과	대학원(2)	2	8	1	9	3	5
		역사학과	대학원(2)	2	22	7	15	5	7
		고고미술사학과 고고학전공	대학원	-	4	2	2	4	-
		역사·문화학과	대학원(1)	1	3	1	7	2	-
		한국사학/고고학전공	대학원(1)	1	-	10	-	3	-
		역사전공	대학원	-	-	1	-	-	-
		한국사학전공	대학원(1)	1	10	-	9	-	12
		역사.고고학과	대학원(1)	1	10	-	10	-	7
		역사고고학과	대학원(1)	1	5	-	2	-	3
		전통문화학부	대학(1)	17	-	20	-	-	-
		인문학부(고고문화인류학전공)	대학(1)	-	18	-	21	-	16
		문화재전공	대학(1)	-	-	-	-	-	-
		고고·미술사학과	대학(1)	40	-	35	-	39	-
		전통문화재학전공	대학(1)	-	-	-	-	-	11
		고고미술사학과 미술사학전공	대학(1)	-	-	-	-	-	4
		문화재·보존학과	대학(1)	-	-	19	-	18	-
		역사문화콘텐츠학과	대학(1)	-	-	-	-	41	-
		문화재발굴보존학과	대학(1)	30	11	30	15	30	15
		문화재보존전공	대학(1)	-	-	-	-	-	-

중분류	소분류	학과	교육훈련기관	'11년(명)		'12년(명)		'13년(명)	
				입학	졸업	입학	졸업	입학	졸업
01. 문화·예술	04. 문화재 관리	문화재·관광학부	대학(1)	36	-	-	-	-	-
		고고학과	대학(3)	68	58	69	44	68	57
		역사고고학과	대학(1)	44	14	40	36	40	28
		국제문화과	전문대학(1)	21	21	-	11	-	7
		문화재과	전문대학(2)	34	-	34	23	34	26
		문화재관리과	전문대학(1)	-	12	25	-	8	-
		민족문화과	전문대학(1)	44	32	44	40	43	24
		박물관과	전문대학	-	15	-	-	-	-
		박물관 큐레이터과	전문대학(1)	30	-	23	17	-	22
		문화재발굴과	전문대학	24	-	-	-	-	11
	합 계			1,058	514	960	549	931	564

※ 자료 : 교육부통계 (2011-2013)

　　　　소분류 문화재 관리와 관련된 학과는 대학원에 34여개 학과, 대학교에 15여개 학과, 전문대학에 7여개 학과가 개설되어 있으며, 2011년에 관련학과에 1,098명이 입학하여 539명이 졸업했으며, 2012년에는 1,001명이 입학하여 558명이 졸업, 2013년에는 970명이 입학하여 580명이 졸업하였다. 교육훈련기관 대학원, 대학, 전문대학 뒤에 있는 숫자는 각 학과가 있는 학교 수를 말하며 명시되어 있지 않은 것은 폐과된 학과임을 의미한다. 다른 분야에 비해서 입학자 대비 졸업자 수가 낮은 것을 특징으로 볼 수 있는데 입학자는 서서히 감소하는 한편 졸업자가 다소 증가하여 그 격차는 점차 줄어들고 있는 추세이다.

4 직업정보

세분류		학예	문화재보수	문화재보존
직업명		큐레이터 (학예사)	전통건물건축원	문화재보존원
종사자수		17,700 명	8,147 명	17,700 명
종사 현황	연령	20대 17% 30대 57% 40대 25% 50대 1%	20대 10% 30대 17% 40대 30% 50대 43%	20대 25% 30대 47% 40대 23% 50대 5%
	임금	하위(25%) 2,650만원 중위(50%) 3,800만원 상위(25%) 4,500만원	하위(25%) 2,750만원 평균(50%) 3,000만원 상위(25%) 3,500만원	하위(25%) 1,975만원 중위(50%) 3,000만원 상위(25%) 3,600만원
	학력	고졸이하 0% 전문대졸 3% 대졸 28% 대학원졸 69%	고졸이하 65% 전문대졸 8% 대졸 24% 대학원졸 3%	고졸이하 4% 전문대졸 3% 대졸 45% 대학원졸 49%
	성비	39:61(남:여)	98:2(남:여)	63:37(남:여)
	근속년수	6.2년	-	6.2년
관련 자격		학예사	건축목재시공기능장 (국가기술), 문화재수리기능자 (국가전문) 문화재수리기술자 (국가전문) 실내건축기능사, 산업기사, 기사(국가기술)	문화재수리기술자

※ 자료 : 한국고용정보원 한국직업전망, 한국직업정보 시스템,

문화재 관리의 세분류별 종사자수는 뚜렷하게 구분되어 있는 통계들이 많지 않다. 학예사와 문화재 보존원의 종사자수는 합이 17,700명, 전통건물건축원의 경우 8,147명이 종사하고 있음을 한국고용정보원 통계에 의해 찾아볼 수 있다. 학예사의 경우 30대가 57%로 종사자수의 절반 이상을 차지하며, 전통건물건축원의 경우 4-50대가 73%로 상당 부분을 차지한다. 또한 문화재 보존원의 경우 47% 정도의 30대 연령이 종사하고 있음을 알 수 있다. 학력의 경우 학예사의 경우 69% 정도가 대학원 졸 이상의 인력이 종사하고 있으며, 전통건물건축원의 경우 65% 정도의 고졸이하 인력이 종사하고 있고, 문화재 보존원에 종사하고 있는 인력은 대졸 이상이 94%에 달한다. 또한 성비면에 있어서 학예사는 여성 근로자가, 전통건물건축원과 문화재 보존원은 남성 근로자가 절반 이상을 차지한다.

2 교육훈련 현황 분석

1 교육훈련기관 현황

중분류	소분류	학과	교육훈련기관 구분	계	교육훈련기관
01. 문화·예술	04. 문화재 관리	문화재 계열	대학원	22	경주대학교, 경희대학교, 고려대학교, 공주대학교, 국민대학교, 덕성여자대학교, 동덕여자대학교, 동양대학교, 명지대학교, 서울교육대학교,, 원광대학교, 용인대학교, 중앙대학교, 전남대학교, 충북대학교, 한국전통문화대학교, 한양대학교, 한서대학교 외 4
		역사·고고학 계열	대학원	69	건국대학교, 경희대학교, 국민대학교, 군산대학교, 단국대학교, 동국대학교, 서강대학교, 서울대학교, 서울시립대학교, 성균관대학교, 연세대학교, 이화여자대학교, 부산대학교, 충남대학교, 한양대학교 외 54
		전통건축 학과	대학	3	계명대학교, 명지대학교, 한국전통문화대학교
		역사계열	대학	76	덕성여자대학교, 서울대학교, 동아대학교, 부산대학교, 충남대학교, 경북대학교, 명지대학교, 충북대학교, 전북대학교, 목포대학교, 동국대학교, 인제대학교, 고려대학교, 세경대학교, 용인대학교, 한중대학교, 공주대학교, 한서대학교, 예원예술대학교, 경주대학교, 동양대학교, 연세대학교, 전남대학교, 한양대학교, 강원대학교, 영남대학교, 건국대학교, 경희대학교, 국민대학교, 동덕여자대학교, 상명대학교, 서강대학교, 서울시립대학교,서울여자대학교, 세종대학교, 숙명여자대학교, 숭실대학교, 이화여자대학교,중앙대학교, 한성대학교, 경성대학교, 동의대학교, 부경대학교, 신라대학교, 인하대학교, 대전대학교, 목원대학교, 한남대학교, 계명대학교, 전남대학교, 조선대학교, 가톨릭대학교, 경기대학교, 단국대학교, 대진대학교, 수원대학교, 한국외국어대학교, 한신대학교, 강릉원주대학교, 강원대학교, 관동대학교, 연세대학교, 한림대학교, 청주대학교, 선문대학교, 군산대학교, 원광대학교, 순천대학교, 동국대학교, 안동대학교, 경남대학교, 창원대학교, 제주대학교, 한국전통문화대학교
		고고학	대학	15	덕성여자대학교, 서울대학교, 동아대학교, 부산대학교, 충남대학교, 경북대학교, 명지대학교, 충북대학교, 한국전통문화대학교, 전북대학교, 목포대학교, 동국대학교, 인제대학교, 고려대학교, 세경대학교

중분류	소분류	학과	교육훈련기관		
			구분	계	교육훈련기관
		인류학	대학	8	덕성여자대학교, 서울대학교, 연세대학교, 전남대학교, 한양대학교, 강원대학교, 목포대학교, 영남대학교
		문화재	대학	9	한국전통문화대학교, 공주대학교, 동양대학교, 용인대학교, 한서대학교, 예원예술대학교, 경주대학교, 경북과학대학교, 한중대학교,
		문화재	전문대학	4	대전보건대학교, 전남도립대학교, 서일대학교, 경북과학대학교

※ 자료 : HRD-net, 전문대학교육협의회

② 관련학과 교과과정

중분류	소분류	교육훈련기관			
		구분	과목	내용	비율
01. 문화·예술	04. 문화재 관리	대학원 1	문화재 보존복원 특론	문화재 보존을 위한 전반적 개론	10%
			고고학, 미술사 특론	문화재 이해를 위한 고고학, 미술사적 개론	10%
			한국건축사	건축 문화재 이해를 위한 개론	5%
			전통기술사	전통 기술 및 재료 연구	5%
			문화재 분석학	문화재 재질 분석	10%
			무기물 문화재 보존 특론	금속, 도자기, 석재 등 무기물 보존 연구	10%
			유기물 문화재 보존 특론	지류, 직물, 목재, 회화 등 유기물 보존 연구	10%
			문화재 보존환경	문화재 보존을 위한 실내외 환경 연구	10%
			문화재 재료학 실습	문화재 보존 복원 실습	10%
			문화재 기기분석 실험	분석 기기 원리 및 작동, 데이터 해석 연구	10%
			문화재 보존 안전	문화재 안전 상태 및 방재 대책 연구	5%
			문화재 보존설계 계획	문화재 상태 조사 및 보존 계획서 작성	5%
		대학 1	문화재 보존학 개론	문화재 보존을 위한 전반적 개론	10%
			고고학, 미술사 개론	문화재 이해를 위한 고고학, 미술사적 개론	5%
			한국문화사	한국 문화재 이해를 위한 개론	5%
			문화재 보존기초화학	문화재 보존을 위한 기초 화학 연구	5%
			문화재 분석기초	문화재 재질 분석	5%
			무기물 문화재 보존 실습	금속, 도자기, 석재 등 무기물 보존 연구	10%
			유기물 문화재 보존 실습	지류, 직물, 목재, 회화 등 유기물 보존 연구	10%
			문화재 보존생물학	문화재 보존을 위한 생물학 연구	5%
			문화재 재료학 기초 실습	문화재 보존 복원 재료학 실습	10%

중분류	소분류	교육훈련기관			
		구분	과목	내용	비율
			문화재 기기분석 기초 실험	분석 기기 원리 및 작동, 데이터 해석 연구	5%
			문화재 사진학	문화재 사진 촬영 및 영상처리 기법	5%
			컴퓨터그래픽	CAD, 실측, 일러스트, 3D 등 실습	5%
			기초 조형 실습	드로잉, 조소 등 실습	5%
			문화재 복제 실습	모사, 복제품 등 제작 실습	5%
			유적 현장 실습	유물 수습, 유구 보존 등 실습	5%
			문화재 보존 현장 실습	유관 기관 현장 실습	5%
		대학 2	건축역학	각 부재 단면의 저항 특성과 힘의 전달, 부재 설계를 위한 기본과정과 구조시스템 이해	5%
			전통건축재료 및 결구	3D 그래픽 프로그램 사용, 소로수장 기둥, 창방, 평방, 주두, 보, 장여 접합부 및 회첨접합부 등을 연습	5%
			건축설계입문	기초적 도면 표시방법과 제도기구의 사용법 등 건축도학이론 숙지, 선 연습, 문자 연습, 작도법, 건축사진 연습	5%
			건축조형설계	건축조형 및 공간 구성에 대한 이해	5%
			한국건축역사	한국건축역사의 흐름, 한국전통건축의 구조형식과 조형이론, 한국전통의 건축사상에 따른 건축공간 개념	5%
			현장실습	문화유산의 현장을 직접 답사하여 의미와 특성 구조 이해	5%
			한국목조건축사론	목조건축물에 나타나는 역사성과 공간성을 비교 분석하여 한국목조건축사의 흐름을 이해	5%
			CAD	3D 프로그램으로 건축물을 3D로 표현	5%
			사찰 전시공연장설계	사찰설계를 통하여 전통건축의 목구조시스템과 의장요소 등을 보다 다양하고 면밀하게 접근	5%

중분류	소분류	교육훈련기관			
		구분	과목	내용	비율
			현대건축계획	유형별 건축계획 시 적용되는 건축 이론 및 고려해야 할 사항을 포함한 계획방법을 학습	5%
			전통건축구조	전통목구조 부재 상세를 정확히 이해하고 부재간 연결을 이해	5%
			전통실내설계	실내디자인의 기본개념과 디자인원리, 요소를 기초적인 지식으로 습득하여 이를 바탕으로 전통건축의 세부기법과 마감, 재료에 대한 분석과 평가를 하며 이를 바탕으로 전통건축의 복원설계 및 일반 실내 설계를 실습	5%
			현대건축론	근대건축의 전개과정에서 건축이론을 정리하고 성립배경과 근대건축의 특징을 학습	5%
			전통건축시공	문화재수리현장에서 기준으로 삼고 있는 문화재수리표준시방서, 품셈과 문화재수리공사 후 발간된 각종 수리공사보고서 등을 이용하여 기본적인 수리원칙과 수리방법을 학습	5%
			전통도시계획론	도시계획의 역사, 도시계획 이론, 도시계획의 제도 및 체계 등을 학습	5%
			전통건축환경계획	친환경 건축설계의 개념에 대한 이해와 구체적인 도입 및 실천에 필요한 여러 가지 디자인 방법에 대해 학습	5%
			한국근현대건축론	한국의 건축적·도시적 특성에 대해 학습	5%
			문화재건축감리	건축 감리에 대한 각종 제도와 업무내용의 이해를 통하여 건축 감리분야의 기초과정을 학습	5%
			한국석조건축사론	석조건축물에 대해 이론적인 체계를 구축	5%

중분류	소분류	교육훈련기관			
		구분	과목	내용	비율
		전문대학	전통건축복원응용설계	전통건축 복원설계는 실제유적지를 대상으로 대지분석, 평면분석, 입면설계, 단면 설계를 목표로 함	5%
			문화재 보존학 개론	문화재 보존을 위한 전반적 개론	10%
			고고학, 미술사 개론	문화재 이해를 위한 고고학, 미술사적 개론	10%
			한국문화사	한국 문화재 이해를 위한 개론	10%
			문화재 보존기초화학	문화재 보존을 위한 기초화학 연구	10%
			무기물 문화재 보존 실습	금속, 도자기, 석재 등 무기물 보존 연구	10%
			유기물 문화재 보존 실습	지류, 직물, 목재, 회화 등 유기물 보존 연구	10%
			문화재 기기분석 기초 실험	분석 기기 원리 및 작동, 데이터 해석 연구	10%
			컴퓨터그래픽	CAD, 실측, 일러스트, 3D 등 실습	10%
			기초 조형 실습	드로잉, 조소 등 실습	10%
			문화재 복제 실습	모사, 복제품 등 제작 실습	5%
			문화재 보존 현장 실습	유관 기관 현장 실습	5%

※ 대학, 전문기관 관련학과 교육과정 참조

문화재 관리 관련하여 대학원에 개설된 과목으로는 문화재 보존복원 특론, 고고학·미술사 특론, 한국건축사, 전통기술사, 문화재 분석학, 무기물 문화재 보존 특론, 유기물 문화재 보존 특론, 문화재 보존환경, 문화재 재료학 실습, 문화재 기기분석 실험, 문화재 보존 안전, 문화재 보존설계 계획 등이 있으며, 대학에 개설된 과목으로는 문화재 보존학 개론, 고고학·미술사 개론, 한국문화사, 문화재 보존기초화학, 문화재 분석기초, 무기물 문화재 보존 실습, 유기물 문화재 보존 실습, 문화재 보존 생물학, 문화재 재료학 기초 실습, 문화재 기기분석 기초 실험, 문화재 사진학, 컴퓨터그래픽, 기초 조형 실습, 문화재 복제 실습, 유적 현장 실습, 문화재 보존 현장 실습, 건축역학 등이 있다. 또한, 대학의 전통건축학과에는 건축역학, 전통건축재료 및 결구, 건축설계입문, 건축조형설계, 한국건축역사, 현장실습, 한국목조건축사론, CAD, 사찰 전시공연장설계, 현대건축계획, 전통건축구조, 전통실내설계, 현대건축론, 전통건축시공, 전통도시계획론, 전통건축환경계획, 한국근현대건축론, 문화재건축감리, 한국석조건축사론, 전통건축복원응용설계 등이 개설되어 있다. 그리고 전문대학에는 문화재 보존학개론, 고고학 미술사 개론, 한국문화사, 문화재 보존기초화학, 무기물 문화재 보존 실습, 유기물 문화재 보존 실습, 문화재 기기분석 기초 실험, 컴퓨터그래픽, 기초 조형 실습, 문화재 복제 실습, 문화재 보존 현장 실습 등이 교과과정으로 개설되어 있다.

3 자격 현황 분석

1 국가기술자격 현황

중분류	소분류	등급	종목	취득자 수(명)			
				누계	'11년	'12년	'13년
01.문화·예술	04. 문화재관리		해당 없음				

※ 문화재관리와 직접적으로 관련된 국가기술자격은 없음.

2 국가자격 현황

중분류	소분류	종목	등급	취득자 수(명)			
				누계	'11년	'12년	'13년
01. 문화·예술	04. 문화재관리	문화재수리기술자		1,602	80	80	60
		문화재수리기능자		6,988	335	416	383
		준 학예사		425	360	29	26
		3급 정학예사		3,494	2,755	335	404
		2급 정학예사		522	379	72	71
		1급 정학예사		0	0	0	0

※ 자료 : 문화재청(2014), 국립중앙박물관

소분류 문화재 관리 관련 국가자격에는 학예의 경우 준학예사, 3급 정학예사, 2급 정학예사, 1급 정학예사 등이 있다. 준학예사의 경우 고등교육법의 규정에 의하여 학사학위 이상을 취득하고 준학예사시험에 합격한 자로서 경력인정대상기관에서의 실무경력이 1년 이상인 자, 고등교육법의 규정에 의하여 전문학사학위 이상을 취득하고 준학예사시험에 합격한 자로서 경력인정대상기관에서의 실무경력이 3년 이상인 자, 해당 규정에 의한 학사 또는 전문학사학위를 취득하지 아니 하고 준학예사시험에 합격한 자로서 경력인정대상기관에서의 실무경력이 5년 이상인 자에게 준학예사 자격을 부여 하고 있으며, 3급 정학예사는 박사학위 취득자로서 경력인정대상기관에서의 실무경력이 1년 이상인 자, 석사학위 취득자로서 경력인정대상기관에서의 실무경력이 2년 이상인 자, 준학예사 자격을 취득한 후 경력인정대상기관에서의 재직경력이 4년 이상인 자에게 자격을 부여한다. 또한 3급 정학예사자격을 취득한 후 경력인정대상기관에서의 재직경력이 5년 이상인 자에게는 2급 정학예사를 부여하고 있고, 2급 정학예사자격을 취득한 후 국·공립박물관 및 미술관 및 박물관·미술관 학예사운영위원회가 등록된 사립박물관·미술관, 등록된 대학박물관·미술관 및 외국 박물관 등의 기관 중에서 인력·시설·자료의 관리실태 및 업무실적에 대한 전문가의 실사를 거쳐 인정한 기관에서의 재직경력이 7년 이상인 자에게는 1급 정학예사의 자격을 주고 있다. 2014년에 처음으로 1급 정학예사가 배출될 예정이다.

문화재수리기능자의 경우 한식목공(대목수, 소목수), 한식석공(가곡석공, 쌓기석공), 화공, 드잡이공, 번와와공, 제작와공, 한식미장공, 철물공, 조각공(목조각공, 석조각공), 칠공, 도금공, 표구공, 조경공,

세척공, 보존과학공(훈증공, 보존처리공), 식물보호공, 실측설계사보, 박제및표본제작공, 모사공, 온돌공으로 총 24종목의 자격이 있으며, 문화재수리기술자의 경우 보수, 단청, 실측설계, 조경, 보존과학, 식물보호로 총 6종목의 자격이 있다.

③ 공인민간자격 현황

중분류	소분류	종목(등급)	소관부처	취득자 수(명)			
				누계	'11년	'12년	'13년
01. 문화·예술	04. 문화재관리	해당 없음					

※ 문화재관리와 직접적으로 관련된 공인민간자격은 없음.

4 해외사례 분석

1 직무능력 구성 (영국 National Occupational Standards)

영국은 NOS(National Occupational Standards)를 직무표준으로 활용하고 있으며, 현재 문화유산(Cultural Heritage)는 CCS(Creative and Cultural Skills)에 의해 개발되고 있다. NOS는 능력단위와 능력단위 요소의 구분이 따로 없고 개요와 수행준거, 지식과 이해 기술이 기재되어 있다. CCSkills은 1996년 기존의 문화유산 표준을 2009년 말부터 현대적이며 유용하게 사용될 수 있도록 표준을 개정하였고, 표준은 아래와 같이 사용할 것이라고 명시하고 있다.

- 각종 단체들은 표준을 직무기술서, 평가, 교육요구 분석, 그리고 훈련 조항에 참고할 것이다.
- 부문의 각 개인들은 표준을 자신의 작업과 진로 진척에 참고할 것이다.
- 교육학자들은 표준을 사용하여 각종 자격과 비공식 강좌를 개발할 것이다.
- CCSkills은 표준을 사용하여 문화적 장소 오퍼레이션의 창의적 견습 경로와 같은 자격을 개발하고 부문 내의 자격이 산업 수요를 충족시키도록 보장한다.

문화유산 표준에는 보존, 수집, 교육, 해석, 운용, 마케팅 그리고 기금 모금에 관한 다양한 표준이 있다. 표준은 개인이나 단체가 작동하는 방식에 따라 각각의 구성단위가 범위와 별도로 사용될 수 있도록 개발되어 있다. 더불어 나머지 구성단위가 중간 경력을 가졌거나 경영 수준에서 근무하는 이들을 위해 작성된 반면, 몇몇의 구성단위는 문화재청에서 일하기 시작한지 오래되지 않은 이들, 이를테면 보조적이나 행정직에서 근무하는 이들의 관점에서 작성되었다.

중분류	소분류	세분류(직무)	능력단위 및 능력단위요소
Cultural Heritage 문화유산	기재 생략	BA	Store and retrieve information 정보 검색 및 저장하기
		CA	Embracing diversity in your service provision 다양한 서비스 제공하기
		CCS	Provide effective customer service 효과적인 고객 서비스 제공하기
			Assist with daily financial issues within your organisation 기관의 일일 결산총계 지원하기
			Assist with emergency procedures 비상 조치 지원하기
			Assist and support the work of colleagues 동료 업무 지원하기
			Present a positive image of yourself and your organisation through effective communication 효율적인 소통을 통하여 자신이 속한 기관과 자신의 긍정적 이미지 보여주기

중분류	소분류	세분류(직무)	능력단위 및 능력단위요소
			Contribute to safeguarding children, young people and vulnerable adults 어린이, 젊은이, 취약한 성인의 보호장치 마련하기
			Develop and maintain information systems for a creative and cultural organisation 문화창조 기관을 위한 정보시스템 개발하기
			Assist customers, visitors or audiences in getting the best from their experience of a creative and cultural organisation 고객, 방문객 및 청중이 문화창조 기관에 대해 최상의 경험을 할 수 있도록 지원하기
			Promote and sell goods and services in a creative and cultural organisation 문화창조 기관에서 상품과 서비스를 홍보하고 판매하기
			Work with volunteers in a creative and cultural organisation 문화창조 기관에서 자원봉사하기
			Manage the volunteer programme for a creative and cultural organisation 문화창조 기관의 자원봉사 프로그램 관리하기
			Understand the sector in which you work and the wider creative and cultural context 본인의 업무와 보다 폭넓은 문화창조적 맥락 이해하기
			Represent your creative and cultural organisation and sector 창조적이고 문화적인 조직과 부문 대변하기
			Take responsibility for your work in a creative and cultural organisation and self evaluate 문화창조 기관에서 본인의 업무를 책임지고 스스로 평가하기
			Plan and implement your professional development in the creative and cultural industries 문화창조산업에서 전문성 신장시키기
			Work effectively with other people in the context of a creative and cultural organisation 문화창조 기관에서 타인과 효율적으로 일하기
			Develop partnerships in the context of a creative and cultural organisation 문화창조 기관의 맥락에서 파트너십 개발하기
			Develop, lead and motivate others in a creative and cultural organisation 문화창조 기관에서 타인을 성장시키고 이끌며 동기부여하기
			Demonstrate leadership in a creative and cultural organisation 문화창조 기관 내에서 리더십 발휘하기
			Devise and implement recruitment and selections procedures for a creative and cultural organisation 문화창조 기관에서 채용 및 선발 절차 고안하고 실시하기
			Devise and implement training and development plans for a creative and cultural organisation 문화창조 기관을 위한 훈련과 성장 계획 고안하고 수립하기
			Manage and monitor budgets for a creative and cultural organisation 문화창조 기관의 예산을 관리·감독하기

중분류	소분류	세분류(직무)	능력단위 및 능력단위요소
			Plan and implement the effective use of resources for a creative and cultural organisation 문화창조 기관 자원을 계획 실행하여 효과적으로 사용하기
			Develop and implement best practice for a creative and cultural organisation 문화창조 기관을 위한 최고의 수행 계획을 개발하고 이행하기
			Develop and implement a business plan for a creative or cultural organisation 문화창조 기관을 위한 사업 계획을 개발하고 이행하기
			Implement and develop policies to reduce risk and prepare for potential disasters for a creative and cultural organisation 문화창조 기관을 위하여 잠재적 문제 사항을 대비하고 리스크를 줄이기 위한 정책을 수립하고 이행하기
			Assist with learning for a creative and cultural organisation 문화창조 기관에 대한 학습을 지원하기
			Deliver an event or programme of events for learning and interpretation for a creative and cultural organisation 문화창조 기관의 학습과 설명에 관한 행사 또는 계획하기
			Deliver interpretation for exhibitions or displays for creative or cultural organisation 문화창조 기관을 위하여 전시나 진열에 대해 설명하기
			Deliver community engagement for a creative and cultural organisation 문화창조 기관을 위해 지역사회에 참여하기
			Develop learning resources for a creative and cultural organisation 문화창조 기관의 시청각 교재 개발하기
			Develop and deliver learning and interpretation for a creative and cultural organisation 문화창조 기관의 학습 및 설명을 개발하여 전달하기
			Evaluate the customer, audience or visitor experience of a creative and cultural organisation 고객, 청중, 방문객의 문화창조 기관에 대한 경험 평가하기
			Devise and implement a strategy for interpretation and learning in a creative and cultural organisation 문화창조 기관의 학습과 설명을 위한 전략을 고안하고 이행하기
			Devise and implement an audience development strategy for a creative and cultural organisation 문화창조 기관의 관중 개발 전략을 고안하고 이행하기
			Assist with marketing for a creative and cultural organisation 문화창조 기관의 마케팅 지원하기
			Conduct marketing for a creative and cultural organisation 문화창조 기관의 마케팅 수행하기

중 분 류	소 분 류	세분류(직무)	능력단위 및 능력단위요소
			Develop and implement a marketing and communications strategy for a creative and cultural organisation 문화창조 기관의 마케팅과 의사소통 전략을 개발하고 이행하기
			Manage commercial activities for a creative and cultural organisation 문화창조 기관의 상업적인 활동을 관리하기
			Assist in securing funding for a creative and cultural organisation 문화창조 기관의 자금 확보 지원하기
			Conduct fundraising for a creative and cultural organisation 문화창조 기관의 자금 모음 수행하기
			Devise and implement a fundraising strategy for a creative and cultural organisation 문화창조 기관의 자금 모음 전략을 고안하고 이행하기
		CH	Manage the site for a cultural heritage organisation 문화유산 기관을 위한 장소 관리하기
			Provide specific information on a collection for a cultural heritage organisation 문화유산 기관의 수집에 대해 구체적 정보 제공하기
			Handle, pack and transport cultural heritage items and objects 문화유산의 물품과 대상들을 취급하고 포장하며 운송하기
			Contribute to the design of exhibitions and displays in cultural heritage organisation 문화유산 기관에서 전시와 진열 디자인하기
			Contribute to the build of exhibitions and displays in a cultural heritage organisation 문화유산 기관에서 전시와 진열 설계하기
			Maintain collection management procedures for cultural heritage 문화유산 수집 관리 절차 유지하기
			Develop a collection – research, document and catalogue for cultural heritage 문화유산 조사자료, 문서, 카달로그 등을 수집하기
			Implement collections management procedures for cultural heritage 문화유산 수집 관리 절차 이행하기
			Devise and implement a strategy for the use and development of a collection for cultural heritage 문화유산 수집의 개발 및 이용을 위한 전략을 고안하고 이행하기
			An introduction to ethics and professional judgement for cultural heritage conservation 문화유산 보존의 전문적 판단과 윤리 소개
			Protect cultural heritage through conservation 보존을 통한 문화유산 보호하기

중분류	소분류	세분류(직무)	능력단위 및 능력단위요소
			Maintain conservation records for cultural heritage 문화유산 보존 기록 유지하기
			Conservation treatments for cultural heritage 문화유산 보존 처리하기
			Install preventive conservation measures for cultural heritage 문화유산 보존 예방을 위한 조치하기
			Set up and maintain conservation equipment for cultural heritage 문화유산 보존 장비를 설치하고 관리하기
			Make copies of cultural heritage for conservation 보존을 위해 문화유산 복제하기
			Inspect and monitor conservation needs of cultural heritage 문화유산의 보존 필요성을 조사하고 점검하기
			Handle and care for cultural heritage during conservation 보존하고 있는 문화유산 관리하기
			Conservation ethics and professional judgement for cultural heritage 문화유산에 대한 전문적 판단과 보존 윤리
			Conservation assessment for cultural heritage 문화유산 보존 평가
			Conservation options and strategies for cultural heritage 문화유산에 대한 보존 사항과 전략
			Conservation measures for cultural heritage 문화유산 보존 조치
		CU	Maintain communications and records within the organisation 기관에서 통신 및 기록물 관리하기
			Contribute to the care of the premises 사업부지 관리하기
			Catalogue objects and collections within a cultural venue 문화공간 내의 물품과 수집품들 목록화하기
			Monitor the security and development of items within a cultural venue 문화공간 내 물품의 보안과 개발을 감독하기
		CV	Contribute to the care of items within a cultural venue 문화공간 내 물품 관리하기
			Preparing for and delivering guided tours for visitors to cultural venues 문화공간 방문객을 위한 안내를 준비하고 수행하기
			Support the organisation of events or exhibitions 기관의 행사 또는 전시회 지원하기
			Control the security venue 보안 지역 통제하기
		HSS	Make sure your own actions reduce risks to health and safety 안전보건 위험을 감소시키도록 행동하기

② 경력개발경로 구성

경력개발경로

1. Grade, Post Designation and Functional Levels

1. JOB DESCRIPTION

This job category includes personnel involved at operational level with the collection, extension and maintenance of the museums natural and social collections within recognized fields; the conducting of research in relations to these collections; the producing and publishing of research findings; the contribution towards participating in congresses, symposiums, etc.; the promotion and creation of opportunities for research in other fields by museum scientist and the contribution of exhibitions and other related educational activities as well as provision of expert/specialist research support to other institutions.

Note - Duty Sheets:
The main objective of the job description is to define post levels to create posts, and not necessarily to establish detailed duty sheets. Detailed duty sheets are still to be compiled by the individual offices, ministries and agencies for various posts and kept supplementary to the job description for practical application.

2. GRADE, POST DESIGNATION AND FUNCTIONAL LEVELS

Grade	Post Designation	Functional Level	Post Level
8	Curator	Operational	Entry post
6	Senior Curator	Supervisory	1st Promotion post
5	Chief Curator	Overhead Supervisory	2nd Promotion post

3. DESCRIPTION OF THE FUNCTIONAL LEVELS

Operational

This level includes personnel who independently performs activities described in paragraph 1(a) and may supervise support staff where necessary.

Supervisory

This level includes personnel who supervise occupationally related operational staff and if necessary overhead supervision of supporting staff.

Overhead Supervisory

This level includes personnel who supervise and manage/give practical guidance to various occupation related, supervisory and operational staff.

※ Personnel Administration Measures(PAM) Job Category : Curator - REPUBLIC OF NAMIBIA OFFICE OF THE PRIME MINISTER, 1 April 2013

나미비아 공화국에서는 교육을 조직화하고 통일시키기 위하여 PAM(Personnel Administration Measures)을 운영하고 있다. PAM에서는 업무 설명, 직위 등급, 기능수준, 급여 구조 와 함께 업무의 범주를 설명하고 있으며, 큐레이터 직위를 입직수준인 8등급 curator, 6등급 senior curator, 5등급 chief curator로 구분하고, 기능수준을 각각 operational, supervisory, overhead supervisory 로 나누어 설명하고 있다.

또한, SOC(Standard Occupational Classification)는 국제직업분류로서 미국정부 체계인데 영국, 캐나다, 스페인, 필리핀, 싱가포르 등의 정부에서 각 나라에 맞게 변형된 SOC를 사용하고 있다. 영국의 SOC Codes에서는 각 직업별로 업무내용과 관련 직업 및 임금에 대해 기록하고 있으며, 2452번은 기록 보관원 및 큐레이터로서 아래 표와 같은 내용이 기록되어 있다.

경력개발경로

2452 Archivists and curators
Example job tasks:

- examines, appraises and advises on the acquisition of exhibits, historic records, government papers and other material;

- classifies material and arranges for its safe keeping and preservation;

- maintains indexes, bibliographies and descriptive details of archive material and arranges for reproductions of items where necessary;

- examines objects to identify any damage and carries out necessary restoration whilst preserving original characteristics;
- makes sure that storage and display conditions protect objects from deterioration and damage;
- allows access to original material or material not on display for researchers;
- develops and promotes ideas for exhibitions and displays;
- negotiates loans of material for specialist displays; liaises with school and other groups or individuals, publicises exhibits and arranges special displays for general, specialised or educational interest;
- answers verbal or written enquiries and gives advice on exhibits or other material.

Related job titles:
- Archivist
- Conservator
- Curator
- Keeper (art galley)
- Museum officer

Salary rates: New entrant: £21,500 / Experienced: £24,500
[Source: Annual Survey of Hours and Earnings 2011]

※ Codes of Practice for Skilled Workers, Standard Occupational Classification (SOC) Codes, 1 October 2013, Version 10/13

경력개발경로

2452 기록 보관원 및 큐레이터

○ 업무 내용 :
- 전시물, 역사적 기록물, 정부 서류 등 다른 자료의 소재의 취득에 대해 조사, 평가 및 자문을 한다.
- 자료를 분류하고 안전 보관과 보존을 처리한다.
- 기록 보관소의 목차, 참고문헌, 기술적 세부 사항을 보수하며 필요 시 물품의 복제를 처리한다.
- 물품에 가해진 손해를 점검하며 기존의 특징을 보존하는 동시에 필요한 복원 작업을 수행한다.
- 보관 및 전시 조건이 물품의 손상이나 상태 악화 여부를 점검한다.
- 전시되어 있지 않은 기존의 소재에 대한 연구원의 접근을 허용한다.
- 전시를 위한 방안을 개발하고 촉진한다.
- 전시를 위한 소재의 대출을 협상하며, 학교 등 집단이나 개인과 연계하고 전시를 홍보하며 일반적, 전문적 또는 교육적 흥미를 위한 특수 전시를 처리한다.
- 구두 또는 서면의 질문에 답하며 전시나 기타 재료들 등의 요구사항에 대해 조언한다.

○ 관련 직업 :
- 기록 보관원
- 관리 위원
- 큐레이터
- 책임자(미술관)
- 박물관 관리자

○ 임금 : 신입 : £ 21,500 / 경력 :£ 24,500

CHAPTER III

표준 및 활용패키지

직무명 | 학예 |

1. 직무 개요 ……………………………………………………… 35
   1) 직무 정의 …………………………………………………… 35
   2) 능력단위 …………………………………………………… 35
   3) 능력단위별 능력단위요소 ………………………………… 36
2. 능력단위별 세부내용 ………………………………………… 38

3. 관련자격 개선의견 …………………………………………… 111

4. 활용패키지 ……………………………………………………… 113

직무명 : 학 예

1. 직무 개요

1) 직무 정의

학예란 자연 및 인류에 관한 유·무형 자료의 수집, 관리, 보존, 조사, 연구, 전시, 교육, 교류, 평가, 경영, 마케팅, 정보서비스 업무를 수행하는 일이다.

2) 능력단위

순번	능력단위	페이지
1	문화재 수집	38
2	문화재 관리	46
3	문화재 조사	52
4	문화재 연구	58
5	문화재 전시	63
6	문화재 교육	71
7	문화재 교류	79
8	문화재 평가	85
9	문화재 경영	92
10	문화재 마케팅	99
11	문화재 정보 서비스	105

3) 능력단위별 능력단위요소

분류번호	능력단위(수준)	능력단위요소	수준
0801040101_14v1	문화재 수집 (5)	1. 수집 계획 수립하기	5
		2. 수집 실행하기	4
		3. 수집 자료 관리하기	4
		4. 수집 정보 관리하기	4
		5. 수장 환경 관리하기	3
0801040102_14v1	문화재 관리 (5)	1. 보존 계획 수립하기	5
		2. 예방처리하기	4
		3. 수복처리하기	4
		4. 보존 환경 관리하기	5
		5. 보존 기록 관리하기	4
0801040103_14v1	문화재 조사 (5)	1. 조사계획 수립하기	5
		2. 유·무형 자료 조사하기	4
		3. 조사 실행하기	4
		4. 조사 결과 분석하기	5
		5. 조사 결과물 활용하기	3
0801040104_14v1	문화재 연구 (7)	1. 연구계획 수립하기	7
		2. 연구 자료 조사하기	4
		3. 연구 실행하기	6
		4. 연구 결과물 정리하기	5
0801040105_14v1	문화재 전시 (4)	1. 전시계획 수립하기	4
		2. 전시자료 수집 분석하기	4
		3. 전시설계 디자인하기	4
		4. 전시 공간 연출하기	4
		5. 전시콘텐츠 제작 관리하기	4
		6. 전시환경 관리하기	4
		7. 전시홍보물 제작 관리하기	4
		8. 전시성과 분석 평가하기	4
0801040106_14v1	문화재 교육 (6)	1. 교육계획 수립하기	6
		2. 프로그램 설계하기	6
		3. 프로그램 개발하기	6
		4. 프로그램 실행하기	4
		5. 프로그램 평가하기	5

분류번호	능력단위(수준)	능력단위요소	수준
0801040107_14v1	문화재 교류(6)	1. 교류 실태 분석하기	5
		2. 교류 정책 수립하기	6
		3. 교류 협력 체제 구축하기	4
		4. 교류 협력 실행하기	4
		5. 교류 협력 성과 분석하기	5
		6. 교류 협력 성과 활용하기	4
0801040108_14v1	문화재 평가(6)	1. 평가 계획 수립하기	6
		2. 사업성과 평가하기	5
		3. 문화재 가치 평가하기	6
		4. 이용자 만족도 평가하기	4
		5. 경영성과 평가하기	5
0801040109_14v1	문화재 경영(7)	1. 중장기계획 수립하기	6
		2. 사업 개발하기	7
		3. 재정 운영계획 수립하기	5
		4. 인적자원 관리하기	5
		5. 건축 시설 관리하기	5
0801040110_14v1	문화재 마케팅(4)	1. 홍보 마케팅 계획 수립하기	4
		2. 홍보 마케팅 현황 분석하기	4
		3. 홍보 마케팅 실행하기	3
		4. 홍보 마케팅 성과 분석하기	4
0801040111_14v1	문화재 정보서비스(4)	1. 정보관리 서비스 계획 수립하기	4
		2. 정보관리 시스템 구축하기	4
		3. 정보관리 시스템 운영하기	4
		4. 정보관리 콘텐츠 개발하기	4
		5. 정보관리 콘텐츠 활용하기	3

2. 능력단위별 세부내용

분류번호 : 0801040101_14v1

능력단위 명칭 : 문화재 수집

능력단위 정의 : 문화재 수집이란 문화재 수집에 대한 계획 수립, 실행, 자료관리, 정보관리, 수장환경 관리 등을 수행하는 능력이다.

능력단위요소	수행준거
0801040101_14v1.1 수집계획 수립하기	1.1 문화재 보호 법령에 따라 자료 보존, 관리, 활용에 관한 기본계획을 수립할 수 있다. 1.2 수집 계획에 따라 자료의 구입·기증·양도·반환·대여·교환의 수집방법을 구상할 수 있다. 1.3 소장유물에 대한 등록, 출납관리 현황과 열람 및 필름복제, 자료집 발간 등의 계획을 수립할 수 있다. 1.4 소장유물 정보를 전산화하기 위한 자료 촬영, 이미지 정보입력, DB작업의 계획을 수립할 수 있다. 1.5 미등록 자료 누적 해소를 위해 기초목록 정리 및 목록화 작업계획을 수립할 수 있다. 1.6 수집 계획에 따라 실행과정을 수정 보완할 수 있다. 【지 식】 ○ 인류 유산 및 자연에 대한 역사 문화적 지식 ○ 소장자료 수집의 대한 지식 ○ 문화재보호법, 박물관 및 미술관 진흥법, ICOM윤리강령 ○ 문화유산 관련 국제기구(ICCROM, IIC, ICOMOS, ICOM)의 문화유산 보호에 관한 지식 ○ 국제협약, 국제협정, 선언문, 권고안, 운용지침, 지도방침에 관한 지식 ○ 문화재청 관련 지침(훈령), 규정(예규), 기준(고시), 매뉴얼 【기 술】 ○ 소장자료 현황분석능력 ○ 정책수립을 위한 현황파악 및 문서화 능력 ○ 수집환경변화에 따라 조율할 수 있는 능력 ○ 재무계획과 예산 경비 산출 능력 ○ 외부여건(시장, 시세)과 내부여건(자금, 인력) 분석 능력 【태 도】 ○ 수집정책수립에 필요한 윤리강령 준수 ○ 새로운 변화에 능동적으로 대처하는 태도 ○ 정기적 재검토 및 조정하는 태도 ○ 양적 측면보다 질적 측면을 우선시 하는 태도

능력단위요소	수 행 준 거
0801040101_14v1.2 수집 실행하기	2.1 수집계획에 따라 문화유산을 세척, 접합, 복원, 색맞춤 등의 처리를 거쳐 수집할 수 있다. 2.2 수집계획에 따라 유무형의 문화유산을 구입, 기증, 양도, 반환, 대여, 교환 방법으로 수집할 수 있다. 2.3 유물, 문화재, 기록물 등의 자료원본이나 사진 등의 특성을 고려하여 수집 방법을 선택할 수 있다. 【지 식】 ○ 수집방법에 관한 업무절차와 생물자원, 매장유물의 체계적 수립을 위한 굴착행위 등 토지형질에 관한 지식 ○ 기탁, 기증 등 문화재 수집과 관련한 소유권, 유치권 등 민법 법률지식 ○ 방사선투과(XRF, EPMA, SEM 등)기법, 고증, 탁본, 선탁 등 자료감식에 대한 지식 ○ 유물관리 규정에 대한 지식 ○ 문화유산 훼손 사전방지를 위한 국가지정문화재, 등록문화재 등 상시관리에 관한 지식 【기 술】 ○ 역사, 민족, 지질 및 자연환경에 관한 문헌조사와 현장조사 기술 ○ 생물자원의 수집, 유물의 출토 위치, 출토상태, 유물과 유구의 조합 상태, 총서관계를 체계적으로 수집할 수 있는 능력 ○ 수집과 관련한 각종 서류작성법과 문서화 기술능력 ○ 정책수립을 위한 현황파악 및 문서화 능력 【태 도】 ○ 수집방법에 필요한 약정사항 준수 ○ 수집실행 시 국제적 유의사항 준수
0801040101_14v1.3 수집 자료 관리하기	3.1 수집한 자료의 원천정보를 획득하기 위한 기록화 작업을 수행할 수 있다. 3.2 수집한 자료를 문화재 보호법령에 따라 관리할 수 있다. 3.3 자료의 명칭을 부여하고 고유번호를 등록하여 소장 자료의 데이터화 작업을 수행할 수 있다. 3.4. 수집 자료의 화재, 도난, 파손, 운송위험 등을 보장하는 포괄적인 위험담보를 위한 보안대책을 마련할 수 있다. 【지 식】 ○ 문화재보호법, 매장문화재보호 및 조사에 관한 법률, 문화재보호기금법, ICOM윤리강령에 관한 지식 ○ 3D스캔, X-ray를 이용한 비파괴검사에 관한 지식 ○ 방사선 발생장치를 이용한 재질(성분)분석에 관한 지식 ○ 국보, 보물, 천연기념물 또는 중요 민속 문화재의 지정서 발급 및 재발급에 관한 지식 ○ 수리, 정비, 복구, 복원, 보존처리에 관한 지식 ○ 사고에 대비한 전시유물보험 가입 및 사고발생시 보상조치에 관한 지식 ○ 화물자동차 운수사업별에 의한 운송 사업 등록에 관한 지식 ○ 문화유산의 포장과 운반 용역 입찰을 위한 총액입찰 및 최저가 낙찰제 등에 관한 지식 ○ 문화유산의 출입정보를 실시간 확인하기 위한 RFID 부착에 관한 지식

능력단위요소	수행준거
	【기술】 ○ 문화유산의 외형적 특징을 포착하기 위한 3D 스캔기술 ○ 소장 자료 취급과 정리용품 및 방재물품 구입 및 유지보수 능력 ○ 소장 자료 훈증소독, 상태점검 수복에 관한 기술 ○ 소장 자료 수장대 제작에 관한 기술 ○ 수분제거 및 원형보존을 위한 전기 오븐 건조에 관한 기술 ○ 자료의 전경, 측면, 확대촬영 등 관람지원 및 기록사진 촬영에 관한 기술 ○ 포장과 자료 운반 중 훼손 방지를 위한 무진동 탑차 운행 기술 ○ 수장고별 출입통제시스템 및 실시간 위치 확인센서 운용에 관한 기술 ○ 자원관리 프로그램 운영기술 ○ 재질별 자료관리 기술 【태도】 ○ 문화유산 관리(격납, 보관, 대여, 운송)시 안전사항 준수 ○ 기술기준 준수 ○ 사고발생 시 적극적으로 대처하는 태도
0801040101_14v1.4 수집 정보 관리하기	4.1 문화재 보호법령에 따라 수집한 문화유산을 기록 관리할 수 있다. 4.2 문화유산 정보관리 시스템을 활용하여 관리할 수 있다. 4.3 문화재 보호법령에 따라 수집된 문화유산의 정보를 활용할 수 있다. 4.4 문화유산 정보관리시스템을 통하여 이용자에게 정보를 제공할 수 있다. 【지식】 ○ 수집 정보관리에 관한 전문지식 ○ 기록 관리와 데이터 처리 시스템 관련 지식 ○ 어문저작물, 음악, 미술, 영상저작물 등 저작자와 저작인접권 보호를 위한 저작권법에 관한 법률지식 ○ 공연, 전시, 배포, 대여 등 저작재산권의 침해와 관련한 법률 지식 【기술】 ○ 문화유산 화재대응 향상을 위한 3D GIS 및 문화재 DB구축 기술 ○ 정보처리 및 문서관리 기술 ○ 등록 자원정보 분석 능력 ○ 정보 검색시스템 지원기술 【태도】 ○ 전산 정보 체계를 통한 정보교류와 상호협력 관계 유지 ○ 기술과 정보서비스의 상호 관련성 수용 태도
0801040101_14v1.5 수장 환경 관리하기	5.1 보존·보완·활용의 측면을 고려하여 수장시설을 관리할 수 있다. 5.2 수집된 자료를 보호하기 위하여 최적의 수장 환경을 유지 관리할 수 있다. 5.3 수장 환경 관리에 필요한 공조 설비를 검토할 수 있다. 5.4 수장 환경 관리에 적절한 보완대책을 수립하여 관리할 수 있다.

능력단위요소	수 행 준 거
	【지 식】 ○ 문화재 보호법령에 관한 지식 ○ 재질별 적정 온도·습도·조도 등 수장환경 관리에 필요한 지식 ○ 수장환경에 영향을 미치는 환경적 요인에 관한 지식 ○ 수장환경 안전수칙에 관한 지식 ○ 소방안전관리에 관한 지식 【기 술】 ○ 항온·항습 등 수장환경 관리 기술 ○ 수장고 보조시설 관리 능력 ○ 공조 설비 검토 능력과 안전사고 대비 능력 【태 도】 ○ 안전사항 준수 ○ 쾌적한 수장환경 유지 노력 ○ 보존처리와 관련한 직원들과 상호 협조하는 태도 ○ 지식과 기술의 상호 관련성 수용 태도

◉ 적용범위 및 작업상황

고려사항

- 이 능력단위는 자연 및 인류에 관한 유무형의 자료 수집 정책 수립, 실행, 문화유산 관리, 정보관리, 수장환경 관리 등의 업무에 적용한다.
- 수집의 모든 내용과 과정은 국제협약, 국제협정, 선언문, 권고안, 운용지침, 지도방침을 준수하고, 박물관 및 미술관 진흥법, 문화재보호법, 법령, 조례, 예규, 정관, 방침에 관한 이해가 선행되어야 한다.
- 자료 수집을 위한 어떤 예산항목을 수립할 때는 원부자재 표준 원가항목 산정능력, 탁본 및 고증관련 인건비 산정능력, 방사선투과(XRF, EPMA, SEM 등)기 등 장비 대여항목 산정 능력 등이 필요하다.
- 능력단위요소별 수행준거는 기관의 수집관리 환경요건(기관정관, 시설, 예산 등)에 따라 적용범위가 다를 수 있다.
- 자료 수집의 대한 지식에는 수집 대상, 범위, 지역, 시기 등을 포함한다.
- 자료 기록관리는 명칭부여, 등록수량산정, 번호 기록위치, 기록방법과 기록물질, 크기측정 단위 등을 포함한다.
- 자료 탐사를 위한 장비에 위성위치측정기, 측면주사음탐지기, 다중빔음향탐지기를 포함한다.
- 수장고 보조시설에는 등록실, 해포장실, 촬영실, 훈증실, 출격납시설 등을 포함한다.

자료 및 관련 서류

- 문화재보호법
- 문화유산 관련 국제기구(ICCROM, IIC, ICOMOS, ICOM) 보존 원칙 및 지침
- 문화재청 관련 지침(훈령), 규정(예규), 기준(고시), 매뉴얼
- 박물관 정관
- 소장자료 보관 지침 (매뉴얼)
- 수집관리에 필요한 각종 표준 자료 및 서식
    - 수집자료 : 유물매도신청서 및 신청유물명세서, 기탁증서 등
    - 유물등록자료 : 유물카드, 유물대장, 등록서류철 등

장비 및 도구

- 버어니어 캘리퍼스
- 확대경
- 현미경
- 저울
- 카메라
- 문화재 보관장
- 컴퓨터
- 스캐너

재료

- 문서 작업과 관련한 컴퓨터 작업 수행에 필요한 각종 운영 프로그램
- 정보관리 작업과 관련한 컴퓨터 작업 수행에 필요한 각종 운영 프로그램
- 수집된 문화유산의 등록 관리 작업과 관련한 컴퓨터 작업 수행에 필요한 각종 운영 프로그램

◉ 평가지침

평가방법

- 평가자는 능력단위 문화재 수집의 수행준거에 제시되어 있는 내용을 평가하기 위해 이론과 실기를 나누어 평가하거나 종합적인 결과물의 평가 등 다양한 평가 방법을 사용할 수 있다.
- 피평가자의 과정평가 및 결과평가 방법

평가 방법	평가유형	
	과정평가	결과평가
A. 포트폴리오	√	√
B. 문제해결 시나리오	√	
C. 서술형시험	√	
D. 논술형시험	√	
E. 사례연구	√	
F. 평가자 질문		
G. 평가자 체크리스트	√	
H. 피평가자 체크리스트		
I. 일지/저널	√	
J. 역할연기		
K. 구두발표		√
L. 작업장평가	√	
M. 기타		

평가시 고려사항

- 수행준거에 제시되어 있는 내용을 성공적으로 수행할 수 있는지를 평가해야 한다.
- 평가자는 다음 사항을 평가해야 한다.
  - 수집 기본정책 및 계획 수립 능력
  - 소장자료 현황분석 능력
  - 수집 실행능력
  - 수집자료 등록 능력
  - 수집관리 매뉴얼 이해 능력
  - 운반 장비 종류 및 운용 방법
  - 소장자료 보호·보완 능력

- 수장환경 요건 및 수장시설 관리 능력
- 공조 설비 검토 능력
- 안전 장비 및 사고 대비 능력
- 유물보험 가입절차 및 대비방안 능력

◉ 직업기초능력

순번	직업기초능력	
	주요영역	하위영역
1	의사소통능력	문서이해 능력, 문서작성 능력, 경청능력, 의사표현 능력, 기초외국어 능력
2	수리능력	기초연산 능력, 기초통계 능력, 도표분석 능력, 도표작성 능력
3	문제해결능력	사고력, 문제처리 능력
4	자원관리능력	시간자원관리능력, 예산자원관리 능력, 물적자원관리능력, 인적자원관리능력
5	대인관계능력	팀웍능력, 리더십능력, 갈등관리 능력, 협상능력, 고객서비스능력
6	정보능력	컴퓨터활용능력, 정보처리 능력
7	직업윤리	근로윤리, 공동체 윤리

◉ 개발 이력

구 분		내 용
직무명칭		학예
분류번호		0801040101_14v1
개발연도	현재	2014
	2차	
	최초(1차)	2014
버전번호		v1
개 발 자	현재	(사)한국박물관협회
	2차	
	최초(1차)	(사)한국박물관협회
향후 보완 연도(예정)		2017~2019

분류번호 : 0801040102_14v1

능력단위 명칭 : 문화재 관리

능력단위 정의 : 문화재 관리란 문화재의 원형 유지를 위한 보존 정책 수립, 예방처리, 수복처리, 보존 환경, 보존기록 등을 관리하는 능력이다.

능력단위요소	수 행 준 거
0801040102_14v1.1 보존 계획 수립하기	1.1 문화재 보호법령에 따라 문화재 보존 계획을 수립할 수 있다. 1.2 문화유산 관리 계획에 따라 문화재 특성을 분석할 수 있다. 1.3 문화유산 특성에 따라 수장하고 격납하여 보존할 수 있다.
	【지 식】 ○ 인류 유산 및 자연에 대한 역사적 문화적 전문지식 ○ 문화유산 보존에 대한 전문지식 ○ 소장자료 보존에 대한 전문지식(수집 범위, 지역, 시기 등) ○ 유물 및 자료의 소유권과 사용에 관한 법적 기준 ○ ICOM 윤리강령 【기 술】 ○ 소장자료 현황분석능력 ○ 정책수립을 위한 현황파악 및 문서화 능력 ○ 재무계획과 예산 경비 산출 능력 ○ 외부여건(시장, 시세)과 내부여건(자금, 인력) 분석 능력 【태 도】 ○ 보존정책수립에 필요한 윤리강령 준수 ○ 새로운 변화에 능동적으로 대처하는 태도 ○ 정기적 재검토 및 조정하는 태도 ○ 양적 측면보다 질적 측면을 우선시 하는 태도
0801040102_14v1.2 예방 처리하기	2.1 문화유산 특성에 따라 문화재 보존 환경을 조성·관리할 수 있다. 2.2 문화유산의 재질별 특성에 따른 열화 요인을 분석할 수 있다. 2.3 문화재 열화 요인에 따른 예방 조치를 수행할 수 있다.
	【지 식】 ○ 문화유산 보존 예방 관리에 관한 전문지식 ○ 소장자료 재질별 관리에 대한 전문지식 ○ 문화유산 보존 관리에 관한 지식 ○ 사고에 대비한 보험제도 관련지식

능력단위요소	수 행 준 거
	【기 술】 ○ 소장자료 취급과 보관기술 ○ 사진 촬영술 ○ 포장과 운반 기술 ○ 자원관리 프로그램 운영기술 ○ 재질별 자료관리 기술 【태 도】 ○ 문화재 관리(격납, 보관, 대여, 운송)시 안전사항 준수 ○ 기술기준 준수 ○ 사고발생 시 적극적으로 대처하는 태도
0801040102_14v1.3 수복 처리하기	3.1 문화재 수복처리에 관련된 시설 환경을 조성·관리할 수 있다. 3.2 열화된 문화유산의 수복 처리를 위한 절차를 파악할 수 있다. 3.3 문화유산의 특성에 맞는 수복절차에 따라 수복처리를 수행할 수 있다. 【지 식】 ○ 문화유산 수복처리에 관한 전문지식 ○ 소장자료 재질별 관리에 대한 전문지식 ○ 문화유산 수복처리에 대한 절차와 방법에 관한 지식 ○ 문화유산 특성에 관련된 전문지식 【기 술】 ○ 문화유산 취급과 보관기술 ○ 사진 촬영술 ○ 포장과 운반 기술 ○ 자원관리 프로그램 운영기술 ○ 재질별 자료관리 기술 【태 도】 ○ 문화유산 관리(격납, 보관, 대여, 운송)시 안전사항 준수 ○ 기술기준 준수 ○ 사고발생 시 적극적으로 대처하는 태도
0801040102_14v1.4 보존 환경 관리하기	4.1 문화유산 특성에 맞는 보존 환경 관리 요소를 도출할 수 있다. 4.2 문화유산을 보호하기 위하여 최적의 보존 환경을 조성할 수 있다. 4.3 보존 환경 관리에 필요한 시설을 검토하여 적절한 보완대책을 수립할 수 있다. 【지 식】 ○ 재질별 적정 온도, 습도, 조도 등 보존환경 관리에 필요한 전문 지식 ○ 보존수장환경 안전수칙에 관한 지식

능력단위요소	수행준거
	【기 술】 ○ 항온, 항습 등 보존환경 관리 기술 ○ 보존 관리 체크리스트 작성 능력 ○ 보존시설 관리 능력 ○ 안전사고 대비 능력 【태 도】 ○ 안전사항 준수 ○ 쾌적한 수장환경 유지 노력 ○ 보존처리와 관련한 직원들과 상호 협조하는 태도 ○ 지식과 기술의 상호 관련성 수용 태도
0801040102_14v1.5 보존 기록 관리하기	5.1 문화유산 보존 기록 관리 매뉴얼을 파악할 수 있다. 5.2 문화유산 예방보존 처리 과정 계획을 수립할 수 있다. 5.3 문화유산 수복처리 과정을 기록할 수 있다. 5.4 문화유산 보존 기록을 정보처리시스템으로 관리할 수 있다.
	【지 식】 ○ 자연 및 인류에 관한 유·무형의 문화유산에 대한 전문지식 ○ 자원에 대한 과학적인 분석과 결과물을 정리하는 전문지식 ○ 다양한 조사대상, 목적, 내용에 따른 조사기법에 대한 전문지식 【기 술】 ○ 문화유산에 대한 특성 분석 능력 ○ 보존 목적·내용에 부합하는 분석 능력 ○ 문화유산의 정리·관리에 대한 관련 기기 조작 능력 【태 도】 ○ 문화유산 보존활동에 대한 사명감 ○ 자원의 가치와 존엄성 존중 ○ 다양한 문화유산의 분석에 대한 윤리의식

◉ 적용범위 및 작업상황

고려사항

- 이 능력단위는 문화재의 원형 유지를 위하여 보존 정책 수립, 예방처리, 수복처리, 보존환경관리, 보존기록 관리등의 업무에 적용한다.
- 문화재 관리는 문화유산의 보존 계획에서부터 보존기록 관리에 이르는 모든 과정을 아우르는데 참여·진행할 수 있어야 한다.
- '문화재 관리'는 '문화유산의 유무형 및 양질적 가치'에 대한 역사문화적 인식을 바탕으로 접근·진행함을 의미한다.

자료 및 관련 서류

- 문화재 보존 처리 기록관리 매뉴얼
- 문화재 관리와 관련한 유형화된 각종 자료 및 출판물

장비 및 도구

- 온도 · 습도 · 조도 측정기
- 카메라
- 컴퓨터
- 문화재 보존관리 작업수행에 필요한 각종 제반 시스템

재료

- 문화재 보존 작업과 관련된 컴퓨터 작업 수행에 필요한 각종 운용 프로그램
- 문화재 관리 작업과 관련된 컴퓨터 작업 수행에 필요한 각종 운용 프로그램

◉ 평가지침

평가방법

- 평가자는 능력단위 문화재 관리의 수행준거에 제시되어 있는 내용을 평가하기 위해 이론과 실기를 나누어 평가하거나 종합적인 결과물의 평가 등 다양한 평가 방법을 사용할 수 있다.
- 피평가자의 과정평가 및 결과평가 방법

평가 방법	평가 유형	
	과정평가	결과평가
A. 포트폴리오	√	√
B. 문제해결 시나리오	√	
C. 서술형시험		√
D. 논술형시험		√
E. 사례연구	√	
F. 평가자 질문	√	
G. 평가자 체크리스트	√	
H. 피평가자 체크리스트	√	
I. 일지/저널	√	√
J. 역할연기		√
K. 구두발표	√	
L. 작업장평가	√	
M. 기타		

평가시 고려사항

- 수행준거에 제시되어 있는 내용을 성공적으로 수행할 수 있는지를 평가해야 한다.
- 평가자는 다음 사항을 평가해야 한다.
  - 보존에 관한 기본정책 및 계획 수립 능력
  - 문화재 특성에 맞는 보존 환경 조성 능력
  - 문화재의 특성에 맞는 수복처리 능력
  - 문화재 보존 기록 관리 능력

◉ 직업기초능력

순 번	직업기초능력	
	주요영역	하위영역
1	의사소통능력	문서이해 능력, 문서작성 능력, 경청능력, 의사표현 능력, 기초외국어 능력
2	수리능력	기초연산 능력, 기초통계 능력, 도표분석 능력, 도표작성 능력
3	문제해결능력	사고력, 문제처리 능력
4	자원관리능력	시간자원관리능력, 예산자원관리 능력, 물적자원관리능력, 인적자원관리능력
5	대인관계능력	팀웍능력, 리더십능력, 갈등관리 능력, 협상능력, 고객서비스능력
6	정보능력	컴퓨터활용능력, 정보처리 능력
7	기술능력	기술이해능력, 기술선택능력, 기술적용능력
8	직업윤리	근로윤리, 공동체 윤리

◉ 개발 이력

구 분		내 용
직무명칭		학예
분류번호		0801040102_14v1
개발연도	현재	2014
	2차	
	최초(1차)	2014
버전번호		v1
개 발 자	현재	(사)한국박물관협회
	2차	
	최초(1차)	(사)한국박물관협회
향후 보완 연도(예정)		2017~2019

분류번호 : 0801040103_14v1

능력단위 명칭 : 문화재 조사

능력단위 정의 : 문화재 조사란 문화재에 대한 조사 계획을 수립, 실행, 분석, 정리하여 그 결과물을 도출하고 활용하는 능력이다.

능력단위요소	수 행 준 거
0801040103_14v1.1 조사계획 수립하기	1.1 문화재 보호 및 조사에 관한 법령에 따라 문화재 조사계획을 수립할 수 있다. 1.2 문화재 조사 계획에 따른 조사 범위를 설정할 수 있다. 1.3 문화재 조사 방법에 따라 세부 조사 계획 절차를 작성할 수 있다. 【지 식】 ○ 인류 문화유산 및 자연에 대한 역사적, 과학적인 전문 지식 ○ 조사 자원에 대한 과학적인 분석과 결과물을 정리하는 전문 지식 ○ 다양한 조사대상, 목적, 내용에 따른 조사기법에 대한 전문 지식 ○ 조사와 관련된 제반 법규와 규정에 대한 지식 【기 술】 ○ 조사 기간·비용·효율성 등을 고려한 조사계획 수립 능력 ○ 조사 목적에 맞춰 세부 사업을 실행하고 결과를 예측할 수 있는 능력 ○ 조사활동과 과학적 분석을 위한 각종 기기 조작 능력 【태 도】 ○ 문화유산 조사활동에 대한 사명감 ○ 사업 수행에 대한 객관적 사고와 판단 ○ 다양한 문화유산의 분석에 대한 윤리의식
0801040103_14v1.2 유·무형 자료 조사하기	2.1 문화재 조사계획에 따라 유·무형 문화재의 특성을 파악할 수 있다. 2.2 조사대상 유·무형 문화재에 대한 자료를 수집하여 정리할 수 있다. 2.3 조사대상 유·무형 문화재의 특성을 파악하여 조사방법을 설정할 수 있다. 【지 식】 ○ 자연 및 인류에 관한 유·무형의 문화재에 대한 전문지식 ○ 조사를 위한 과학적인 수집·분석·정리에 필요한 지식 ○ 조사대상, 목적, 내용에 따른 조사기법에 대한 지식 【기 술】 ○ 각종 문헌 및 자료에 대한 특성을 분석할 수 있는 능력 ○ 문화재 수집·분석을 위한 관련 기기 조작 능력 ○ 조사 목적·내용에 부합하는 분석 능력

능력단위요소	수 행 준 거
	【태 도】 ○ 문화재 조사활동에 대한 사명감 ○ 분석 수행에 대한 객관적 사고와 판단 ○ 다양한 문화재의 분석에 대한 윤리의식
0801040103_14v1.3 조사 실행하기	3.1 문화재 특성에 따라 발굴조사, 문헌조사, 채집조사의 방법으로 조사 계획을 수립할 수 있다. 3.2 문화재 특성을 고려한 조사 방법 계획에 따라 시간, 인력, 예산집행 계획을 수립할 수 있다. 3.3 문화재 조사활동을 위하여 유관기관 간의 협력 체제를 구축하여 조사를 수행할 수 있다. 【지 식】 ○ 자연 및 인류에 관한 유·무형의 문화재에 대한 전문지식 ○ 문화재 조사의 과학적 방법론에 대한 전문지식 ○ 다양한 조사대상의 가치 및 특성을 추출할 수 있는 전문지식 【기 술】 ○ 조사 목적·내용에 부합하는 조사·분석 능력 ○ 유관 기관과의 소통 능력 ○ 조사활동 및 과학적 분석을 위한 각종 기기 조작 능력 【태 도】 ○ 문화재 조사활동에 대한 사명감 ○ 조사활동에 대한 객관적 사고와 판단 ○ 다양한 문화재의 조사에 대한 윤리의식
0801040103_14v1.4 조사 결과 분석하기	4.1 문화재 조사 결과에 따른 자료를 분석하여 가치 있는 자료를 추출할 수 있다. 4.2 문화재 보존, 연구, 전시, 교육 자료로 활용 할 가치가 있는 결과물을 정리하여 분류할 수 있다. 4.3 조사된 결과물을 전문가의 의견을 수렴하고 가치 있는 정보로 활용할 수 있도록 수정 보완하여 데이터베이스(database)화할 수 있다. 【지 식】 ○ 자연 및 인류에 관한 유·무형의 문화재에 대한 전문지식 ○ 조사 자원에 대한 과학적인 분석을 할 수 있는 전문지식 ○ 다양한 조사대상, 목적, 내용에 따른 조사기법에 대한 전문지식 【기 술】 ○ 조사 목적·내용에 부합하는 분석 능력 ○ 수집된 정보를 과학적으로 분석할 수 있는 능력 ○ 문화재에 대한 특성 분석 능력 ○ 문화재의 정리·관리에 대한 관련 정보 활용 능력

능력단위요소	수 행 준 거
	【태 도】 ○ 문화재 조사활동에 대한 사명감 ○ 분석 수행에 대한 객관적 사고와 판단 ○ 다양한 문화재의 분석에 대한 윤리의식
0801040103_14v1.5 조사 결과물 활용하기	5.1 활용가치가 있는 문화재 자료를 정보화하여 이용자에게 제공할 수 있다. 5.2 정보화한 문화재 자료를 콘텐츠화하여 이용자가 활용할 수 있도록 제공할 수 있다. 5.3 조사결과물을 보고회, 학술대회의 자료로 활용할 수 있다.
	【지 식】 ○ 자연 및 인류에 관한 유·무형의 문화재에 대한 전문지식 ○ 결과물을 디지털 정보화할 수 있는 전문 지식 ○ 콘텐츠의 다양한 형식·특성에 대한 전문 지식 【기 술】 ○ 문화콘텐츠에 대한 특성 이해 능력 ○ 행사 기획 및 추진 능력 ○ 문화콘텐츠 개발에 각종 기기 조작 능력 【태 도】 ○ 자원의 가치와 존엄성 존중 ○ 자원의 가치, 특성의 다양성에 대한 수용적인 태도 ○ 다양한 문화재의 조사에 대한 윤리의식

◉ 적용범위 및 작업상황

고려사항

- 이 능력단위는 유·무형의 문화재의 각종 조사 업무에 적용한다.
- 조사는 조사계획 수립, 유·무형 자료 조사, 조사 실행, 조사결과 분석, 조사 결과물 정리·활용을 포함한다.
- 문화재 조사는 문화재의 조사 계획에서부터 조사 결과물 활용에 이르는 모든 과정을 아우르는데 참여·진행할 수 있어야 한다.
- '문화재 조사'는 '문화재의 특성 및 가치'에 대한 역사문화적 인식을 바탕으로 접근·진행함을 의미한다.

자료 및 관련 서류

- 기관 운영 조례
- 조사업무 매뉴얼
- 문화재 조사와 관련한 유형화된 각종 자료 및 출판물

장비 및 도구

- 분석기기
- 컴퓨터
- 문화재 조사 작업수행에 필요한 각종 제반 시스템

재료

- 문화재 조사 작업과 관련된 컴퓨터 작업 수행에 필요한 각종 운용 프로그램

● 평가지침

평가방법

- 평가자는 능력단위 문화재 조사의 수행준거에 제시되어 있는 내용을 평가하기 위해 이론과 실기를 나누어 평가하거나 종합적인 결과물의 평가 등 다양한 평가 방법을 사용할 수 있다.
- 피평가자의 과정평가 및 결과평가 방법

평가 방법	평가유형	
	과정평가	결과평가
A. 포트폴리오	√	√
B. 문제해결 시나리오	√	
C. 서술형시험		√
D. 논술형시험		√
E. 사례연구	√	√
F. 평가자 질문	√	
G. 평가자 체크리스트	√	
H. 피평가자 체크리스트	√	
I. 일지/저널	√	√
J. 역할연기	√	
K. 구두발표	√	
L. 작업장평가	√	√
M. 기타		

평가시 고려사항

- 수행준거에 제시되어 있는 내용을 성공적으로 수행할 수 있는지를 평가해야 한다.
- 평가자는 다음 사항을 평가해야 한다.
    - 학술조사계획 수립 능력
    - 적절한 조사 방법 선정 능력
    - 조사원 교육계획 수립 능력
    - 조사업무 매뉴얼 제작 능력
    - 유·무형 자료의 특성 서술 능력
    - 문화재 훼손 방지 능력

- 발굴조사, 문헌조사, 채집조사의 수행 능력

- 조사기간 편성과 인력운영, 예산집행의 수행 능력

- 문화재의 정보 분석 및 추출 능력

- 조사 성과 분석 능력

- 조사 결과물 분류 및 정리 능력

- 조사 관련 정보의 집적(database) 및 관리 능력

- 디지털 아카이브와 멀티미디어를 결합한 콘텐츠 개발 능력

◉ 직업기초능력

순 번	직 업 기 초 능 력	
	주요영역	하위영역
1	의사소통능력	문서이해능력, 문서작성능력, 경청능력, 의사표현능력, 기초외국어능력
2	수리능력	기초연산능력, 기초통계능력, 도표분석능력, 도표작성능력
3	문제해결능력	사고력, 문제처리능력
4	자원관리능력	시간자원관리능력, 예산자원관리능력, 물적자원관리능력, 인적자원관리능력
5	대인관계능력	팀웍능력, 리더십능력, 갈등관리능력, 협상능력, 고객서비스능력
6	정보능력	컴퓨터활용능력, 정보처리능력
7	직업윤리	근로윤리, 공동체윤리

◉ 개발 이력

구 분		내 용
직무명칭		학예
분류번호		0801040103_14v1
개발연도	현재	2014
	2차	
	최초(1차)	2014
버전번호		v1
개 발 자	현재	(사)한국박물관협회
	2차	
	최초(1차)	(사)한국박물관협회
향후 보완 연도(예정)		2017~2019

분류번호 : 0801040104_14v1

능력단위 명칭 : 문화재 연구

능력단위 정의 : 문화재 연구란 수집된 문화재를 토대로 연구 계획을 수립하여 자료조사 및 연구실행 후 결과를 도출하고 정리하는 능력이다.

능력단위요소	수 행 준 거
0801040104_14v1.1 연구계획 수립하기	1.1 해당 단체의 설립목표와 기본운영조례에 따라 연구계획을 세울 수 있다. 1.2 연구계획의 단계에서 전시와 교육을 전제로 연구주제를 구체적으로 설정할 수 있다. 1.3 연구계획에 따라 연구팀을 조직할 수 있다. 1.4 연구주제에 관한 선행 연구자료를 조사하고 연구방법론을 설정해 구체적인 결과를 예측할 수 있다. 1.5 기존의 연구성과를 분석하고 이를 토대로 새로운 고찰과 해석으로 발전시킬 수 있다. 【지 식】 ○ 국내외 연구동향에 대한 지식 ○ 해당 연구주제에 대한 기존 연구에 대한 지식정보 ○ 연구이론 및 방법에 관한 지식 【기 술】 ○ 연구 주제에 대한 이론 문헌 독해 및 이해 능력 ○ 기존 연구 성과에 대한 분석 및 정리 기술 능력 ○ 연구기획서 기술 능력 【태 도】 ○ 박물관 자료의 역사문화적 시각과 태도 견지 ○ 연구 자료에 대한 치밀한 분석 태도 ○ 기존연구 성과에 대한 철저한 정리태도
0801040104_14v1.2 연구자료 조사하기	2.1 연구계획에 따라 조사일정을 세울 수 있다. 2.2 연구목적에 부합하는 국내외 자료들을 조사할 수 있다. 2.3 국내외 자료의 소재를 파악하여 목록을 작성할 수 있다. 2.4 조사된 연구자료를 분석 분류 평가 정리할 수 있다. 【지 식】 ○ 각 언어의 자료 성격에 관한 지식 ○ 자료소장자에 대한 정보 지식 ○ 연구자료 조사의 방법과 이론에 대한 지식 【기 술】 ○ 조사된 자료 목록 작성능력 ○ 조사된 자료 내용 간략 정리능력 ○ 정리된 자료를 분석 분류 평가능력

능력단위요소	수 행 준 거
	【태 도】 ㅇ 자료조사지에서 관련 인사와 적극 접촉하기 ㅇ 자료소장자로부터 유익한 정보 얻어내기 ㅇ 현장 자료정보에 대한 다각적인 접근태도
0801040104_14v1.3 연구 실행하기	3.1 수립된 연구 계획과 조사된 자료를 연계시킬 수 있다. 3.2 문화재의 특성을 고려하여 연구 방법을 선택할 수 있다. 3.3 연구 계획 절차를 기반으로 연구를 수행할 수 있다. 3.4 창의적이고 생산적인 연구결과를 도출할 수 있다. 【지 식】 ㅇ 조사된 자료에 대한 배경 지식 ㅇ 연구하려는 문화재에 적합한 이론 지식 ㅇ 연구의 방법 및 형식에 관련된 지식 【기 술】 ㅇ 조사 자료를 분석할 수 있는 능력 ㅇ 연구의 내용을 논리적으로 주장할 수 있는 능력 ㅇ 논리적으로 문장을 구성하여 표현할 수 있는 능력 【태 도】 ㅇ 연구팀과의 융화적 태도 ㅇ 논리 개발에 적극적인 태도 ㅇ 주장의 타당성 여부를 점검하려는 자세
0801040104_14v1.4 연구 결과물 정리하기	4.1 연구계획과 목적에 부합하도록 연구 결과물을 작성할 수 있다. 4.2 연구과정에서 수집된 실물자료와 사진자료, 영상자료 등 일체의 자료에 관한 목록을 작성할 수 있다. 4.3 연구과정에서 수집된 귀중자료는 박물관에 소장될 수 있도록 요청할 수 있다. 【지 식】 ㅇ 연구과정에서 수집된 모든 자료에 대한 분류지식 ㅇ 연구의 타당성을 찾아내는 방법에 대한 지식 【기 술】 ㅇ 연구의 결과물을 정리할 수 있는 글쓰기 능력 ㅇ 연구의 타당성과 일관성 점검할 수 있는 능력 ㅇ 수집자료의 분류 및 보존, 관리하는 능력 ㅇ 연구비를 정산할 수 있는 능력 【태 도】 ㅇ 연구결과에 대한 타당성을 찾아내려는 자세 ㅇ 수집된 자료에 대한 철저히 사후 관리하려는 태도 ㅇ 연구 결과물을 정리하려는 적극적인 자세

◉ 적용범위 및 작업상황

고려사항

- 이 능력단위는 단체의 설립목표와 기본운영조례에 따라 수집된 자료들을 조사한 결과를 토대로 연구의 주제를 정하고 관련 연구이론과 방법에 근거하여 기존 연구 성과를 검토하고 새로운 고찰과 해석을 하는 일에 적용한다.
- 연구는 연구계획 수립, 연구자료 조사, 연구 실행, 연구 결과물 정리의 제반 과정을 포함한다.
- 공동 연구의 경우 연구결과의 전문성을 제고하기 위해 연구자의 전공과 연구역량 그리고 현장경력 등을 고려해 연구팀을 구성한다.
- 연구의 일정과 단계를 명확히 설계하여 정해진 기간 내에 결과물이 완성될 수 있도록 한다.
- 완성된 연구 결과물의 공유는 연구의 목표이자 지식을 넘어 문화를 형성하는 원인이라는 점을 유의해 다양한 매체와 시설을 통해 전파해야 한다.

자료 및 관련 서류

- 박물관 운영조례
- 연구 이론서 및 자료수집 방법론
- 연구 계획서
- 연구 결과 보고서

장비 및 도구

- 컴퓨터
- 문서작성 프로그램
- 프레젠테이션 프로그램

재료

- 문화재 연구 작업과 관련된 컴퓨터 작업 수행에 필요한 각종 운용 프로그램

◉ 평가지침

평가방법

- 평가자는 능력단위 연구의 수행준거에 제시되어 있는 내용을 평가하기 위해 이론과 실기를 나누어 평가하거나 종합적인 결과물의 평가 등 다양한 평가 방법을 사용할 수 있다.
- 피평가자의 과정평가 및 결과평가 방법

평가 방법	평가유형	
	과정평가	결과평가
A. 포트폴리오	√	√
B. 문제해결 시나리오	√	
C. 서술형시험		√
D. 논술형시험		√
E. 사례연구	√	
F. 평가자 질문	√	
G. 평가자 체크리스트	√	
H. 피평가자 체크리스트	√	
I. 일지/저널	√	√
J. 역할연기		
K. 구두발표	√	
L. 작업장평가	√	√
M. 기타		

평가시 고려사항

- 수행준거에 제시되어 있는 내용을 성공적으로 수행할 수 있는지를 평가해야 한다.
- 평가자는 다음 사항을 평가해야 한다.
    - 문화재 연구 계획 수립 능력
    - 기존에 구비되어 있는 연구 목적에 적합한 자료를 조사하는 능력
    - 연구주제와 관련된 선행 연구 자료를 종합 분석 평가 정리하는 능력
    - 수립된 연구계획 절차에 따라서 수행하는 능력
    - 연구문 작성법에 따라 연구 보고서를 명확하고 합리적으로 작성하는 능력

◉ 직업기초능력

순번	직업기초능력	
	주요영역	하위영역
1	의사소통능력	문서이해 능력, 문서작성 능력, 경청능력, 의사표현 능력, 기초외국어 능력
2	수리능력	기초연산 능력, 기초통계 능력, 도표분석 능력, 도표작성 능력
3	문제해결능력	사고력, 문제처리 능력
4	자기개발능력	자아인식 능력, 자기관리 능력, 경력개발 능력
5	자원관리능력	시간자원관리능력, 예산자원관리 능력, 물적자원관리능력, 인적자원관리능력
6	대인관계능력	팀웍능력, 리더십능력, 갈등관리 능력, 협상능력, 고객서비스능력
7	정보능력	컴퓨터활용능력, 정보처리 능력
8	기술능력	기술이해능력, 기술선택능력, 기술적용능력
9	직업윤리	근로윤리, 공동체 윤리

◉ 개발 이력

구 분		내 용
직무명칭		학예
분류번호		0801040104_14v1
개발연도	현재	2014
	2차	
	최초(1차)	2014
버전번호		v1
개 발 자	현재	(사)한국박물관협회
	2차	
	최초(1차)	(사)한국박물관협회
향후 보완 연도(예정)		2017~2019

분류번호 : 0801040105_14v1

능력단위 명칭 : 문화재 전시

능력단위 정의 : 문화재 전시란 문화재의 가치를 모색하고 전파하기 위해 일정한 주제와 다양한 기법을 이용하여 타인에게 전시물을 보여주는 능력이다.

능력단위요소	수 행 준 거
0801040105_14v1.1 전시계획 수립하기	1.1 전시계획에 요구되는 제반 단계에 따라 전시 계획서를 설계할 수 있다. 1.2 전시계획에 요구되는 전시주제와 전시목적의 타당성을 제시할 수 있다. 1.3 전시계획에 요구되는 장소, 일정, 공동사업자 섭외, 전시물목록을 작성할 수 있다. 1.4 전시계획에 요구되는 자료보존, 안전조치, 인력구성, 전시공간을 설계할 수 있다. 1.5 전시계획에 요구되는 전시예산, 추진일정 업무를 추진할 수 있다. 【지 식】 ○ 전시기획에 대한 지식 ○ 저작권법에 대한 지식 ○ 박물관학에 대한 지식 ○ 박물관기술학에 대한 지식 ○ 재정회계법에 대한 지식 【기 술】 ○ 전시기획서 작성능력 ○ 전시실행 관리능력 ○ 전시평가 산출능력 ○ 전시관련 단체 협력망의 구성 및 운영 능력 【태 도】 ○ ICOM 윤리강령 준수 태도 ○ 전시관련 전문가와 유기적으로 협력하려는 자세 ○ 문화유산 전시계획을 수립하려는 적극적인 자세
0801040105_14v1.2 전시자료 수집 분석하기	2.1 전시에 요구되는 목적에 따라 전시자료를 조사할 수 있다. 2.2 전시에 요구되는 목적에 따라 전시자료를 수집할 수 있다. 2.3 전시에 요구되는 목적에 따라 전시자료를 정리할 수 있다. 2.4 전시에 요구되는 목적에 따라 전시자료를 분류할 수 있다. 2.5 전시에 요구되는 목적에 따라 전시자료를 분석할 수 있다.

능력단위요소	수 행 준 거
	【지 식】 ○ 소장자료 관리에 대한 이해 ○ 국유재산법, 지방재정법, 물품관리법에 대한 지식 ○ 전시매체에 대한 지식 【기 술】 ○ 전시자료의 수집 정리 분류 분석 능력 ○ 전시자료의 의미와 가치 생산 능력 ○ 디지털 정보미디어 운용기술 【태 도】 ○ 저작물의 저작권 관리규정 준수 ○ 전시유물의 수집 관리규정 준수 ○ 전시의 목적에 부응하는 전시자료 선별 노력
0801040105_14v1.3 전시설계 디자인하기	3.1 전시설계에 요구되는 기초조사, 기본구상, 기본계획을 수립할 수 있다. 3.2 전시설계에 요구되는 기본설계, 실시설계, 시공단계를 관리할 수 있다. 3.3 전시설계에 요구되는 환경디자인, 제품디자인 업무를 추진할 수 있다. 3.4 전시설계에 요구되는 시각디자인, 영상디자인 업무를 추진할 수 있다.
	【지 식】 ○ 전시설계 및 전시디자인에 대한 지식 ○ 커뮤니케이션 디자인에 대한 지식 ○ 건축기준법, 소방법 등의 법규에 대한 지식 ○ 관객 및 소비자 분석에 대한 지식 【기 술】 ○ 평면도, 조감도, 설계도, 전시배선도 도면 제작 관리능력 ○ 전시공간, 관람동선, 조명, 진열 업무의 실행 관리능력 ○ 진열장, 모형물, 디오라마, 파노라마 제작 관리능력 ○ 리플릿, 도록, 포스터, 가이드북, 설명패널, 네임텍, 홍보물 제작 관리능력 ○ 빔프로젝터, 멀티비전, 모니터 제작 관리능력 【태 도】 ○ 전시설계 디자인 관련분야 전문 인력과 유기적 협력관계를 갖고자하는 태도 ○ 기능성, 견고성, 안전성 등을 기준으로 설계 유도하려는 태도 ○ 공사비와 제작 및 시공일정 등을 준수하려는 자세 ○ 실시계획의 내용과 전시내용이 부합되는지 확인하려는 태도

능력단위요소	수 행 준 거
0801040105_14v1.4 전시공간 연출하기	4.1 전시공간 연출규정에 따라 전시공간의 연출기획을 할 수 있다. 4.2 전시공간 연출규정에 따라 전시공간 요소와 형태를 설정할 수 있다. 4.3 전시공간 연출규정에 따라 전시 동선과 진열장을 선택할 수 있다. 4.4 전시공간 연출규정에 따라 전시물을 배열할 수 있다. 4.5 전시공간 연출규정에 따라 전시시설 공정 관리를 할 수 있다. 【지 식】 o 전시공간연출론에 대한 지식 o 전시공간디자인론에 대한 지식 o 전시시설 공정관리 규정에 대한 이해 【기 술】 o 전시공간을 연출할 수 있는 능력 o 전시공간을 제작 관리할 수 있는 능력 o 전시시설을 공정관리할 수 있는 능력 【태 도】 o 전시디자인의 제작과 시공에 전체적인 책임이 있다고 생각하는 자세 o 관리가 용이한 장치를 선택하려는 태도 o 전시주제와 전시공간의 조화를 꾀하려는 자세
0801040105_14v1.5 전시콘텐츠 제작 관리하기	5.1 전시에 요구되는 제반 규정에 따라 전시콘텐츠를 개발할 수 있다. 5.2 전시에 요구되는 제반 규정에 따라 전시콘텐츠를 제작할 수 있다. 5.3 전시에 요구되는 제반 규정에 따라 전시콘텐츠를 관리할 수 있다. 5.4 전시에 요구되는 제반 규정에 따라 전시콘텐츠를 활용할 수 있다. 【지 식】 o 전시콘텐츠 개발이론에 대한 지식 o 전시콘텐츠 제작이론에 대한 지식 o 전시콘텐츠 관리이론에 대한 지식 o 전시콘텐츠 활용이론에 대한 지식 【기 술】 o 스토리텔링을 개발할 수 있는 능력 o 전시콘텐츠를 제작할 수 있는 능력 o 전시콘텐츠 관리기술 o 전시콘텐츠 활용기술 【태 도】 o 창의적 사고와 책임감 유지 o 전시콘텐츠 분야의 전문가들과 유기적 관계 o 전시공간에 완벽한 스토리를 구축하기 위한 노력

능력단위요소	수 행 준 거
0801040105_14v1.6 전시 환경 관리하기	6.1 전시환경 관리규정에 따라 전시공간에 항온항습을 할 수 있다. 6.2 전시환경 관리규정에 따라 전시공간에 안전시설을 설치할 수 있다. 6.3 전시환경 관리규정에 따라 전시공간에 방범장치를 할 수 있다. 6.4 전시환경 관리규정에 따라 관리인력을 배치할 수 있다. 【지 식】 ○ 소장자료관리론에 대한 지식 ○ 전시환경 안전관리에 관한 이론 지식 ○ 작품보존 및 수복에 관한 이론 지식 ○ 전시장 인력운영에 관한 이론 지식 【기 술】 ○ 소장자료 관리기술 ○ 방범 및 안전기술 ○ 작품보존 및 수복기술 ○ 전시인력을 운영할 수 있는 능력 【태 도】 ○ 수습에 앞선 예방에 중점을 둔 관리 태도 ○ 관람객 중심의 전시환경 서비스 자세 ○ 전시주제에 부응하는 관리 해설 인력을 배치하려는 태도
0801040105_14v1.7 전시홍보물 제작 관리하기	7.1 전시에 요구되는 제반 규정에 따라 전시홍보물을 제작할 수 있다. 7.2 전시에 요구되는 제반 규정에 따라 전시홍보물을 관리할 수 있다. 7.3 전시에 요구되는 제반 규정에 따라 전시홍보물을 활용할 수 있다. 7.4 전시에 요구되는 제반 규정에 따라 생산된 전시홍보물을 평가할 수 있다. 【지 식】 ○ 홍보마케팅 이론에 대한 지식 ○ 소비자 심리분석 이론에 대한 지식 ○ 대중 커뮤니케이션 이론에 대한 지식 【기 술】 ○ 웹디자인을 할 수 있는 능력 ○ 시각디자인을 할 수 있는 기술 ○ 출판 편집을 할 수 있는 능력 ○ 홍보마케팅 전략을 수립하는 능력 【태 도】 ○ 지나친 홍보콘텐츠 생산에 따른 역기능을 예방하려는 태도 ○ 과장된 내용의 홍보콘텐츠를 지양하려는 자세 ○ 전시목적과 내용에 부응하는 전시홍보물 디자인하려는 자세

능력단위요소	수 행 준 거
0801040105_14v1.8 전시성과 분석 평가하기	8.1 전시평가에 요구되는 제반 규정에 따라 전시성과분석틀을 개발할 수 있다. 8.2 전시평가에 요구되는 제반 규정에 따라 전시성과를 분석할 수 있다. 8.3 전시평가에 요구되는 제반 규정에 따라 전시성과를 평가할 수 있다. 8.4 전시평가에 요구되는 제반 규정에 따라 전시성과 평가물 활용방안을 제시할 수 있다.
	【지 식】 ○ 전시평가 이론에 대한 지식 ○ 전시개발 이론에 대한 지식 ○ 전시평가활용 이론에 대한 지식 【기 술】 ○ 전시성과 분석 틀을 개발할 수 있는 능력 ○ 전시성과를 분석할 수 있는 능력 ○ 전시성과를 평가할 수 있는 능력 【태 도】 ○ 과학적 평가를 위해 계획, 기획, 진행에 관한 전 과정을 검토하려는 자세 ○ 문제점을 심층적으로 입증하려는 태도 ○ 향후 전시에 지침을 마련하는 활용방안을 제시하려는 적극적인 자세

◉ 적용범위 및 작업상황

고려사항

- 이 능력단위는 어떤 사물의 가치를 모색하고 전파하기 위해 일정한 주제와 다양한 기법을 이용하여 타인에게 전시물을 보여주는 업무에 적용된다.
- 전시에는 전시계획 수립, 전시자료 수집 분석, 전시설계 디자인, 전시공간 연출, 전시 콘텐츠 제작 관리, 전시환경 관리, 전시 홍보물 제작 관리, 전시성과 분석 평가 등을 포함한다.
- 전시의 완성을 위해서는 전시계획에서 전시성과 분석평가에 이르는 전 단계를 명확하게 이해해야 하고, 관람객에게 전시를 통해 전달하려는 이념이 무엇인지를 명확히 제시해야 한다.
- 전시기획자는 전시 실행뿐만 아니라 평가단계의 중요성을 인식하고 전시성과의 분석과 향후 활용방안을 적극적으로 제시하여 전시가 단순 행사의 차원을 넘어 문화현상으로 연계 발전할 수 있도록 노력해야 한다.

자료 및 관련 서류

- 전시 기획서
- 전시실 도면
- 건축기준법, 소방법
- 국유재산법, 지방재정법, 물품관리법, 저작권법
- 전시환경 관리규정

장비 및 도구

- 컴퓨터
- 설계관련 프로그램
- 빔프로젝터, 멀티비전
- 온도계, 습도계

재료

- 문화재 전시 작업과 관련된 작업 수행에 필요한 각종 운용 프로그램

◉ 평가지침

평가방법

- 평가자는 능력단위 전시의 수행준거에 제시되어 있는 내용을 평가하기 위해 이론과 실기를 나누어 평가하거나 종합적인 결과물의 평가 등 다양한 평가 방법을 사용할 수 있다.
- 피평가자의 과정평가 및 결과평가 방법

평가방법	평가유형	
	과정평가	결과평가
A. 포트폴리오	√	√
B. 문제해결 시나리오	√	
C. 서술형시험		√
D. 논술형시험		√
E. 사례연구	√	√
F. 평가자 질문	√	
G. 평가자 체크리스트	√	√
H. 피평가자 체크리스트	√	√
I. 일지/저널	√	
J. 역할연기		
K. 구두발표	√	
L. 작업장평가	√	√
M. 기타		

평가시 고려사항

- 수행준거에 제시되어 있는 내용을 성공적으로 수행할 수 있는지를 평가해야 한다.
- 평가자는 다음 사항을 평가해야 한다.
    - 전시 기획 능력
    - 전시 공간 설계 능력
    - 전시 자료 조사·수집·정리·분류·분석 능력
    - 환경 디자인·제품 디자인 능력
    - 시각 디자인·영상디자인 능력
    - 전시공간 연출 능력
    - 전시시설 공정관리 능력
    - 전시 콘텐츠 개발·제작·관리·활용 능력

- 전시공간 환경 관리 능력
- 전시 홍보물 제작·활용·평가 능력
- 전시성과 분석능력

◉ 직업기초능력

순 번	직업기초능력	
	주요영역	하위영역
1	의사소통능력	문서이해 능력, 문서작성 능력, 경청능력, 의사표현 능력, 기초외국어 능력
2	수리능력	기초연산 능력, 기초통계 능력, 도표분석 능력, 도표작성 능력
3	문제해결능력	사고력, 문제처리 능력
4	자원관리능력	시간자원관리능력, 예산자원관리 능력, 물적자원관리능력, 인적자원관리능력
5	대인관계능력	팀웍능력, 리더십능력, 갈등관리 능력, 협상능력, 고객서비스능력
6	정보능력	컴퓨터활용능력, 정보처리 능력
7	기술능력	기술이해능력, 기술선택능력, 기술적용능력
8	조직이해능력	국제감각, 조직체이해능력, 경영이해능력, 업무이해능력
9	직업윤리	근로윤리, 공동체 윤리

◉ 개발 이력

구 분		내 용
직무명칭		학예
분류번호		0801040105_14v1
개발연도	현재	2014
	2차	
	최초(1차)	2014
버전번호		v1
개 발 자	현재	(사)한국박물관협회
	2차	
	최초(1차)	(사)한국박물관협회
향후 보완 연도(예정)		2017~2019

분류번호 : 0801040106_14v1

능력단위 명칭 : 문화재 교육

능력단위 정의 : 문화재 교육이란 교육대상에 적합한 교육프로그램 계획을 수립하고, 설계, 개발, 실행, 평가, 환류하여 문화재의 내용을 효과적으로 전수·학습하는 능력이다.

능력단위요소	수 행 준 거
0801040106_14v1.1 교육계획 수립하기	1.1 교육 주제와 교육 대상에 따른 연간 교육 계획(안)을 수립할 수 있다. 1.2 교육 계획(안)에 따른 교육 대상층과 지역사회의 요구사항을 조사할 수 있다. 1.3 수립된 교육 계획(안)에 따른 개별 교육 프로그램(안)을 계획할 수 있다. 1.4 개별 교육 프로그램(안)에 따른 기관의 유·무형의 인적, 물적 자원조사와 콘텐츠를 분석·활용할 수 있다. 【지 식】 o 기관의 교육운영 전략 및 비전 이해 o 교육부서 내 예산집행 흐름 및 내용의 이해 o 교육대상 및 지역의 사회문화적, 인구학적 특성 이해 o 기관의 유·무형의 인적, 물적 자원과 콘텐츠 이해 o 최근 박물관 교육철학 및 이론적 동향과 흐름 이해 【기 술】 o 자원조사 및 콘텐츠 분석 능력 o 정보 취합, 분류 및 문서화 능력 o 기획안 작성 및 활용 능력 o 예산의 편성 및 확보 능력 【태 도】 o 새로운 정책 및 전략 도입에 적극적인 태도 o 기관 내 부서 간 소통에 협조적 태도
0801040106_14v1.2 프로그램 설계하기	2.1 교육 프로그램(안)에 따른 교육 주제 및 목표를 설정할 수 있다. 2.2 교육 프로그램(안)에 따른 교육 대상의 특성을 분석할 수 있다. 2.3 교육 프로그램(안)에 따라 교육 목표에 적합한 교육 방법을 선택할 수 있다. 2.4 교육 프로그램(안)에 따라 운영에 필요한 교육 환경을 준비할 수 있다. 2.5 교육 프로그램(안)에 따라 필요한 교육 자료 및 콘텐츠를 결정할 수 있다.

능력단위요소	수 행 준 거
	【지식】 ○ 교육대상별 특성 및 요구 이해 ○ 학교 교과과정 이해 ○ 유사 교육프로그램 국내외 현황 이해 ○ 프로그램 평가방법 결정에 대한 지식 ○ 교수-학습지도안 작성법 이해 【기술】 ○ 학교 교과과정과 연계한 교육주제를 설정할 수 있는 능력 ○ 박물관교육방법에 따른 프로그램을 설계할 수 있는 능력 ○ ICT를 활용한 프로그램 설계 능력 ○ 기관의 자원연계 교육주제 및 목표를 설정할 수 있는 능력 ○ 최신 박물관 교육방법 및 학습이론에 입각한 교육방법을 결정할 수 있는 능력 【태도】 ○ 교육프로그램 운영에 적합한 교육환경 (ICT, 안전성, 동선, 공간)을 준비하려는 자세 ○ 새로운 교육방법 도입에 적극적인 태도 ○ ICT를 활용한 교육환경에 적극적인 태도 ○ 유사 교육프로그램 현황 분석 및 활용에 적극적인 태도
0801040106_14v1.3 프로그램 개발하기	3.1 교육 방법에 따른 수업용 자료를 개발할 수 있다. 3.2 교육 방법에 따른 학습자용 활동지를 개발할 수 있다. 3.3 교육 방법에 따른 평가도구를 개발할 수 있다. 3.4 개발된 내용에 따른 전문 인력풀의 감수 및 내용 확정을 실행할 수 있다. 3.5 확정된 내용에 따른 교재 디자인과 인쇄 과정을 진행할 수 있다. 3.6 교육 내용에 따른 프로그램 홍보용 브로슈어 및 안내서를 개발할 수 있다. 【지식】 ○ 수업지도안(교재) 작성법 이해 ○ 교육대상에 적합한 활동지 (디자인, 언어) 이해 ○ 교육전개과정 및 흐름의 이해 ○ 프로그램 평가방법에 대한 이해 ○ 진단평가에 따른 환류 이해 【기술】 ○ 프로그램 관련 전문 인력풀을 구축할 수 있는 능력 ○ 수업지도안(교재) 작성 능력 ○ 교육대상에 적합한 활동지 (디자인, 언어) 개발 능력 ○ 프로그램 홍보용 브로슈어 및 안내서 개발 능력 ○ 그래픽 기초 능력 ○ 평가도구(설문지 작성 포함) 개발 능력 ○ 진단평가 분석과 환류 능력

능력단위요소	수행준거
	【태 도】 ○ 전문가 감수결과의 적극적 수용 및 반영하려는 자세 ○ ICT 활용 교육환경에 대한 긍정적인 태도 ○ 평가활동의 중요성 및 필요성에 대한 긍정적인 태도
0801040106_14v1.4 프로그램 실행하기	4.1 교육 목표에 따라 교육 프로그램 참가자를 모집할 수 있다. 4.2 교육 프로그램에 따라 교육 강사를 모집, 교육할 수 있다. 4.3 교육 프로그램을 대내외적으로 홍보 마케팅을 수행할 수 있다. 4.4 개발된 프로그램의 교육 계획을 적합하게 실행할 수 있다. 4.5 개발된 프로그램의 실행에 필요한 예산을 집행할 수 있다. 【지 식】 ○ 교육 프로그램 홍보 마케팅할 사이트, 방법, 대상에 대한 지식 ○ 교육 프로그램 운영에 적합한 강사의 역량에 대한 이해 ○ 교육강사 교육운영 방안에 대한 이해 ○ 수업지도안에서 강조하는 교육전략 및 방법에 대한 이해 ○ 수업활동에서 사용하는 다양한 ICT의 특징과 목적에 대한 이해 ○ 과정평가에 따른 환류 이해 【기 술】 ○ 교육대상과의 긴밀한 의사소통능력 ○ 상황에 따른 융통성 있는 프로그램 실행 기술 ○ 상황에 따른 융통성 있는 교구재 활용 기술 ○ 수업지도안에서 강조하는 교육전략 및 방법에 따른 진행 기술 ○ 교육진행시 필요한 다양한 ICT 활용 및 소양 기술 ○ 과정평가 분석과 환류 능력 ○ 예산집행 능력 【태 도】 ○ 교육대상의 적극적 학습참여를 위한 편안한 학습 분위기를 조성하려는 자세 ○ 교육대상과의 원활한 소통을 위한 적극적인 태도 ○ 교육대상과의 소통에서 항상 밝고 긍정적인 자세 ○ 쾌적한 교육환경 유지를 위한 부지런한 태도 ○ 프로그램 운영관련 안전사항을 준수하려는 자세 ○ 교육대상 및 관계자들의 요청을 적극적으로 수용하려는 태도
0801040106_14v1.5 프로그램 평가하기	5.1 교육 목표에 따라 운영 프로그램을 종합 평가할 수 있다. 5.2 교육 목표에 따라 평가 자료를 수집, 분석할 수 있다. 5.3 평가 내용과 시사점에 따른 프로그램 유지, 개선, 관리 방안을 제시할 수 있다. 5.4 교육 목표에 따른 교육 실시 결과 보고서를 작성할 수 있다.

능력단위요소	수 행 준 거
	【지 식】 ○ 종합 평가의 목적과 중요성 이해 ○ 종합 평가 방법론에 대한 지식 ○ 자료 수집과 분석 기법에 대한 이해 ○ 평가보고서 및 문서 시각화 작성법에 대한 지식 ○ 종합 평가 결과의 환류 방안에 대한 지식 ○ 프레젠테이션 기술에 대한 지식 【기 술】 ○ 관련 S/W (프레젠테이션, 워드프로세서 등)를 사용할 수 있는 능력 ○ 평가보고서의 데이터베이스 구축 능력 ○ 평가자료 분석에 따른 해석 능력 ○ 평가결과를 반영하여 차후 프로그램 개선 및 관리 방안 제시할 수 있는 능력 【태 도】 ○ 종합 평가의 목적과 결과에 대한 긍정적으로 수용하려는 자세 ○ 디지털 DB화에 대한 적극적으로 참여하려는 자세

◉ 적용범위 및 작업상황

고려사항

- 이 능력단위는 교육프로그램을 계획, 설계, 개발, 실행, 평가, 환류하는 업무에 적용된다.
- 교육대상에 적합한 교육프로그램 계획을 수립하고, 설계, 개발, 실행, 평가, 환류에 참여·진행할 수 있어야 한다.
- '문화재 교육'은 '문화재의 특성 및 가치'에 대한 사회·문화인구학적 인식을 바탕으로 접근하고 진행함을 의미한다.

자료 및 관련 서류

- 연간 교육계획서
- 수업 자료
- 학습 활동지
- 평가도구
- 홍보용 브로셔
- 결과 보고서
- 설문지

장비 및 도구

- 컴퓨터, 노트북
- USB, 외장하드
- 빔 프로젝터, 레이저 포인터
- 모니터, 스크린
- 문서 프로그램
- 그래픽 프로그램
- 프레젠테이션 프로그램

재료

- 문화재 교육의 교수에 필요한 각종 교안을 포함한 유인물
- 문화재 교육의 학습에 필요한 각종 학습지를 포함한 유인물
- 문화재 교육에 필요한 문구류와 체험학습 준비물

◉ 평가지침

평가방법

- 평가자는 능력단위 문화재 교육의 수행준거에 제시되어 있는 내용을 평가하기 위해 이론과 실기를 나누어 평가하거나 종합적인 결과물의 평가 등 다양한 평가 방법을 사용할 수 있다.
- 피평가자의 과정평가 및 결과평가 방법

평 가 방 법	평 가 유 형	
	과 정 평 가	결 과 평 가
A. 포트폴리오	√	√
B. 문제해결 시나리오	√	
C. 서술형시험		√
D. 논술형시험		√
E. 사례연구	√	√
F. 평가자 질문	√	
G. 평가자 체크리스트	√	
H. 피평가자 체크리스트		√
I. 일지/저널	√	
J. 역할연기		
K. 구두발표	√	
L. 작업장평가	√	
M. 기타		

평가시 고려사항

- 수행준거에 제시되어 있는 내용을 성공적으로 수행할 수 있는지를 평가해야 한다.
- 평가자는 다음 사항을 평가해야 한다.
    - 교육 계획 수립능력
    - 교육 프로그램 개발 능력
    - ICT 활용능력
    - 교수-학습지도안 작성 능력
    - 교재 개발 능력
    - 학습자용 활동지를 개발 능력
    - 평가도구 개발 능력
    - 교육 프로그램 홍보 마케팅 능력
    - 평가자료 수집·분석 능력
    - 결과보고서 작성 능력

◉ 직업기초능력

순 번	직업기초능력 주요영역	직업기초능력 하위영역
1	의사소통능력	문서이해 능력, 문서작성 능력, 경청능력, 의사표현 능력, 기초외국어 능력
2	수리능력	기초연산 능력, 기초통계 능력, 도표분석 능력, 도표작성 능력
3	문제해결능력	사고력, 문제처리 능력
4	자기개발능력	자아인식 능력, 자기관리 능력, 경력개발 능력
5	자원관리능력	시간자원관리능력, 예산자원관리 능력, 물적자원관리능력, 인적자원관리능력
6	대인관계능력	팀웍능력, 리더십능력, 갈등관리 능력, 협상능력, 고객서비스능력
7	정보능력	컴퓨터활용능력, 정보처리 능력
8	기술능력	기술이해능력, 기술선택능력, 기술적용능력
9	조직이해능력	국제감각, 조직체이해능력, 경영이해능력, 마케팅이해능력
10	직업윤리	근로윤리, 공동체 윤리

◉ 개발 이력

구 분		내 용
직무명칭		학예
분류번호		0801040106_14v1
개발연도	현재	2014
	2차	
	최초(1차)	2014
버전번호		v1
개 발 자	현재	(사)한국박물관협회
	2차	
	최초(1차)	(사)한국박물관협회
향후 보완 연도(예정)		2017~2019

분류번호 : 0801040107_14v1

능력단위 명칭 : 문화재 교류

능력단위 정의 : 문화재 교류란 교류실태를 분석하여 교류정책을 수립하고, 교류협력 체제를 구축하여 교류협력 성과를 분석하고 활용하는 능력이다.

능력단위요소	수 행 준 거
0801040107_14v1.1 교류실태 분석하기	1.1. 민관산학연 기관·단체와 다자간·양자간 업무협약 체결 현황을 조사할 수 있다. 1.2. 민관산학연 기관·단체와 업무협약 체결의 실태를 분석하여 대책을 수립할 수 있다. 1.3. 민관산학연 기관·단체와 업무협약 체결의 지속 가능성과 해지 필요성을 분석할 수 있다. 【지 식】 ○ ICOM, ICOMOS, IUCN, ICCROM, UNESCO, UN의 정관, 윤리강령에 대한 지식 ○ 국제협약, 국제협정, 선언문, 권고안, 운용지침, 지도방침에 대한 지식 ○ 박물관 및 미술관 진흥법, 문화재보호법, 법령, 조례, 예규, 정관, 방침에 대한 지식 【기 술】 ○ 민관산학연 기관·단체와 다자간·양자간 업무협약 체결 현황 조사 능력 ○ 민관산학연 기관·단체와 업무협약 체결의 실태를 분석하여 대책 수립 능력 ○ 민관산학연 기관·단체와 업무협약 체결의 지속 가능성과 해지 필요성 분석 능력 【태 도】 ○ 다자간·양자간 업무협약 체결 현황 조사에 신뢰성을 갖추려는 자세 ○ 업무협약 체결의 실태를 분석하여 대책을 수립하는 기획력을 갖추려는 자세 ○ 업무협약 체결의 지속 가능성과 해지 필요성을 분석하는 판단력을 가지려는 자세
0801040107_14v1.2 교류정책 수립하기	2.1. 국제규범, 법령, 조례, 정관 등에 근거하여 교류정책의 보편성과 유사점을 파악할 수 있다. 2.2. 국제규범, 법령, 조례, 정관 등에 근거하여 교류정책의 특수성과 차이점을 파악할 수 있다. 2.3. 국제규범, 법령, 조례, 정관 등에 근거하여 교류정책을 수립할 수 있다. 【태 도】 ○ 다자간 또는 양자간 교류의 보편성과 특수성 이해에 적극적인 자세 ○ 국제협약, 국제협정, 선언문, 권고안, 지도방침, 운용지침의 적용에 성실한 태도 ○ 박물관 및 미술관 진흥법, 문화재보호법, 법령, 조례, 예규, 정관, 방침을 준수하려는 자세 【지 식】 ○ ICOM, ICOMOS, IUCN, ICCROM, UNESCO, UN의 정관, 윤리강령에 대한 지식 ○ 국제협약, 국제협정, 선언문, 권고안, 운용지침, 지도방침에 대한 지식 ○ 박물관 및 미술관 진흥법, 문화재보호법, 법령, 조례, 예규, 정관, 방침에 대한 지식 【기 술】 ○ ICOM, ICOMOS, IUCN, ICCROM, UNESCO, UN의 정관, 윤리강령 적용 기술 ○ 국제협약, 국제협정, 선언문, 권고안, 운용지침, 지도방침 적용 기술 ○ 박물관 및 미술관 진흥법, 문화재보호법, 법령, 조례, 예규, 정관, 방침 적용 기술

능력단위요소	수 행 준 거
0801040107_14v1.3 교류협력 체제 구축하기	3.1. 민관산학연 기관·단체와 다자간·양자간 업무협약 체결을 위한 협력 체제 구축을 위한 제반여건을 조사하여 적용할 수 있다. 3.2. 민관산학연 기관·단체와 다자간·양자간 업무협약 체결을 위한 협력 체제 구축을 위한 예산을 편성하고 집행할 수 있다. 3.3. 민관산학연 기관·단체와 다자간·양자간 업무협약 체결을 위한 보증·보험·공증 업무 처리를 수행할 수 있다. 【지 식】 ○ ICOM, ICOMOS, IUCN, ICCROM, UNESCO, UN의 정관, 윤리강령에 대한 지식 ○ 국제협약, 국제협정, 선언문, 권고안, 운용지침, 지도방침에 대한 지식 ○ 박물관 및 미술관 진흥법, 문화재보호법, 법령, 조례, 예규, 정관, 방침에 대한 지식 【기 술】 ○ 협력 체제 구축을 위한 제반여건을 조사하여 적용할 수 있는 능력 ○ 협력 체제 구축을 위한 예산을 편성하여 집행하는 능력 ○ 업무협약 체결을 위한 보증·보험·공증 업무처리를 수행할 수 있는 능력 【태 도】 ○ 협력 체제 구축을 위한 제반여건을 조사하는 통찰력을 가지려는 자세 ○ 협력 체제 구축을 위한 예산을 편성하여 집행하는데에 공정한 자세 ○ 업무협약 체결을 위한 보증·보험·공증 업무처리를 수행하는데에 성실한 자세
0801040107_14v1.4 교류협력 실행하기	4.1. 민관산학연 기관·단체와 업무협약에 근거하여 인적 교류 협력을 실행할 수 있다. 4.2. 민관산학연 기관·단체와 업무협약에 근거하여 물적 교류 협력을 실행할 수 있다. 4.3. 민관산학연 기관·단체와 업무협약에 근거하여 기술적 교류 협력을 실행할 수 있다. 4.4. 민관산학연 기관·단체와 업무협약에 근거하여 학술적 교류 협력을 실행할 수 있다. 【지 식】 ○ ICOM, ICOMOS, IUCN, ICCROM, UNESCO, UN의 정관, 윤리강령에 대한 지식 ○ 국제협약, 국제협정, 선언문, 권고안, 운용지침, 지도방침에 대한 지식 ○ 박물관 및 미술관 진흥법, 문화재보호법, 법령, 조례, 예규, 정관, 방침에 대한 지식 【기 술】 ○ 업무협약에 근거하여 인적 교류 협력을 실행할 수 있는 능력 ○ 업무협약에 근거하여 물적 교류 협력을 실행할 수 있는 능력 ○ 업무협약에 근거하여 기술적 교류 협력을 실행할 수 있는 능력 ○ 업무협약에 근거하여 학술적 교류 협력을 실행할 수 있는 능력 【태 도】 ○ 업무협약에 근거하여 인적, 물적, 기술적, 학술적 교류 협력에 성실한 자세 ○ 업무협약에 근거하여 국제협약, 국제협정, 선언문, 권고안, 운용지침, 지도방침을 준수하려는 자세 ○ 업무협약에 근거한 관계법령, 조례, 예규, 정관, 방침 적용에 있어 공정한 자세

능력단위요소	수 행 준 거
0801040107_14v1.5 교류협력 성과 분석하기	5.1. 민관산학연 기관·단체와 업무협약에 근거하여 인적 교류 협력의 성과를 분석할 수 있다. 5.2. 민관산학연 기관·단체와 업무협약에 근거하여 물적 교류 협력의 성과를 분석할 수 있다. 5.3. 민관산학연 기관·단체와 업무협약에 근거하여 기술적 교류 협력의 성과를 분석할 수 있다. 5.4. 민관산학연 기관·단체와 업무협약에 근거하여 학술적 교류 협력의 성과를 분석할 수 있다.
	【지 식】 ○ ICOM, ICOMOS, IUCN, ICCROM, UNESCO, UN의 정관, 윤리강령에 대한 지식 ○ 국제협약, 국제협정, 선언문, 권고안, 운용지침, 지도방침에 대한 지식 ○ 박물관 및 미술관 진흥법, 문화재보호법, 법령, 조례, 예규, 정관, 방침에 대한 지식 ○ 업무협약에 근거한 인적, 물적, 기술적, 학술적 교류 협력에 관한 지침에 대한 지식 【기 술】 ○ 업무협약에 근거하여 인적 교류 협력의 성과 분석 능력 ○ 업무협약에 근거하여 물적 교류 협력의 성과 분석 능력 ○ 업무협약에 근거하여 기술적 교류 협력의 성과 분석 능력 ○ 업무협약에 근거하여 학술적 교류 협력의 성과 분석 능력 ○ 인적, 물적, 기술적, 학술적 교류 협력에 관한 정성적, 정량적, 통합적 통계분석 처리 능력 【태 도】 ○ 인적, 물적, 기술적, 학술적 교류 협력의 성과 분석에 적극적인 자세 ○ 교류 협력 성과 분석에 객관적이고 공정한 자세
0801040107_14v1.6 교류협력 성과 활용하기	6.1. 민관산학연 기관·단체와 업무협약에 근거한 인적, 물적, 기술적·학술적 교류 협력의 성과를 박물관 목적사업에 활용할 수 있다. 6.2. 민관산학연 기관·단체와 업무협약에 근거한 인적, 물적, 기술적·학술적 교류 협력의 성과를 박물관 표적활동에 활용할 수 있다. 6.3. 민관산학연 기관·단체와 업무협약에 근거한 인적, 물적, 기술적·학술적 교류 협력의 성과를 유관 기관·단체와 교류에 활용할 수 있다.
	【지 식】 ○ 국제협약, 국제협정, 선언문, 권고안, 운용지침, 지도방침에 대한 지식 ○ 박물관 및 미술관 진흥법, 문화재보호법, 법령, 조례, 예규, 정관, 방침에 대한 지식 ○ 업무협약에 근거하여 인적, 물적, 기술적, 학술적 교류 협력에 관한 지침, 방침에 대한 지식 ○ 인적, 물적, 기술적, 학술적 교류 협력에 관한 정성적, 정량적, 통합적 통계분석 처리 지식 【기 술】 ○ 인적, 물적, 기술적·학술적 교류 협력의 성과를 박물관 목적사업에 적용할 수 있는 능력 ○ 인적, 물적, 기술적·학술적 교류 협력의 성과를 박물관 표적활동에 활용할 수 있는 능력 ○ 인적, 물적, 기술적·학술적 교류 협력의 성과를 유관 기관·단체와 공용할 수 있는 능력 【태 도】 ○ 교류 협력의 성과를 박물관 목적사업에 적용하려는 적극적인 자세 ○ 교류 협력의 성과를 박물관 표적활동에 적극 활용려는 자세 ○ 교류 협력의 성과를 유관 기관·단체와 적극 공유하려는 자세

◉ 적용범위 및 작업상황

고려사항

- 이 능력단위는 교류실태를 분석하여, 교류정책을 수립하고, 교류협력 체제를 구축하여, 교류협력 성과를 분석하고 활용하는 업무에 적용된다.
- 문화재 교류 담당자는 국내외 교류실태를 분석하여, 교류정책을 수립하고, 교류협력 체제를 구축하여, 교류협력 성과를 분석하고 활용하는 데 참여·진행할 수 있어야 한다.
- 문화재 교류 담당자는 국내외 교류실태를 분석하여 교류정책을 수립하고, 교류협력 체제를 구축하여 교류협력을 수행할 때 국제공용어 소통 능력 및 타문화 이해 품성을 갖추어야 한다.
- '문화재 교류'는 '문화재의 가치 및 제반사항'에 대한 인적·물적·기술적·학술적 인식을 바탕으로 접근진행함을 의미한다.

자료 및 관련 서류

- ICOM, ICOMOS, IUCN, ICCROM, UNESCO, UN의 정관, 윤리강령 이해
- 국제협약, 국제협정, 선언문, 권고안, 운용지침, 지도방침 이해
- 박물관 및 미술관 진흥법, 문화재보호법, 법령, 조례, 예규, 정관, 방침

장비 및 도구

- 문화재 교류 수행에 필요한 컴퓨터, 프린터, 노트북 등의 문서제작기
- 문화재 교류 통신에 필요한 스마트 폰, 전화, 팩스, 무전기 등의 통신기자재
- 문화재 교류 의전 및 운송에 필요한 승용차, 무진동 운송차 등의 교통수단
- 문화재 교류 기록에 필요한 카메라, 캠코더, 녹음기 등의 정보화 기자재

재료

- 문화재 교류 수행에 필요한 컴퓨터, 프린터, 노트북, 아이패드 등의 문서제작기의 소모품
- 문화재 교류 기록에 필요한 카메라, 캠코더, 녹음기 등의 정보화 기자재의 소모품
- 문화재 교류 수행과 기록에 필요한 공식문서지, 보안용USB
- 문화재 교류 구축과 활용에 필요한 홍보물, 기념품

◉ 평가지침

평가방법

- 평가자는 능력단위 문화재 교류의 수행준거에 제시되어 있는 내용을 평가하기 위해 이론과 실기를 나누어 평가하거나 종합적인 결과물의 평가 등 다양한 평가 방법을 사용할 수 있다.
- 피평가자의 과정평가 및 결과평가 방법

평가 방법	평가 유형	
	과정평가	결과평가
A. 포트폴리오	√	√
B. 문제해결 시나리오	√	
C. 서술형시험		√
D. 논술형시험		√
E. 사례연구	√	√
F. 평가자 질문	√	
G. 평가자 체크리스트	√	
H. 피평가자 체크리스트		
I. 일지/저널	√	√
J. 역할연기		
K. 구두발표		√
L. 작업장평가	√	
M. 기타: 에티켓, 매너	√	

평가시 고려사항

- 수행준거에 제시되어 있는 내용을 성공적으로 수행할 수 있는지를 평가해야 한다.
- 평가자는 다음 사항을 평가해야 한다.
    - 국제협약, 국제협정, 선언문, 권고안, 운용지침, 지도방침 이행
    - 박물관 및 미술관 진흥법, 문화재보호법, 법령, 조례, 예규, 정관, 방침 이행
    - 사절로서 에티켓, 매너, 윤리강령 준수 여부
    - 문화재 교류 실태분석 능력
    - 문화재 교류정책 수립 능력

- 문화재 교류협력 체제 구축 능력
- 문화재 교류협력 성과 분석 능력
- 문화재 교류협력 성과 활용 능력

◉ 직업기초능력

순번	직업기초능력	
	주요영역	하위영역
1	의사소통능력	문서이해 능력, 문서작성 능력, 경청능력, 의사표현 능력, 기초외국어 능력
2	문제해결능력	사고력, 문제처리 능력
3	자기개발능력	자아인식 능력, 자기관리 능력, 경력개발 능력
4	대인관계능력	팀웍능력, 리더십능력, 갈등관리 능력, 협상능력, 고객서비스능력
5	정보능력	컴퓨터활용능력, 정보처리 능력
6	기술능력	기술이해능력, 기술선택능력, 기술적용능력
7	조직이해능력	국제감각, 조직체이해능력, 경영이해능력, 마케팅능력
8	직업윤리	근로윤리, 공동체 윤리

◉ 개발 이력

구분		내용
직무명칭		학예
분류번호		0801040107_14v1
개발연도	현재	2014
	2차	
	최초(1차)	2014
버전번호		v1
개발자	현재	(사)한국박물관협회
	2차	
	최초(1차)	(사)한국박물관협회
향후 보완 연도(예정)		2017~2019

분류번호 : 0801040108_14v1

능력단위 명칭 : 문화재 평가

능력단위 정의 : 문화재 평가란 학예와 관련된 제반 사업의 평가계획 수립, 사업성과 평가, 문화재 가치 평가, 이용 만족도 평가, 경영성과 평가를 수행하는 능력이다.

능력단위요소	수 행 준 거
0801040108_14v1.1 평가 계획 수립하기	1.1 해당 사업에 따라 수립할 평가 계획의 기초 자료를 수집할 수 있다. 1.2 수립된 평가 계획에 따라 수집된 자료를 기초로 평가 요인을 추출할 수 있다. 1.3 평가 대상 및 요인에 따라 평가 지표를 작성할 수 있다. 1.4 수행한 해당 사업 및 경영 성과 분석에 따른 평가 계획을 수립할 수 있다. 【지 식】 ○ 분석·평가 이론에 관한 기초지식 ○ 통계학에 관한 기초지식 ○ 문화예술경제학에 관한 기초지식 ○ 보존공물, 문화재, 박물관자료에 관한 지식 ○ 비영리 경영평가의 특수성에 관한 지식 ○ 문화재 가치평가 방법론에 관한 지식 【기 술】 ○ 평가 계획을 체계적으로 수립하는 능력 ○ 평가대상의 특성을 총체적이고 객관적으로 파악하는 능력 ○ 평가 계획 수립의 기대치와 문제점을 산출하는 능력 ○ 평가 방법론을 과학적으로 적용하는 능력 【태 도】 ○ 평가 계획 수립의 타당성을 확립하려는 자세 ○ 정확하고 통찰력 있는 사고 ○ 투명하고 건전한 윤리 의식
0801040108_14v1.2 사업성과 평가하기	2.1 수행한 사업의 성과에 따라 도출 결과를 정리할 수 있다. 2.2 수행한 사업의 항목에 따른 개별 평가 지표를 사업 평가에 적용할 수 있다. 2.3 수립된 평가 계획에 따라 사업성과를 평가할 수 있다. 2.4 수행한 사업의 성과에 따른 사업평가 결과를 추후 사업에 반영할 수 있다.

능력단위요소	수 행 준 거
	【지 식】 ○ 분석·평가 이론에 관한 기초지식 ○ 통계학에 관한 기초지식 ○ 문화예술경제학에 관한 기초지식 ○ 보존공물, 문화재, 박물관자료에 관한 지식 ○ 비영리 경영평가의 특수성에 관한 지식 ○ 문화재 가치평가 방법론에 관한 지식 【기 술】 ○ 평가대상의 특성을 총체적이고 객관적으로 파악하는 능력 ○ 평가 계획 수립의 기대치와 문제점을 산출하는 능력 ○ 평가 방법론을 과학적으로 적용하는 능력 ○ 분석·평가대상 자료를 공정하게 통계 처리하는 능력 ○ 분석·평가한 자료를 검증·해석할 수 있는 능력 ○ 분석·평가한 자료를 환류·활용할 수 있는 능력 【태 도】 ○ 통계 처리 자료 해석의 타당성을 확립하려는 자세 ○ 정확하고 통찰력 있는 사고 ○ 투명하고 건전한 윤리 의식 ○ 공명정대한 평가 자세
0801040108_14v1.3 문화재 가치 평가하기	3.1 문화재 가치를 이해·추출할 수 있다. 3.2 문화재 가치 관련 자료를 분석·평가할 수 있다. 3.3 평가한 문화재 가치를 문화재 사업에 활용할 수 있다.
	【지 식】 ○ 문화재 가치에 관한 지식 ○ 문화재 가치를 분석·평가할 수 있는 지식 ○ 자원 보전과 활용에 관한 지식 ○ 역사적·문화적·지리적 맥락의 이해 【기 술】 ○ 문화재 가치 평가 방법론을 과학적으로 적용하는 능력 ○ 산출된 가치를 검증·해석할 수 있는 능력 ○ 평가된 자료의 가치를 활용할 수 있는 능력 【태 도】 ○ 문화재 가치 평가의 타당성을 확립하려는 자세 ○ 정확하고 통찰력 있는 사고 ○ 투명하고 건전한 윤리 의식 ○ 공명정대한 평가 자세

능력단위요소	수 행 준 거
0801040108_14v1.4 이용 만족도 평가하기	4.1 이용 만족도를 이해·추출할 수 있다. 4.2 이해 만족도 관련 자료를 분석·평가할 수 있다. 4.3 평가한 이해 만족도를 박물관 경영에 활용할 수 있다. 【지 식】 ○ 이용 만족도에 관한 지식 ○ 이용 만족도를 분석·평가할 수 있는 지식 ○ 이용 만족도와 관련 자료와 정보에 관한 지식 ○ 이용 만족도와 재방문율의 상관관계의 이해 【기 술】 ○ 이용 만족도 분석·평가 방법론을 과학적으로 적용하는 능력 ○ 산출된 이용만족도를 검증·해석할 수 있는 능력 ○ 평가된 이용 만족도를 박물관 경영에 활용할 수 있는 능력 【태 도】 ○ 이용 만족도 평가의 타당성을 확립하려는 자세 ○ 정확하고 통찰력 있는 사고 ○ 투명하고 건전한 윤리 의식 ○ 공명정대한 평가 자세
0801040108_14v1.5 경영성과 평가하기	5.1 수립된 평가 계획에 따라 경영성과를 평가할 수 있다. 5.2 수행한 사업에 따른 기관별 경영성과를 정리할 수 있다. 5.3 수행한 사업에 따른 기관별 평가 지표를 경영 평가에 적용할 수 있다. 5.4 수행한 사업에 따른 평가 결과를 추후 경영에 반영할 수 있다. 【지 식】 ○ 분석·평가 이론에 관한 기초지식 ○ 통계학에 관한 기초지식 ○ 문화예술경제학에 관한 기초지식 ○ 보존공물, 문화재, 박물관자료에 관한 지식 ○ 비영리 경영평가의 특수성에 관한 지식, ○ 문화재 가치평가 방법론에 관한 지식 【기 술】 ○ 평가대상의 특성을 총체적이고 객관적으로 파악하는 능력 ○ 경영성과 평가의 기대치와 문제점을 산출하는 능력 ○ 경영성과 평가 방법론을 과학적으로 적용하는 능력 ○ 경영성과 평가 자료를 공정하게 통계 처리하는 능력 ○ 경영성과 평가 자료를 검증·해석할 수 있는 능력 ○ 경영성과 평가 자료를 환류·활용할 수 있는 능력 【태 도】 ○ 경영성과 평가의 타당성을 확립하려는 자세 ○ 정확하고 통찰력 있는 사고 ○ 투명하고 건전한 윤리 의식 ○ 공명정대한 평가 자세

◉ 적용범위 및 작업상황

고려사항

- 이 능력 단위는 학예와 관련된 제반 사업의 평가계획 수립, 사업 성과 평가, 문화재 가치 평가, 이용 만족도 평가, 경영성과 평가 등을 수행하는 업무에 적용된다.
- 문화재 평가는 학예와 관련된 제반 사업의 평가계획 수립, 사업 성과 평가, 문화재 가치 평가, 이용 만족도 평가, 경영성과 평가는 비영리 기관의 경영평가와 비영리 사업의 이용 만족도 평가, 보존공물로서 문화재 가치 평가의 특수성을 고려해야 한다.
- '문화재 평가'는 자체 평가와 제3자 평가, 자체와 제3자 평가를 모두 반영하는 방법이 있음을 고려해야 한다.
- 문화재 평가는 학예와 관련된 제반 사업의 단기, 중기, 장기 사업 평가계획 수립과 이에 따른 사업 성과 평가를 고려해야 한다.
- 보존공물로서 문화재 가치 평가는 조건부가치 측정법(CVM,; 지불할 의사 측정: WTP, 보상할 의사 WTA), 컨조인트 분석법(CAM), 여행비용 접근법(TCM), 만족도 가격 측정법 등이 있음을 고려해야 한다.
- 박물관 및 문화재 관련기관은 비용체감사업으로서 특수성을 갖고 있고, 문화재는 가치재로서 소비의 비경합성이 있음을 분석·평가에서 고려해야 한다.
- 비영리 사업의 이용 만족도는 만족도 가격 측정법의 유용성과 정성평가의 효용성을 고려해야 한다.
- 비영리 기관 경영평가의 핵심은 투입과 산출의 균형을 맞추는 것이 공익극대화와 효용극대화를 동시에 추구할 수 있음을 고려해야 한다.

자료 및 관련 서류

- 평가계획서, 영향평가서, 사전평가서, 형성평가서, 최종평가서
- 평가기초자료, 분석자료, 평가자료
- 가치 평가는 조건부가치 측정법(CVM,; 지불할 의사 측정: WTP, 보상할 의사 WTA), 컨조인트 분석법(CAM), 여행비용 접근법(TCM), 만족도 가격 측정법
- 이용 만족도 평가
- 경영성과 평가

장비 및 도구

- 컴퓨터
- 프린터
- 통계 프로그램: SPSS, SAS, WIN
- 조건부가치 측정(CVM,; 지불할 의사 측정: WTP, 보상할 의사 WTA), 컨조인트 분석(CAM), 여행비용 접근(TCM), 만족도 가격 측정을 위한 문서작성기

재료

- 통계 프로그램: SPSS, SAS, WIN 인쇄지
- 조건부가치 측정(CVM,; 지불할 의사 측정: WTP, 보상할 의사 WTA), 컨조인트 분석(CAM), 여행비용 접근(TCM), 만족도 가격 측정을 위한 설문지

◉ 평가지침

평가방법

- 평가자는 능력단위 문화재 평가의 수행준거에 제시되어 있는 내용을 평가하기 위해 이론과 실기를 나누어 평가하거나 종합적인 결과물의 평가 등 다양한 평가 방법을 사용할 수 있다.
- 피평가자의 과정평가 및 결과평가 방법

평가 방법	평가 유형	
	과정평가	결과평가
A. 포트폴리오	√	√
B. 문제해결 시나리오	√	
C. 서술형시험		√
D. 논술형시험		√
E. 사례연구	√	√
F. 평가자 질문	√	√
G. 평가자 체크리스트	√	√
H. 피평가자 체크리스트		
I. 일지/저널	√	√
J. 역할연기		
K. 구두발표	√	√
L. 작업장평가	√	√
M. 잠재이용자평가		√

평가시 고려사항

- 수행준거에 제시되어 있는 내용을 성공적으로 수행할 수 있는지를 평가해야 한다.
- 평가자는 다음 사항을 평가해야 한다.
    - 평가계획 수립 능력
    - 분석·평가 수행 능력
    - 문화재 가치 평가 능력
    - 이용 만족도 평가 능력
    - 경영성과 평가 능력

◉ 직업기초능력

순번	직업기초능력	
	주요영역	하위영역
1	의사소통능력	문서이해 능력, 문서작성 능력, 경청능력, 의사표현 능력, 기초외국어 능력
2	수리능력	기초연산 능력, 기초통계 능력, 도표분석 능력, 도표작성 능력
3	자원관리능력	시간자원관리능력, 예산자원관리 능력, 물적자원관리능력, 인적자원관리능력
4	대인관계능력	팀웍능력, 리더십능력, 갈등관리 능력, 협상능력, 고객서비스능력
5	정보능력	컴퓨터활용능력, 정보처리 능력
6	직업윤리	근로윤리, 공동체 윤리

◉ 개발 이력

구 분		내 용
직무명칭		학예
분류번호		0801040108_14v1
개발연도	현재	2014
	2차	
	최초(1차)	2014
버전번호		v1
개 발 자	현재	(사)한국박물관협회
	2차	
	최초(1차)	(사)한국박물관협회
향후 보완 연도(예정)		2017~2019

분류번호 : 0801040109_14v1

능력단위 명칭 : 문화재 경영

능력단위 정의 : 문화재 경영이란 기관(박물관)의 설립 목적을 달성하기 위하여 중장기 계획 수립, 사업 개발, 재정 운영계획 수립, 인적자원 관리, 건축·시설관리 업무를 수행하는 능력이다.

능력단위요소	수 행 준 거
0801040109_14v1.1 중장기 계획 수립하기	1.1 기관 설립 취지에 맞게 종합적인 중장기 계획을 수립할 수 있다. 1.2 기관의 기본 현황을 토대로 경영전략과 사업계획을 수립할 수 있다. 1.3 조사·연구, 수집·관리, 전시, 교육, 보존 등 학예직의 기본업무를 수행할 수 있다. 1.4 국내외 환경변화를 종합적으로 분석하여 정책에 반영할 수 있다. 【지 식】 ○ 박물관·미술관·과학관 등 문화기관에 대한 기본 지식 ○ 문화이론 및 문화정책에 대한 지식 ○ 박물관학에 대한 종합적인 지식 ○ 조사연구, 전시, 교육 등 학예업무에 대한 기본 지식 【기 술】 ○ 문화에 대한 이해를 기초로 종합적으로 분석할 수 있는 문화 기술 ○ 학예직의 기본 업무를 수행할 수 있는 기술 ○ 중장기 사업 계획을 설계하고 기술할 수 있는 능력 【태 도】 ○ 문화에 대한 객관적 사고와 판단 ○ 박물관 등 문화기관에 대한 이해 및 관련 지식에 대한 학문적 태도 ○ 문화발전 및 활성화 방안에 대한 공리적 사명감 ○ 학예직으로서 문화유산에 대한 윤리의식
0801040109_14v1.2 사업 개발하기	2.1 기관 및 주변 환경에 대한 자료를 수집할 수 있다. 2.2 수집된 자료를 분석·평가할 수 있다. 2.3 기관 설립 취지에 맞게 사업을 개발할 수 있다. 2.4 이용자 및 이용자 선호도를 파악할 수 있다. 2.5 기관에 대한 기본적인 지식 및 사업을 분석·평가할 수 있다. 2.6 분석된 자료를 기초로 이용자에 맞는 사업을 개발할 수 있다. 2.7 개발된 사업을 적용·분석·평가할 수 있다.

능력단위요소	수 행 준 거
	【지 식】 ○ 학예업무에 대한 지식 ○ 문화이론 및 정책에 대한 지식 ○ 사업개발 절차 및 작성에 대한 지식 ○ 이용자 분석에 관한 지식 ○ 기관 이해 및 분석·평가에 관한 지식 ○ 사업 개발 및 수행·평가에 관한 지식 【기 술】 ○ 학예업무 전반에 대한 수행 능력 ○ 자료수집 및 분석 능력 ○ 사업계획서 작성 기술 ○ 선호도 조사 분석을 위한 기술 ○ 통계학적인 기술 ○ 사업 개발 및 적용 기술 【태 도】 ○ 문화에 대한 긍정적인 사고 ○ 창의적인 사고 ○ 종합적인 분석 태도 ○ 고객 중심의 열려있는 태도 ○ 이용자 눈높이에 맞는 태도 ○ 창의적인 태도
0801040109_14v1.3 재정운영계획 수립하기	3.1 기관별 중장기 재정 운영 계획을 수립할 수 있다. 3.2 세부 사업별 재정 운영 계획을 수립할 수 있다. 3.3 계획에 의거하여 재원을 조달하고 집행할 수 있다. 3.4 재정 운영 결과를 분석할 수 있다. 【지 식】 ○ 회계 관련 법규 및 매뉴얼에 대한 이해 ○ 재무제표 분석 방법에 대한 이해 ○ 경제적, 재무적 타당성 분석 방법에 대한 지식 【기 술】 ○ SWOT 분석 능력 ○ 시장현황자료 정보검색 및 분석능력 【태 도】 ○ 세밀하고 섬세한 분석적인 자세 ○ 효율적인 목표달성을 위한 전략적 사고 ○ 정교한 논리전개 자세

능력단위요소	수행준거
0801040109_14v1.4 인적자원관리하기	4.1 기관별 중장기 인적자원 관리 계획을 수립할 수 있다. 4.2 세부 사업별 인력 운영 및 교육 계획을 수립할 수 있다. 4.3 내·외부 인적자원 네트워크를 구축·관리할 수 있다. 4.4 자원봉사자를 모집하고 운영할 수 있다. 4.5 인적자원 운영 결과를 분석할 수 있다.
	【지 식】 ○ 채용관련 인사규정에 대한 지식 ○ 인적자원관리에 대한 지식 ○ 노무 관리에 대한 지식 ○ 업무별·직급별 직무에 대한 이해 ○ 채용전형 방법 및 절차에 대한 이해 【기 술】 ○ 노동시장조사 능력 ○ 자료분석 프로그램 활용 능력 ○ 커뮤니케이션을 위한 문서화 능력 【태 도】 ○ 세밀하고 섬세한 분석적인 자세 ○ 논리적이고 객관적으로 검증하는 자세
0801040109_14v1.5 건축 시설 관리하기	5.1 기관별 중장기 건축시설 관리계획을 수립할 수 있다. 5.2 공간별 세부 운영계획을 수립하고 관리할 수 있다. 5.3 내외부 시설관리 네트워크를 구축·관리할 수 있다. 5.4 시설을 점검하고 유지보수 업무를 수행할 수 있다.
	【지 식】 ○ 시설물의 특성과 운용, 유지 보수에 관한 지식 ○ 건축 기초 공학에 대한 지식 ○ 시설 업무 지침에 따른 공조 관리 지식 ○ 환경 관리 지침에 관한 지식 【기 술】 ○ 관련 기기 사용 기술 ○ 컴퓨터 활용 기술 ○ 환경 기기 사용과 정기 운용 일지 작성 기술 【태 도】 ○ 건축 시설 관리에 대한 책임감 ○ 청결 유지에 대한 책임감 ○ 솔선 수범 자세 준수 ○ 부서간 긴밀한 업무 협조 태도

◉ 적용범위 및 작업상황

고려사항

- 이 능력단위는 기관의 설립 목적을 달성하기 위하여 중장기 계획 수립, 사업개발, 재정 운영계획 수립, 인적자원 관리, 건축·시설관리 등의 업무에 적용된다.
- 기관의 중장기 계획 수립의 시기, 규모, 소요예산 등은 국내외 시장 환경, CEO 경영방침, 경제적 타당성, 정책동향 등을 종합적으로 고려해야 한다.
- 기관의 경영과정은 POLC(계획, 조직, 감독, 통제), 또는 PDMA(계획, 실행, 관리, 통제), PDA(계획, 실행, 통제) 방식으로 이루어지고 있음을 고려해야 한다.
- 박물관 및 문화재 관련기관은 비용체감사업으로서 특수성을 갖고 있고, 문화재는 가치재로서 소비의 비경합성이 있음을 분석·평가에서 고려해야 한다.
- 비영리 기관 경영평가의 핵심은 투입과 산출의 균형을 맞추는 것이 공익극대화와 효용극대화를 동시에 추구할 수 있음을 고려해야 한다.

자료 및 관련 서류

- 정관, 사규, 규정, 지침,
- 연차 사업계획서
- 중장기 사업계획서
- 국내외 시장 동향 보고서
- 사업 실적 보고서
- 경영 전략 계획서
- 재정 운영 계획서
- 인적자원 관리 계획서
- 건축시설 관리 계획서

장비 및 도구

- O/S패키지: 경영정보관리(MIS), 전사적자원계획(ERP), 고객관계관리(CRM), 인적자원관리(HRM) 등
- 문서작성기, 통신기자재, 정보화기자재, 보안기자재, 사무실기자재, 물류설비, 운송설비

재료

- O/S패키지: 경영정보관리(MIS), 전사적자원계획(ERP), 고객관계관리(CRM), 인적자원관리(HRM) 등의 소모품
- 문서작성기, 통신기자재, 정보화기자재, 보안기자재, 사무실기자재, 물류설비, 운송설비 등의 소모품

◉ 평가지침

평가방법

- 평가자는 능력단위 문화재 경영의 수행준거에 제시되어 있는 내용을 평가하기 위해 이론과 실기를 나누어 평가하거나 종합적인 결과물의 평가 등 다양한 평가 방법을 사용할 수 있다.
- 피평가자의 과정평가 및 결과평가 방법

평 가 방 법	평가유형	
	과정평가	결과평가
A. 포트폴리오	√	√
B. 문제해결 시나리오	√	
C. 서술형시험		√
D. 논술형시험		
E. 사례연구	√	√
F. 평가자 질문	√	
G. 평가자 체크리스트		√
H. 피평가자 체크리스트		√
I. 일지/저널	√	√
J. 역할연기		
K. 구두발표	√	√
L. 작업장평가		
M. 기타		

평가시 고려사항

- 수행준거에 제시되어 있는 내용을 성공적으로 수행할 수 있는지를 평가해야 한다.
- 평가자는 다음 사항을 평가해야 한다.
    - 사업계획서 작성 능력
    - 사업계획에 따른 자원조달계획 수립 능력
    - 신규 사업 개발 능력
    - 인사관리 능력
    - 자료분석 프로그램 활용 능력
    - 건축·시설 관리 능력

◉ 직업기초능력

순 번	직 업 기 초 능 력	
	주요영역	하위영역
1	의사소통능력	문서이해 능력, 문서작성 능력, 경청능력, 의사표현 능력, 기초외국어 능력
2	수리능력	기초연산 능력, 기초통계 능력, 도표분석 능력, 도표작성 능력
3	문제해결능력	사고력, 문제처리 능력
4	자원관리능력	시간자원관리능력, 예산자원관리 능력, 물적자원관리능력, 인적자원관리능력
5	대인관계능력	팀웍능력, 리더십능력, 갈등관리 능력, 협상능력, 고객서비스능력
6	정보능력	컴퓨터활용능력, 정보처리 능력
7	조직이해능력	국제감각, 조직체이해능력, 경영이해능력, 업무이해능력
8	직업윤리	근로윤리, 공동체 윤리

◉ 개발 이력

구 분		내 용
직무명칭		학예
분류번호		0801040109_14v1
개발연도	현재	2014
	2차	
	최초(1차)	2014
버전번호		v1
개 발 자	현재	(사)한국박물관협회
	2차	
	최초(1차)	(사)한국박물관협회
향후 보완 연도(예정)		2017~2019

분류번호 : 0801040110_14v1

능력단위 명칭 : 문화재 마케팅

능력단위 정의 : 문화재 마케팅이란 홍보를 포함한 마케팅과 관련된 내용을 조직체의 전반적인 사업 전략에 적합하도록 해당 분야의 계획을 수립하고, 전체적인 현황을 분석하며, 해당 업무의 실제적인 실행 및 그 성과를 분석까지 수행할 수 있는 능력이다.

능력단위요소	수 행 준 거
0801040110_14v1.1 홍보 마케팅 계획 수립하기	1.1 홍보 마케팅의 주제에 따른 실천 방법과 특징을 파악할 수 있다. 1.2 홍보 마케팅의 주제에 따른 제반 자료를 수집·정리·활용할 수 있다. 1.3 홍보 마케팅을 실시하고자 하는 조직체의 구성원 관련 분야 전문가와의 소통을 통해 업무 추진 방향을 설정할 수 있다. 【지 식】 ○ 국외 자료를 검색, 이해, 활용할 수 있는 외국어 관련 지식 ○ 계획서를 비롯한 각종 문서의 작성과 관련한 지식 【기 술】 ○ 문화유산 관련 논문을 포함한 전문서적의 이해 능력 ○ 문화유산 관련 시사를 파악하고 이해하는 능력 ○ 인터넷, 논문, 전문서적을 비롯한 정보 검색·활용 기술 ○ 프레젠테이션을 포함한 컴퓨터 운용 및 제반 프로그램 운용 기술 【태 도】 ○ 신속, 정확하게 업무를 파악하려는 적극적인 자세 ○ 지속적인 업무 능력 향상을 위한 자발적인 자세 ○ 원활한 소통을 위한 오픈 마인드와 경청하는 자세 ○ 정확하면서도 원활한 소통이 가능한 의사 전달력
0801040110_14v1.2 홍보 마케팅 현황 분석하기	2.1 홍보 마케팅을 실시하고자 하는 조직체의 장·단점과 현황에 따른 사항을 파악할 수 있다. 2.2 홍보 마케팅의 대상에 적합한 효율적인 방안을 도출할 수 있다. 2.3 온·오프라인 등 각종 홍보 마케팅의 유형에 따른 전략을 도출할 수 있다. 【지 식】 ○ SWOT분석, STP절차, 마케팅 믹스 전략에 관한 지식 ○ 조사·통계 관련 지식 ○ 홍보 마케팅 관련 매체 및 데이터의 이해·분석·활용 지식 ○ 홍보 마케팅 관련 국외 자료를 열람·활용할 수 있는 외국어 관련 지식 ○ 소통에 필수적인 화법 관련 지식

능력단위요소	수행준거
	【기 술】 o 데이터 분석 및 결과 도출이 가능한 통계 관련 기술 o 자료 분석을 정확하게 표현할 수 있는 문서 작성 기술 o 홍보 마케팅의 대상과의 협의에 필요한 의사 표현력 【태 도】 o 문화유산 홍보 마케팅을 하려는 조직체를 이해하려는 자세 o 자료에 대한 이해력 응용력 o 상대방에 대한 배려와 유연성
0801040110_14v1.3 홍보 마케팅 실행하기	3.1 홍보 마케팅의 주제(범주)에 따른 자료를 작성할 수 있다. 3.2 홍보 마케팅의 방법에 따른 다양한 작업을 기획·실행할 수 있다. 3.3 홍보 마케팅 효과의 창출이 가능한 적정 시점을 파악·활용할 수 있다. 3.4 홍보 마케팅의 실행에 따른 효과를 예측·대비할 수 있다. 【지 식】 o SWOT분석, STP절차, 마케팅 믹스 전략에 관한 지식 o 최적화 된 문서·자료를 출판·생산에 관한 지식 o 웹사이트, SNS 등 인터넷 활용에 관한 지식 o 홍보·마케팅에 필요한 각종 매체 활용에 관한 지식 【기 술】 o SWOT분석, STP절차, 마케팅 믹스 전략 실행 능력 o 출판물 발간·편집 기술 o 웹사이트 제작, SNS 운영 등 디지털 네트워킹 능력 o 각종 매체에 적합한 자료의 생산제공 기술 【태 도】 o 해당 분야에 대한 지속적인 관심 o 실천을 실현할 수 있는 학구적인 태도 o 원활한 의사소통에 적합한 원만한 대인관계 및 사교성 o 변화의 속도에 적합한 순발력과 응용력 o 대상에 대한 지속적인 관심과 관리 능력
0801040110_14v1.4 홍보 마케팅 성과 분석하기	4.1 홍보 마케팅의 실행에 따른 성과를 분석할 수 있다. 4.2 홍보 마케팅의 성과에 따른 자료를 생산할 수 있다. 4.3 홍보 마케팅의 실행에 따른 성과를 개선, 발전시킬 수 있다. 【지 식】 o 조사·통계 관련 지식 o 각종 매체 자료 수집·분석 지식 o SNS 등 인터넷 자료 수집·분석 지식

능력단위요소	수 행 준 거
	【기 술】 o 홍보 마케팅의 성과를 열람할 수 있는 프레젠테이션 작성·생산 기술 o 홍보 마케팅의 성과를 반영한 홈페이지 등 인터넷 자료 업그레이드 기술 o 홍보 마케팅의 성과와 관련한 후속보완 자료를 작성·전파하는 능력 【태 도】 o 자료를 분석·종합할 수 있는 적극성·정밀성 o 환류를 실현할 수 있는 연속성 o 업무의 개선·발전을 실현할 수 있는 추진력과 자발적인 학습의 실천

◉ 적용범위 및 작업상황

고려사항

- 이 능력단위는 효율적인 홍보·마케팅의 실현 및 피드백(환류)을 실현하기 위해 홍보·마케팅의 계획에서부터 성과 분석에 이르는 모든 과정을 아우르는 업무(직종)에 적용한다.
- 마케팅은 온·오프라인/유·무선/음향/영상·출판 매체 등 활용 가능한 모든 수단에 대해 제작에서부터 효과 분석까지의 사전 예측과 실제 진행, 마무리까지를 아우르는데 참여·진행할 수 있어야 한다.
- 마케팅 담당자의 SWOT분석, STP절차, 마케팅 믹스 전략에 관한 지식과 경험을 고려해야 한다.

자료 및 관련 서류

- 마케팅 계획서
- 마케팅과 관련한 각종 제작물의 사례 연구 자료·도서 등의 출판물
- 마케팅과 관련한 인터넷 자료
- 마케팅과 관련한 각종 언론매체 보도자료·매체분석표·도서 등의 출판물
- 마케팅과 관련한 유관기관·학계 등, 각종 단체의 자료·도서 등의 출판물

장비 및 도구

- 문서·통계·이미지·음향·동영상 등의 컴퓨터 작업 수행에 필요한 각종 제반 시스템
- 문서·통계·이미지·음향·동영상 등의 작업 수행에 필요한 보조 도구(프린터, 오디오시스템, 카메라, 캠코더, 스캐너 등)
- Ubiquitous(또는 Pervasive computing)작업 수행에 필요한 각종 제반 시스템

재료

- 컴퓨터 작업 수행에 필요한 각종 운용 프로그램(문서 작업 관련)
- 컴퓨터 작업 수행에 필요한 각종 운용 프로그램(통계 작업 관련)
- 컴퓨터 작업 수행에 필요한 각종 운용 프로그램(이미지·음향·동영상 작업 관련)
- Ubiquitous(또는 Pervasive computing)작업 수행에 필요한 각종 운용 프로그램(Cloud Computing)

◉ 평가지침

평가방법

- 평가자는 피평가자가 마케팅 능력단위의 수행준거에 제시된 사항을 수행할 수 있는가를 평가해야 한다.
- 평가자의 세부적인 평가 사항은 마케팅 능력단위의 수행준거에 제시된 사항을 기준으로 한다.
- 평가자는 홍보·마케팅 능력단위의 수행준거로 제시된 세부사항을 평가하기 위해 다양한 평가방법을 사용할 수 있다.
- 피평가자의 과정평가 및 결과평가 방법

평가방법	평가유형	
	과정평가	결과평가
A. 포트폴리오	√	
B. 문제해결 시나리오	√	
C. 서술형시험		√
D. 논술형시험		√
E. 사례연구		√
F. 평가자 질문	√	
G. 평가자 체크리스트		√
H. 피평가자 체크리스트		√
I. 일지/저널	√	
J. 역할연기		
K. 구두발표	√	
L. 작업장평가	√	
M. 기타		

평가시 고려사항

- 수행준거에 제시되어 있는 내용을 성공적으로 수행할 수 있는지를 평가해야 한다.
- 평가자는 다음 사항을 평가해야 한다.
    - 마케팅 관련 현황 이해 능력
    - 마케팅 관련 대상·범주 분석 능력

- 마케팅 관련 데이터 수집·통계·분석·활용 능력

- 마케팅 관련 소통화법 등 의사 표현력

- 마케팅 관련 각종 운용 프로그램·제반 시스템·장비 및 도구 운용 능력

◉ 직업기초능력

순번	직업기초능력	
	주요영역	하위영역
1	의사소통능력	문서이해 능력, 문서작성 능력, 경청능력, 의사표현 능력, 기초외국어 능력
2	수리능력	기초연산 능력, 기초통계 능력, 도표분석 능력, 도표작성 능력
3	문제해결능력	사고력, 문제처리 능력
4	자원관리능력	시간자원관리능력, 예산자원관리 능력, 물적자원관리능력, 인적자원관리능력
5	대인관계능력	팀웍능력, 리더십능력, 갈등관리 능력, 협상능력, 고객서비스능력
6	정보능력	컴퓨터활용능력, 정보처리 능력
7	조직이해능력	국제감각, 조직체이해능력, 경영이해능력, 업무이해능력
8	직업윤리	근로윤리, 공동체 윤리

◉ 개발 이력

구 분		내 용
직무명칭		학예
분류번호		0801040110_14v1
개발연도	현재	2014
	2차	
	최초(1차)	2014
버전번호		v1
개 발 자	현재	(사)한국박물관협회
	2차	
	최초(1차)	(사)한국박물관협회
향후 보완 연도(예정)		2017~2019

분류번호 : 0801040111_14v1

능력단위 명칭 : 문화재 정보 서비스

능력단위 정의 : 문화재 정보 서비스란 이용자에게 문화재와 관련된 유용한 정보를 제공하기 위하여 계획 수립, 시스템 구축, 시스템 운영, 콘텐츠 개발, 콘텐츠 활용의 업무를 수행하는 능력이다.

능력단위요소	수 행 준 거
0801040111_14v1.1 정보관리 서비스 계획 수립하기	1.1 기관 설립 취지에 부합하는 문화재 종합 정보관리 서비스 계획을 수립할 수 있다. 1.2 사업별 세부 정보관리 서비스계획을 수립할 수 있다. 1.3 국내·외 정보 환경변화를 종합적으로 분석하여 정보관리 서비스 정책에 반영할 수 있다.
	【지 식】 ○ 정보관리 서비스 정책 요인 이해 ○ 정보관리 서비스 시스템 운영 체제 이해 ○ 부서별 업무 체계 및 특성 이해 ○ 정보관리 서비스 시스템 운영의 효율성 및 실효성 평가 방법에 대한 이해 【기 술】 ○ 정보관리 서비스 시스템 운영 흐름에 대한 시각화 표현 능력 ○ 정보관리 서비스 시스템 전문가 섭외 능력 ○ 전문가 의견을 종합하여 문서화하는 능력 ○ 정보관리 서비스 시스템 운영에 대한 문제점 판단 능력 【태 도】 ○ 활용도 높은 매뉴얼을 제작하려는 자세 ○ 정보관리 서비스 시스템 공유체제 확립에 대한 미래지향적 태도 ○ 업무 지원에 대한 서비스 마인드
0801040111_14v1.2 정보관리 시스템 구축하기	2.1 사업별 정보관리 서비스운영 효율을 높이기 위해 수요를 파악할 수 있다. 2.2 기존 정보관리 서비스 시스템에 대한 조사, 분석, 평가를 할 수 있다. 2.3 정보관리 서비스 시스템을 구축하는데 소요되는 개발 투자비용과 시간을 산정할 수 있다. 2.4 정보관리 서비스 시스템을 구축하는데 소요되는 비용 대비 시스템 구축효과를 예측할 수 있다
	【지 식】 ○ 정보관리 서비스 시스템의 운영 절차에 대한 이해 ○ 정보관리 서비스 시스템 구성 요소에 대한 이해 ○ 부서별 업무 관련 체계에 대한 이해 ○ 정보관리 서비스 시스템 개발 비용 및 시간 산정 방법에 대한 지식 ○ 비용대비 효과 산정 방법에 대한 이해

능력단위요소	수 행 준 거
	【기 술】 ○ 요구 사항 분석 능력 ○ 정보관리 서비스 시스템 효율성 판단 능력 ○ 커뮤니케이션을 위한 문서화 능력 ○ 정보관리 서비스 시스템 도입의 적정한 시기 판단 능력 【태 도】 ○ 업무 효율을 높이려는 적극적인 자세 ○ 시간과 비용의 최소화를 위해 노력하는 자세 ○ 업계 동향 변화에 대한 민감한 대응 자세
0801040111_14v1.3 정보관리 시스템 운영하기	3.1 정보관리 서비스의 신규 운영 체제 도입에 따라 시스템을 설계할 수 있다. 3.2 정보관리 서비스 환경 변화에 따라 운영계획을 수립할 수 있다. 3.3 정보관리 서비스 시스템 운영의 평가를 통하여 운영 개선에 환류할 수 있다. 【지 식】 ○ 정보관리 서비스 시스템 불안정적 요소에 관한 이해 ○ 비상사태 유형 및 사례 이해 ○ 예비시스템의 구성에 대한 이해 ○ 정보관리 서비스 시스템 유지보수에 대한 이론적 적정 재정 규모에 대한 이해 【기 술】 ○ 하드웨어/소프트웨어 대체 처리 능력 ○ 업무의 변화에 따른 시스템 교체 판단 능력 ○ 정보관리 서비스 시스템 불안정 징후 감지 능력 【태 도】 ○ 외부환경에 변화에 대해 주의를 기울이는 자세 ○ 정보관리 서비스 시스템에 대한 정보를 주시하는 자세 ○ 문제점 탐색에 대한 적극적 자세 ○ 시스템 상황에 대해 세밀히 검토하려는 자세
0801040111_14v1.4 정보관리 콘텐츠 개발하기	4.1 정보관리 서비스의 신규 운영 체제 도입에 따라 콘텐츠 개발 메뉴얼을 작성할 수 있다. 4.2 콘텐츠 개발 메뉴얼에 따라 정보관리 서비스 콘텐츠를 개발할 수 있다. 4.3 사용자의 요구에 따라 정보관리 서비스 콘텐츠를 수정 보완할 수 있다. 【지 식】 ○ 정보관리 서비스콘텐츠 운영 메뉴얼 작성 방법에 대한 이해 ○ 정보관리 서비스콘텐츠 운영 체제 이해 ○ 부서별 업무 체계 및 특성 이해 ○ 정보관리 서비스콘텐츠 운영의 효율성 및 실효성 평가 방법에 대한 이해

능력단위요소	수행준거
	【기 술】 ○ 정보관리 서비스콘텐츠 운영 흐름에 대한 시각화 표현 능력 ○ 정보관리 서비스콘텐츠 전문가 섭외 능력 ○ 전문가 의견을 종합하여 문서화하는 능력 ○ 정보관리 서비스콘텐츠 운영에 대한 문제점 판단 능력 【태 도】 ○ 활용도 높은 매뉴얼을 제작하려는 자세 ○ 정보관리 서비스콘텐츠 공유체제 확립에 대한 미래지향적 태도 ○ 업무 지원에 대한 서비스 마인드
0801040111_14v1.5 정보관리 콘텐츠 활용하기	5.1 정보관리 서비스 이용자의 요구를 수집·분석할 수 있다. 5.2 정보관리 서비스의 신규 운영 체제 도입에 따라 이용자 활용 매뉴얼을 작성할 수 있다. 5.3 정보관리 서비스 시스템을 통하여 콘텐츠를 이용자에게 제공할 수 있다. 【지 식】 ○ 정보관리 서비스 콘텐츠의 운영 절차에 대한 이해 ○ 정보관리 서비스 콘텐츠 구성 요소에 대한 이해 ○ 부서별 업무 관련 체계에 대한 이해 ○ 정보관리 서비스 콘텐츠 개발 비용 및 시간 산정 방법에 대한 이해 ○ 비용대비 효과 산정 방법에 대한 이해 【기 술】 ○ 요구 사항 분석 능력 ○ 정보관리 서비스 콘텐츠 효율성 판단 능력 ○ 커뮤니케이션을 위한 문서화 능력 ○ 정보관리 서비스 콘텐츠 시스템 도입의 적정한 시기 판단 능력 【태 도】 ○ 업무 효율을 높이려는 적극적인 자세 ○ 시간과 비용의 최소화 노력 ○ 업계 동향 변화에 대한 민감한 대응 자세

◉ 적용범위 및 작업상황

고려사항

- 이 능력단위는 이용자에게 유용한 정보를 제공하기 위하여 계획 수립, 시스템 구축, 시스템 운영, 콘텐츠 개발, 콘텐츠 활용의 업무에 적용한다.
- 문화재 정보 서비스는 문화재의 정보관리 계획 수립에서부터 정보관리 콘텐츠 활용에 이르는 모든 과정을 아우르는데 참여·진행할 수 있어야 한다.
- '문화재 정보 서비스'는 '문화재 가치'에 대한 상황 변화 및 사용자의 요구를 효율적·적극적·전문가적 인식을 바탕으로 접근·진행함을 의미한다.

자료 및 관련 서류

- 정보 서비스 메뉴얼
- 콘텐츠 개발 메뉴얼
- 이용자 활용 매뉴얼

장비 및 도구

- 정보 서비스 시스템
- 정보 서비스 콘텐츠
- 통계 프로그램

재료

- 문서 작업과 관련된 컴퓨터 작업 수행에 필요한 각종 운용 프로그램
- 통계 작업과 관련된 컴퓨터 작업 수행에 필요한 각종 운용 프로그램

◉ 평가지침

평가방법

- 평가자는 능력단위 정보 서비스의 수행준거에 제시되어 있는 내용을 평가하기 위해 이론과 실기를 나누어 평가하거나 종합적인 결과물의 평가 등 다양한 평가 방법을 사용할 수 있다.
- 피평가자의 과정평가 및 결과평가 방법

평가방법	평가유형	
	과정평가	결과평가
A. 포트폴리오	√	√
B. 문제해결 시나리오	√	
C. 서술형시험		√
D. 논술형시험		
E. 사례연구	√	
F. 평가자 질문		
G. 평가자 체크리스트		
H. 피평가자 체크리스트	√	
I. 일지/저널		√
J. 역할연기	√	
K. 구두발표	√	
L. 작업장평가		
M. 기타		

평가시 고려사항

- 수행준거에 제시되어 있는 내용을 성공적으로 수행할 수 있는지를 평가해야 한다.
- 평가자는 다음 사항을 평가해야 한다.
    - 문화재 종합 정보서비스정책 수립 능력
    - 정보 서비스 시스템 구축 능력
    - 정보 서비스 시스템 매뉴얼 작성 능력
    - 정보 서비스 콘텐츠 개발 능력
    - 이용자 활용 매뉴얼 작성 능력

◉ 직업기초능력

순 번	직 업 기 초 능 력	
	주요영역	하위영역
1	의사소통능력	문서이해 능력, 문서작성 능력, 경청능력, 의사표현 능력, 기초외국어 능력
2	수리능력	기초연산 능력, 기초통계 능력, 도표분석 능력, 도표작성 능력
3	문제해결능력	사고력, 문제처리 능력
4	자원관리능력	시간자원관리능력, 예산자원관리 능력, 물적자원관리능력, 인적자원관리능력
5	정보능력	컴퓨터활용능력, 정보처리 능력
6	기술능력	기술이해능력, 기술선택능력, 기술적용능력
7	직업윤리	근로윤리, 공동체 윤리

◉ 개발 이력

구 분		내 용
직무명칭		학예
분류번호		0801040111_14v1
개발연도	현재	2014
	2차	
	최초(1차)	2014
버전번호		v1
개 발 자	현재	(사)한국박물관협회
	2차	
	최초(1차)	(사)한국박물관협회
향후 보완 연도(예정)		2017~2019

3. 관련자격 개선 의견(직무별 능력단위)

능력단위	국가직무능력표준 수준	관련자격	개선의견
문화재 수집	5	학예사	학예사 자격증으로 구분되어 있지 않기 때문에 능력단위의 수준에 다른 등급별 자격증으로 구분되어야 함 능력단위별 자격증 특성을 반영한 자격증 개발이 필요함 (예) 전시학예사 　　문화재 수집조사학예사 등
문화재 관리	5		
문화재 조사	5		
문화재 연구	7		
문화재 전시	4		
문화재 교육	6		
문화재 교류	6		
문화재 평가	6		
문화재 경영	7		
문화재 마케팅	4		
문화재 정보서비스	4		

활.용.패.키.지

1 평생경력개발 경로

1 개발목적
- 산업현장의 근로자를 경력개발, 채용·승진 등 인사관리를 위하여 국가직무능력표준에 따라 경력개발경로 콘텐츠* 개발
  * 국가직무능력표준 개발시 평생경력개발경로 모형, 직무기술서, 채용·배치·승진 체크리스트, 자가진단도구 개발

2 활용대상

활용콘텐츠 개발	활용대상
평생경력개발경로 모형	사업체, 근로자
직무기술서	사업체
채용·배치·승진 체크리스트	사업체
자가진단도구	근로자

3 활용방법
- 평생경력개발 콘텐츠의 내용과 사업체의 경력개발경로, 직무기술서 등을 비교·분석
- 평생경력개발 콘텐츠를 그대로 활용하거나 변형하여 활용
  - 콘텐츠의 내용이 사업체의 경력개발경로 등이 유사한 경우에는 그대로 개발된 콘텐츠를 그대로 활용
  - 콘텐츠의 내용이 사업체와 일부 상이한 경우에는 사업체의 특성에 맞게 콘텐츠의 내용을 변경하여 활용

4 기대효과

1. 평생경력개발경로 모형

1-1. 능력단위 구조도

7	문화재 연구 문화재 경영		
6	문화재 교육 문화재 교류 문화재 평가	문화재 실측설계 문화재 감리	문화유산 보존 계획 문화유산 보존 감리
5	문화재 수집 문화재 관리 문화재 조사	문화재 시공 기법조사 문화재 유지관리	고고유물 보존 미술품 보존 직물 보존 건축 문화유산 보존 사적 보존 근대 문화유산 보존 자연 문화유산 보존 무형 문화유산 보존 문화유산 분석 조사 문화유산 보존 자료 개발 문화유산 보존 교육
4	문화재 전시 문화재 마케팅 문화재 정보서비스	문화재 목조 시공 문화재 석조 시공 문화재 미장시공 문화재 온돌 시공 문화재 기와 시공 문화재 단청시공	기록 문화유산보존 문화유산 예방 보존 문화유산 안전관리

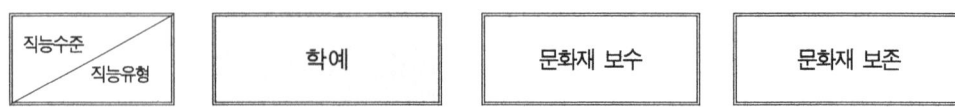

| 직능수준 \ 직능유형 | 학예 | 문화재 보수 | 문화재 보존 |

1-2. 평생경력개발 체계도

1-3. 평생경력개발경로

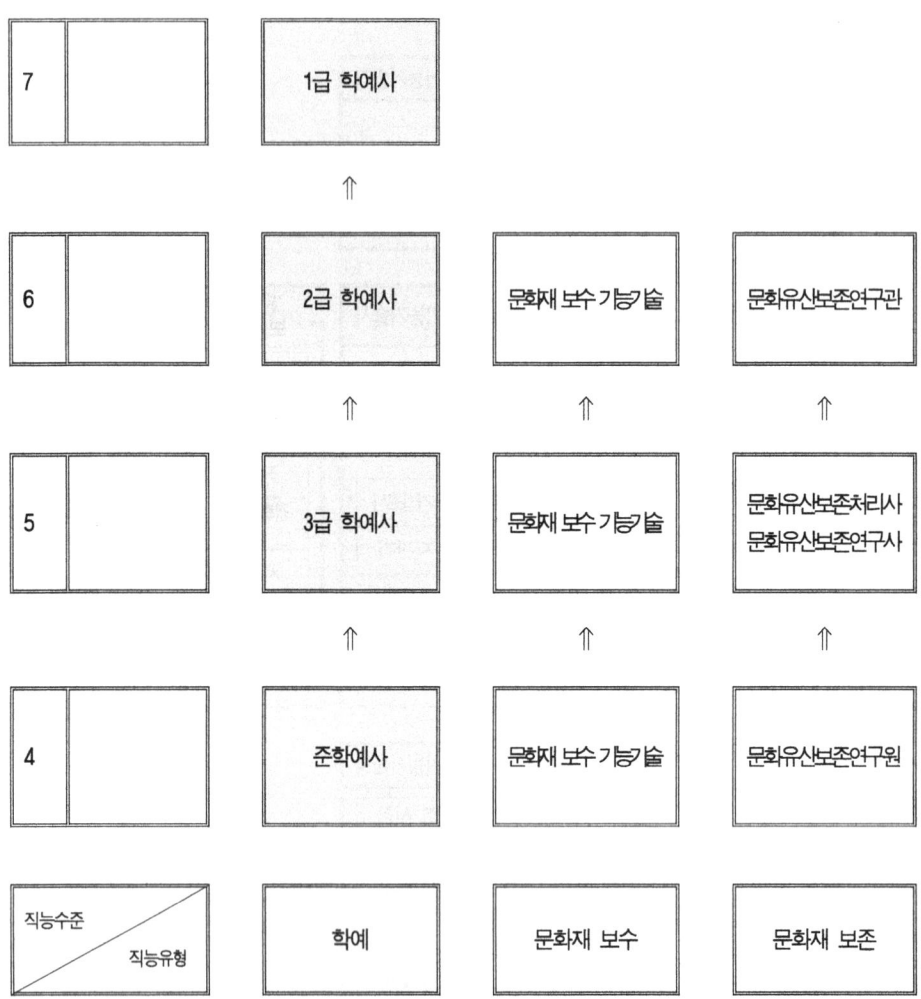

2. 직무기술서

2-1. 직무기술서 개요

○ 개념 : 직무기술서는 해당 직무의 목적과 업무의 범위, 주요 책임, 요구받는 역할, 직무 수행 요건 등 직위에 관한 정보를 제시한 문서를 의미

○ 구성요소
  - 직무, 능력단위분류번호, 능력단위, 직무목적, 직무 책임 및 역할, 직무수행요건으로 구성
  - 추가 정보 제공을 위해 개발 날짜, 개발 기관을 추가 제시

구성요소	세부내용
능력단위분류번호	• 전체 직무 구조 관리를 위한 직무 고유의 코드번호
능력단위	• 수행하고자 하는 능력단위의 명칭
직무목적	• 직무를 수행함으로써 이루고자 하는 직무의 목적
개발날짜	• 개발된 년, 월, 일
개발기관	• 직무기술서를 개발한 기관
직무 책임 및 역할	• 직무에 대한 책임 및 역할 영역 분류 및 상세 내용
직무수행요건	• 직무를 수행하기 위하여 개인이 일반적으로 갖추어야 할 사항 - 학력, 자격증, 지식 및 스킬, 사전 직무경험, 직무숙련기간 등

☐ 직무 기본 정보

직 무	학예	능력단위분류번호	0801040101_14v1
		능 력 단 위	문화재 수집
직무 목적	문화재 수집에 대한 계획 수립, 실행, 자료관리, 정보관리, 수장환경 관리 등을 수행할 수 있다.		
개발 날짜	2014. 11. 12	개 발 기 관	(사)한국박물관협회

☐ 직무 책임 및 역할

주 요 업 무	책임 및 역할
수집계획 수립하기	· 문화재 보호 법령에 따라 자료 보존, 관리, 활용에 관한 기본계획을 수립한다. · 수집 계획에 따라 자료의 구입·기증·양도·반환·대여·교환의 수집방법을 구상한다. · 소장유물에 대한 등록, 출납관리 현황과 열람 및 필름복제, 자료집 발간 등의 계획을 수립한다. · 소장유물 정보를 전산화하기 위한 자료 촬영, 이미지 정보입력, DB작업의 계획을 수립한다. · 미등록 자료 누적 해소를 위해 기초목록 정리 및 목록화 작업계획을 수립한다. · 수집 계획에 따라 실행과정을 수정 보완한다.
수집 실행하기	· 수집계획에 따라 문화유산을 세척, 접합, 복원, 색 맞춤 등의 처리를 거쳐 수집한다. · 수집계획에 따라 유무형의 문화유산을 구입, 기증, 양도, 반환, 대여, 교환 방법으로 수집한다. · 유물, 문화재, 기록물 등의 자료원본이나 사진 등의 특성을 고려하여 수집 방법을 선택한다.
수집 자료 관리하기	· 수집한 자료의 원천정보를 획득하기 위한 기록화 작업을 수행한다. · 수집한 자료를 문화재 보호법령에 따라 관리한다. · 자료의 명칭을 부여하고 고유번호를 등록하여 소장 자료의 데이터화 작업을 수행한다. · 수집 자료의 화재, 도난, 파손, 운송위험 등을 보장하는 포괄적인 위험담보를 위한 보안 대책을 마련한다.
수집 정보 관리하기	· 문화재 보호법령에 따라 수집한 문화유산을 기록 관리한다. · 문화유산 정보관리 시스템을 활용하여 관리한다. · 문화재 보호법령에 따라 수집된 문화유산의 정보를 활용한다. · 문화유산 정보관리시스템을 통하여 이용자에게 정보를 제공한다.
수장 환경 관리하기	· 보존·보완·활용의 측면을 고려하여 수장시설을 관리한다. · 수집된 자료를 보호하기 위하여 최적의 수장 환경을 유지 관리한다. · 수장 환경 관리에 필요한 공조 설비를 검토한다. · 수장 환경 관리에 적절한 보완대책을 수립하여 관리한다.

□ 직무수행 요건

구 분	상 세 내 용	
학습경험	• 대학 (4년제) 졸업	(전공 : 문화재 관련학과)
	• 해당 없음	
자격증	• 박물관 미술관 학예사	
지식·기술	○ 3D스캔, X-ray를 이용한 비파괴검사에 관한 지식 ○ 공연, 전시, 배포, 대여 등 저작재산권의 침해와 관련한 법률 지식 ○ 공조 설비 검토 능력과 안전사고 대비 능력 ○ 국보, 보물, 천연기념물 또는 중요 민속 문화재의 지정서 발급 및 재발급에 관한 지식 ○ 국제협약, 국제협정, 선언문, 권고안, 운용지침, 지도방침에 관한 지식 ○ 기록 관리와 데이터 처리 시스템 관련 지식 ○ 기탁, 기증 등 문화재 수집과 관련한 소유권, 유치권 등 민법 법률지식 ○ 등록 자원정보 분석 능력 ○ 문화유산 관련 국제기구(ICCROM, IIC, ICOMOS, ICOM)의 문화유산 보호에 관한 지식 ○ 문화유산 화재대응 향상을 위한 3D GIS 및 문화재 DB구축 기술 ○ 문화유산 훼손 사전방지를 위한 국가지정문화재, 등록문화재 등 상시 관리에 관한 지식 ○ 문화유산의 외형적 특징을 포착하기 위한 3D 스캔기술 ○ 문화유산의 출입정보를 실시간 확인하기 위한 RFID 부착에 관한 지식 ○ 문화유산의 포장과 운반 용역 입찰을 위한 총액입찰 및 최저가 낙찰제 등에 관한 지식 ○ 문화재보호법, 매장문화재보호 및 조사에 관한 법률, 문화재보호기금법, ICOM 윤리강령에 관한 지식 ○ 문화재보호법, 박물관 및 미술관 진흥법, ICOM윤리강령 ○ 문화재청 관련 지침(훈령), 규정(예규), 기준(고시), 매뉴얼 ○ 방사선 발생장치를 이용한 재질(성분)분석에 관한 지식 ○ 방사선투과(XRF, EPMA, SEM 등)기법, 고증, 탁본, 선탁 등 자료감식에 대한 지식 ○ 사고에 대비한 전시유물보험 가입 및 사고발생시 보상조치에 관한 지식 ○ 생물자원의 수집, 유물의 출토 위치, 출토상태, 유물과 유구의 조합 상태, 총서관계를 체계적으로 수집할 수 있는 기술능력 ○ 소방안전관리에 관한 지식 ○ 소장 자료 수장대 제작에 관한 기술 ○ 소장 자료 수집의 대한 지식 ○ 소장 자료 취급과 정리용품 및 방재물품 구입 및 유지보수 능력 ○ 소장 자료 현황분석능력 ○ 소장 자료 훈증소독, 상태점검 수복에 관한 기술 ○ 수리, 정비, 복구, 복원, 보존처리에 관한 지식 ○ 수분제거 및 원형보존을 위한 전기 오븐 건조에 관한 기술 ○ 수장고 보조시설 관리 능력 ○ 수장고별 출입통제시스템 및 실시간 위치 확인센서 운용에 관한 기술 ○ 수장환경 안전수칙에 관한 지식 ○ 수장환경에 영향을 미치는 환경적 요인에 관한 지식 ○ 수집 정보관리에 관한 전문지식	

	○ 수집과 관련한 각종 서류작성법과 문서화 기술능력 ○ 수집방법에 관한 업무절차와 생물자원, 매장유물의 체계적 수립을 위한 굴착행위 등 토지형질에 관한 지식 ○ 수집환경변화에 따라 조율할 수 있는 능력 ○ 어문저작물, 음악, 미술, 영상저작물 등 저작자와 저작 인접권 보호를 위한 저작권법에 관한 법률지식 ○ 역사, 민족, 지질 및 자연환경에 관한 문헌조사와 현장조사 기술 ○ 외부여건(시장, 시세)과 내부여건(자금, 인력) 분석 능력 ○ 유물관리 규정에 대한 지식 ○ 인류 유산 및 자연에 대한 역사 문화적 지식 ○ 자료의 전경, 측면, 확대촬영 등 관람지원 및 기록사진 촬영에 관한 기술 ○ 자원관리 프로그램 운영기술 ○ 재무계획과 예산 경비 산출 능력 ○ 재질별 자료관리 기술 ○ 재질별 적정 온도·습도·조도 등 수장환경 관리에 필요한 지식 ○ 정보 검색시스템 지원기술 ○ 정보처리 및 문서관리 기술 ○ 정책수립을 위한 현황파악 및 문서화 능력 ○ 포장과 자료 운반 중 훼손 방지를 위한 무진동 탑차 운행 기술 ○ 항온·항습 등 수장환경 관리 기술 ○ 화물자동차 운수사업별에 의한 운송 사업 등록에 관한 지식
사전직무경험	・문화재 전시 ・문화재 마케팅 ・문화재 정보서비스
직무숙련기간	약 2년

☐ 직무 기본 정보

직 무	학예	능력단위분류번호	0801040102_14v1
		능 력 단 위	문화재 관리
직무 목적	문화재의 원형 유지를 위한 보존 정책 수립, 예방처리, 수복처리, 보존환경, 보존기록 등을 관리할 수 있다.		
개발 날짜	2014. 11. 12	개 발 기 관	(사)한국박물관협회

☐ 직무 책임 및 역할

주 요 업 무	책임 및 역할
보존계획 수립하기	· 문화재 보호법령에 따라 문화재 보존 계획을 수립한다. · 문화유산 관리 계획에 따라 문화재 특성을 분석한다. · 문화유산 특성에 따라 수장하고 격납하여 보존한다.
예방 처리하기	· 문화유산 특성에 따라 문화재 보존 환경을 조성·관리한다. · 문화유산의 재질별 특성에 따른 열화 요인을 분석한다. · 문화재 열화 요인에 따른 예방 조치를 수행한다.
수복 처리하기	· 문화재 수복처리에 관련된 시설 환경을 조성·관리한다. · 열화 된 문화유산의 수복 처리를 위한 절차를 파악한다. · 문화유산의 특성에 맞는 수복절차에 따라 수복처리를 수행한다.
보존환경 관리하기	· 문화유산 특성에 맞는 보존 환경 관리 요소를 도출한다. · 문화유산을 보호하기 위하여 최적의 보존 환경을 조성한다. · 보존 환경 관리에 필요한 시설을 검토하여 적절한 보완대책을 수립한다.
보존 기록 관리하기	· 문화유산 보존 기록 관리 매뉴얼을 파악한다. · 문화유산 예방보존 처리 과정 계획을 수립한다. · 문화유산 수복처리 과정을 기록한다. · 문화유산 보존 기록을 정보처리시스템으로 관리한다.

□ 직무수행 요건

구 분	상 세 내 용	
학습경험	· 대학 (4년제) 졸업	(전공 : 문화재 관련학과)
	· 해당 없음	
자 격 증	· 박물관 미술관 학예사	
지식·기술	○ ICOM 윤리강령 ○ 다양한 조사대상, 목적, 내용에 따른 조사기법에 대한 전문지식 ○ 문화유산 보존 관리에 관한 전문지식 ○ 문화유산 보존 예방 관리에 관한 전문지식 ○ 문화유산 수복처리에 관한 전문지식 ○ 문화유산 수복처리에 대한 절차와 방법에 관한 지식 ○ 문화유산 취급과 보관기술 ○ 문화유산 특성에 관련된 전문지식 ○ 문화유산에 대한 특성 분석 능력 ○ 문화유산의 정리·관리에 대한 관련 기기 조작 능력 ○ 보존 관리 체크리스트 작성 능력 ○ 보존 목적·내용에 부합하는 분석 능력 ○ 보존수장환경 안전수칙에 관한 지식 ○ 보존시설 관리 능력 ○ 사고에 대비한 보험제도 관련지식 ○ 사진 촬영술 ○ 소장 자료 보존에 대한 전문지식(수집 범위, 지역, 시기 등) ○ 소장 자료 재질별 관리에 대한 전문지식 ○ 소장 자료 현황분석능력 ○ 소장자료 취급과 보관기술 ○ 안전사고 대비 능력 ○ 외부여건(시장, 시세)과 내부여건(자금, 인력) 분석 능력 ○ 유물 및 자료의 소유권과 사용에 관한 법적 기준 ○ 인류 유산 및 자연에 대한 역사적 문화적 전문지식 ○ 자연 및 인류에 관한 유·무형의 문화유산에 대한 전문지식 ○ 자원관리 프로그램 운영기술 ○ 자원에 대한 과학적인 분석과 결과물을 정리하는 전문지식 ○ 재무계획과 예산 경비 산출 능력 ○ 재질별 자료관리 기술 ○ 재질별 적정 온도, 습도, 조도 등 보존환경 관리에 필요한 전문 지식 ○ 정책수립을 위한 현황파악 및 문서화 능력 ○ 포장과 운반 기술 ○ 항온, 항습 등 보존환경 관리 기술	
사전직무경험	· 문화재 전시 · 문화재 마케팅 · 문화재 정보서비스	
직무숙련기간	약 2년	

☐ 직무 기본 정보

직 무	학예	능력단위분류번호	0801040103_14v1
		능 력 단 위	문화재 조사
직무 목적	문화재에 대한 조사 계획을 수립, 실행, 분석, 정리하여 그 결과물을 도출하고 활용할 수 있다.		
개발 날짜	2014. 11. 12	개 발 기 관	(사)한국박물관협회

☐ 직무 책임 및 역할

주요업무	책임 및 역할
조사계획 수립하기	• 문화재 보호 및 조사에 관한 법령에 따라 문화재 조사계획을 수립한다. • 문화재 조사 계획에 따른 조사 범위를 설정한다. • 문화재 조사 방법에 따라 세부 조사 계획 절차를 작성한다.
유·무형 자료 조사하기	• 문화재 조사계획에 따라 유·무형 문화재의 특성을 파악한다. • 조사대상 유·무형 문화재에 대한 자료를 수집하여 정리한다. • 조사대상 유·무형 문화재의 특성을 파악하여 조사방법을 설정한다.
조사 실행하기	• 문화재 특성에 따라 발굴조사, 문헌조사, 채집조사의 방법으로 조사 계획을 수립한다. • 문화재 특성을 고려한 조사 방법 계획에 따라 시간, 인력, 예산집행 계획을 수립한다. • 문화재 조사활동을 위하여 유관기관 간의 협력 체제를 구축하여 조사를 수행한다.
조사 결과 분석하기	• 문화재 조사 결과에 따른 자료를 분석하여 가치 있는 자료를 추출한다. • 문화재 보존, 연구, 전시, 교육 자료로 활용 할 가치가 있는 결과물을 정리하여 분류한다. • 조사된 결과물을 전문가의 의견을 수렴하고 가치 있는 정보로 활용할 수 있도록 수정 보완하여 데이터베이스(database)화 한다.
조사 결과물 활용하기	• 활용가치가 있는 문화재 자료를 정보화하여 이용자에게 제공한다. • 정보화한 문화재 자료를 콘텐츠화하여 이용자가 활용할 수 있도록 제공한다. • 조사결과물을 보고회, 학술대회의 자료로 활용한다.

□ 직무수행 요건

구 분	상 세 내 용	
학습경험	• 대학 (4년제) 졸업	(전공 : 문화재 관련학과)
	• 해당 없음	
자 격 증	• 박물관 미술관 학예사	
지식 · 기술	○ 각종 문헌 및 자료에 대한 특성을 분석할 수 있는 능력 ○ 결과물을 디지털 정보화할 수 있는 전문 지식 ○ 다양한 조사대상, 목적, 내용에 따른 조사기법에 대한 전문 지식 ○ 다양한 조사대상의 가치 및 특성을 추출할 수 있는 전문지식 ○ 문화재 수집 · 분석을 위한 관련 기기 조작 능력 ○ 문화재 조사의 과학적 방법론에 대한 전문지식 ○ 문화재에 대한 특성 분석 능력 ○ 문화재의 정리 · 관리에 대한 관련 정보 활용 능력 ○ 문화콘텐츠 개발에 각종 기기 조작 능력 ○ 문화콘텐츠에 대한 특성 이해 능력 ○ 수집된 정보를 과학적으로 분석할 수 있는 능력 ○ 유관 기관과의 소통 능력 ○ 인류 문화유산 및 자연에 대한 역사적, 과학적인 전문 지식 ○ 자연 및 인류에 관한 유 · 무형의 문화재에 대한 전문지식 ○ 조사 기간 · 비용 · 효율성 등을 고려한 조사계획 수립 능력 ○ 조사 목적에 맞춰 세부 사업을 실행하고 결과를 예측할 수 있는 능력 ○ 조사 목적 · 내용에 부합하는 조사 · 분석 능력 ○ 조사 자원에 대한 과학적인 분석과 결과물을 정리하는 전문 지식 ○ 조사 자원에 대한 과학적인 분석을 할 수 있는 전문지식 ○ 조사를 위한 과학적인 수집 · 분석 · 정리에 필요한 지식 ○ 조사와 관련된 제반 법규와 규정에 대한 지식 ○ 조사활동과 과학적 분석을 위한 각종 기기 조작 능력 ○ 콘텐츠의 다양한 형식 · 특성에 대한 전문 지식 ○ 행사 기획 및 추진 능력	
사전직무경험	• 문화재 전시 • 문화재 마케팅 • 문화재 정보서비스	
직무숙련기간	약 2년	

☐ 직무 기본 정보

직 무	학예	능력단위분류번호	0801040104_14v1
		능 력 단 위	문화재 연구
직무 목적	수집된 문화재를 토대로 연구 계획을 수립하여 자료조사 및 연구실행 후 결과를 도출하고 정리할 수 있다.		
개발 날짜	2014. 11. 12	개 발 기 관	(사)한국박물관협회

☐ 직무 책임 및 역할

주요 업무	책임 및 역할
연구계획 수립하기	· 해당 단체의 설립목표와 기본운영조례에 따라 연구계획을 세운다. · 연구계획의 단계에서 전시와 교육을 전제로 연구주제를 구체적으로 설정한다. · 연구계획에 따라 연구팀을 조직한다. · 연구주제에 관한 선행 연구 자료를 조사하고 연구방법론을 설정해 구체적인 결과를 예측한다. · 기존의 연구 성과를 분석하고 이를 토대로 새로운 고찰과 해석으로 발전시킨다.
연구자료 조사하기	· 연구계획에 따라 조사일정을 세운다. · 연구목적에 부합하는 국내외 자료들을 조사한다. · 국내외 자료의 소재를 파악하여 목록을 작성한다. · 조사된 연구자료를 분석 분류 평가 정리한다.
연구 실행하기	· 수립된 연구 계획과 조사된 자료를 연계시킨다. · 문화재의 특성을 고려하여 연구 방법을 선택한다. · 연구 계획 절차를 기반으로 연구를 수행한다. · 창의적이고 생산적인 연구결과를 도출한다.
연구 결과물 정리하기	· 연구계획과 목적에 부합하도록 연구 결과물을 작성한다. · 연구과정에서 수집된 실물자료와 사진자료, 영상자료 등 일체의 자료에 관한 목록을 작성한다. · 연구과정에서 수집된 귀중자료는 박물관에 소장될 수 있도록 요청한다.

□ 직무수행 요건

구 분	상 세 내 용	
학습경험	• 대학원(석사) 졸업	(전공 : 문화재 관련학과)
	• 해당 없음	
자 격 증	• 박물관 미술관 학예사	
지식·기술	○ 각 언어의 자료 성격에 관한 지식 ○ 국내외 연구동향에 대한 지식 ○ 기존 연구 성과에 대한 분석 및 정리 기술 능력 ○ 논리적으로 문장을 구성하여 표현할 수 있는 능력 ○ 수집 자료의 분류 및 보존, 관리하는 능력 ○ 연구 주제에 대한 이론 문헌 독해 및 이해 능력 ○ 연구과정에서 수집된 모든 자료에 대한 분류지식 ○ 연구기획서 기술 능력 ○ 연구비를 정산할 수 있는 능력 ○ 연구의 결과물을 정리할 수 있는 글쓰기 능력 ○ 연구의 내용을 논리적으로 주장할 수 있는 능력 ○ 연구의 방법 및 형식에 관련된 지식 ○ 연구의 타당성과 일관성 점검할 수 있는 능력 ○ 연구의 타당성을 찾아내는 방법에 대한 지식 ○ 연구이론 및 방법에 관한 지식 ○ 연구자료 조사의 방법과 이론에 대한 지식 ○ 연구하려는 문화재에 적합한 이론 지식 ○ 자료소장자에 대한 정보 지식 ○ 정리된 자료를 분석 분류 평가능력 ○ 조사 자료를 분석할 수 있는 능력 ○ 조사된 자료 내용 간략 정리능력 ○ 조사된 자료 목록 작성능력 ○ 조사된 자료에 대한 배경 지식 ○ 해당 연구주제에 대한 기존 연구에 대한 지식정보	
사전직무경험	• 문화재 교육 • 문화재 교류 • 문화재 평가	
직무숙련기간	약 5년	

□ 직무 기본 정보

직 무	학예	능력단위분류번호	0801040105_14v1
		능 력 단 위	문화재 전시
직무 목적	문화재의 가치를 모색하고 전파하기 위해 일정한 주제와 다양한 기법을 이용하여 타인에게 전시물을 보여줄 수 있다.		
개발 날짜	2014. 11. 12	개 발 기 관	(사)한국박물관협회

□ 직무 책임 및 역할

주 요 업 무	책임 및 역할
전시계획 수립하기	· 전시계획에 요구되는 제반 단계에 따라 전시 계획서를 설계한다. · 전시계획에 요구되는 전시주제와 전시목적의 타당성을 제시한다. · 전시계획에 요구되는 장소, 일정, 공동사업자 섭외, 전시물 목록을 작성한다. · 전시계획에 요구되는 자료보존, 안전조치, 인력구성, 전시공간을 설계한다. · 전시계획에 요구되는 전시예산, 추진일정 업무를 추진한다.
전시자료 수집 분석하기	· 전시에 요구되는 목적에 따라 전시자료를 조사한다. · 전시에 요구되는 목적에 따라 전시자료를 수집한다. · 전시에 요구되는 목적에 따라 전시자료를 정리한다. · 전시에 요구되는 목적에 따라 전시자료를 분류한다. · 전시에 요구되는 목적에 따라 전시자료를 분석한다.
전시설계 디자인하기	· 전시설계에 요구되는 기초조사, 기본구상, 기본계획을 수립한다. · 전시설계에 요구되는 기본설계, 실시설계, 시공단계를 관리한다. · 전시설계에 요구되는 환경디자인, 제품디자인 업무를 추진한다. · 전시설계에 요구되는 시각디자인, 영상디자인 업무를 추진한다.
전시공간 연출하기	· 전시공간 연출규정에 따라 전시공간의 연출 기획을 한다. · 전시공간 연출교정에 따라 전시공간 요소와 형태를 설정한다. · 전시공간 연출규정에 따라 전시 동선과 진열장을 선택한다. · 전시공간 연출규정에 따라 전시물을 배열한다. · 전시공간 연출규정에 따라 전시시설 공정 관리를 한다.
전시콘텐츠 제작 관리하기	· 전시에 요구되는 제반 규정에 따라 전시콘텐츠를 개발한다. · 전시에 요구되는 제반 규정에 따라 전시콘텐츠를 제작한다. · 전시에 요구되는 제반 규정에 따라 전시콘텐츠를 관리한다. · 전시에 요구되는 제반 규정에 따라 전시콘텐츠를 활용한다.
전시 환경 관리하기	· 전시환경 관리규정에 따라 전시공간에 항온항습을 한다. · 전시환경 관리규정에 따라 전시공간에 안전시설을 설치한다.

주요업무	책임 및 역할
	• 전시환경 관리규정에 따라 전시공간에 방범장치를 한다. • 전시환경 관리규정에 따라 관리인력을 배치한다.
전시홍보물 제작 관리하기	• 전시에 요구되는 제반 규정에 따라 전시홍보물을 제작한다. • 전시에 요구되는 제반 규정에 따라 전시홍보물을 관리한다. • 전시에 요구되는 제반 규정에 따라 전시홍보물을 활용한다. • 전시에 요구되는 제반 규정에 따라 생산된 전시홍보물을 평가한다.
전시성과 분석 평가하기	• 전시평가에 요구되는 제반 규정에 따라 전시성과분석틀을 개발한다. • 전시평가에 요구되는 제반 규정에 따라 전시성과를 분석한다. • 전시평가에 요구되는 제반 규정에 따라 전시성과를 평가한다. • 전시평가에 요구되는 제반 규정에 따라 전시성과 평가물 활용방안을 제시한다.

☐ 직무수행 요건

구 분	상 세 내 용	
학습경험	• 대학 (4년제) 졸업	(전공 : 문화재 및 미술 관련학과)
	• 해당 없음	
자 격 증	• 박물관 미술관 학예사	
지식·기술	○ 건축기준법, 소방법 등의 법규에 대한 지식 ○ 관객 및 소비자 분석에 대한 지식 ○ 국유재산법, 지방재정법, 물품관리법에 대한 지식 ○ 디지털 정보미디어 운용기술 ○ 대중 커뮤니케이션 이론에 대한 지식 ○ 리플릿, 도록, 포스터, 가이드북, 설명패널, 네임텍, 홍보물 제작 관리능력 ○ 박물관 기술학에 대한 지식 ○ 박물관학에 대한 지식 ○ 방범 및 안전기술 ○ 빔프로젝터, 멀티비전, 모니터 제작 관리능력 ○ 소비자 심리분석 이론에 대한 지식 ○ 소장자료 관리기술 ○ 소장자료 관리론에 대한 지식 ○ 스토리텔링을 개발할 수 있는 능력 ○ 시각디자인을 할 수 있는 기술 ○ 웹디자인을 할 수 있는 능력 ○ 작품보존 및 수복기술 ○ 작품보존 및 수복에 관한 이론 지식 ○ 재정 회계법에 대한 지식 ○ 저작권법에 대한 지식 ○ 전시 기획론에 대한 지식 ○ 전시 매체론에 대한 지식	

	○ 전시개발 이론에 대한 지식 ○ 전시공간 디자인론에 대한 지식 ○ 전시공간 연출론에 대한 지식 ○ 전시공간, 관람동선, 조명, 진열 업무의 실행 관리능력 ○ 전시공간을 연출할 수 있는 능력 ○ 전시공간을 제작 관리할 수 있는 능력 ○ 전시관련 단체 협력망의 구성 및 운영 능력 ○ 전시기획서 작성능력 ○ 전시설계 및 전시 디자인론에 대한 지식 ○ 전시성과 분석 틀을 개발할 수 있는 능력 ○ 전시성과를 분석할 수 있는 능력 ○ 전시성과를 평가할 수 있는 능력 ○ 전시시설 공정관리 규정에 대한 이해 ○ 전시시설을 공정관리할 수 있는 능력 ○ 전시실행 관리능력 ○ 전시인력을 운영할 수 있는 능력 ○ 전시자료의 수집 정리 분류 분석 능력 ○ 전시자료의 의미와 가치 생산 능력 ○ 전시장 인력운영에 관한 이론 지식 ○ 전시콘텐츠 개발 이론에 대한 지식 ○ 전시콘텐츠 관리 이론에 대한 지식 ○ 전시콘텐츠 관리기술 ○ 전시콘텐츠 제작 이론에 대한 지식 ○ 전시콘텐츠 활용 이론에 대한 지식 ○ 전시콘텐츠 활용기술 ○ 전시콘텐츠를 제작할 수 있는 능력 ○ 전시평가 산출능력 ○ 전시평가 이론에 대한 지식 ○ 전시평가활용 이론에 대한 지식 ○ 전시환경 안전관리에 관한 이론 지식 ○ 진열장, 모형물, 디오라마, 파노라마 제작 관리능력 ○ 출판 편집을 할 수 있는 능력 ○ 커뮤니케이션 디자인론에 대한 지식 ○ 평면도, 조감도, 설계도, 전시배선도 도면 제작 관리능력 ○ 홍보마케팅 이론에 대한 지식 ○ 홍보마케팅 전략을 수립하는 능력
사전직무경험	-
직무숙련기간	약 2년

☐ 직무 기본 정보

직 무	학예	능력단위분류번호	0801040106_14v1
		능 력 단 위	문화재 교육
직무 목적	교육대상에 적합한 교육프로그램 계획을 수립하고, 설계, 개발, 실행, 평가, 환류하여 문화재의 내용을 효과적으로 전수·학습할 수 있다.		
개발 날짜	2014. 11. 12	개 발 기 관	(사)한국박물관협회

☐ 직무 책임 및 역할

주 요 업 무	책 임 및 역 할
교육계획 수립하기	• 교육 주제와 교육 대상에 따른 연간 교육 계획(안)을 수립한다. • 교육 계획(안)에 따른 교육 대상층과 지역사회의 요구사항을 조사한다. • 수립된 교육 계획(안)에 따른 개별 교육 프로그램(안)을 계획한다. • 개별 교육 프로그램(안)에 따른 기관의 유·무형의 인적, 물적 자원조사와 콘텐츠를 분석·활용한다.
프로그램 설계하기	• 교육 프로그램(안)에 따른 교육 주제 및 목표를 설정한다. • 교육 프로그램(안)에 따른 교육 대상의 특성을 분석한다. • 교육 프로그램(안)에 따라 교육 목표에 적합한 교육 방법을 선택한다. • 교육 프로그램(안)에 따라 운영에 필요한 교육 환경을 준비한다. • 교육 프로그램(안)에 따라 필요한 교육 자료 및 콘텐츠를 결정한다.
프로그램 개발하기	• 교육 방법에 따른 수업용 자료를 개발한다. • 교육 방법에 따른 학습자용 활동지를 개발한다. • 교육 방법에 따른 평가도구를 개발한다. • 개발된 내용에 따른 전문 인력풀의 감수 및 내용 확정을 실행한다. • 확정된 내용에 따른 교재 디자인과 인쇄 과정을 진행한다. • 교육 내용에 따른 프로그램 홍보용 브로슈어 및 안내서를 개발한다.
프로그램 실행하기	• 교육 목표에 따라 교육 프로그램 참가자를 모집한다. • 교육 프로그램에 따라 교육 강사를 모집, 교육한다. • 교육 프로그램을 대내외적으로 홍보 마케팅을 수행한다. • 개발된 프로그램의 교육 계획을 적합하게 실행한다. • 개발된 프로그램의 실행에 필요한 예산을 집행한다.
프로그램 평가하기	• 교육 목표에 따라 운영 프로그램을 종합 평가한다. • 교육 목표에 따라 평가 자료를 수집, 분석한다. • 평가 내용과 시사점에 따른 프로그램 유지, 개선, 관리 방안을 제시한다. • 교육 목표에 따른 교육 실시 결과 보고서를 작성한다.

☐ 직무수행 요건

구 분	상 세 내 용	
학습경험	· 대학원 (석사) 졸업	(전공 : 문화재 및 교육 관련학과)
	· 해당 없음	
자 격 증	· 박물관미술관학예사, 문화예술교육사	
지식·기술	○ ICT를 활용한 프로그램 설계 능력 ○ 과정평가 분석과 환류 능력 ○ 과정평가에 따른 환류 이해 ○ 관련 S/W (프레젠테이션, 워드프로세서 등)를 사용할 수 있는 능력 ○ 교수-학습지도안 작성법 이해 ○ 교육 강사 교육운영 방안에 대한 이해 ○ 교육 프로그램 운영에 적합한 강사의 역량에 대한 이해 ○ 교육 프로그램 홍보 마케팅할 사이트, 방법, 대상에 대한 지식 ○ 교육대상 및 지역의 사회문화적, 인구학적 특성 이해 ○ 교육대상과의 긴밀한 의사소통능력 ○ 교육대상별 특성 및 요구 이해 ○ 교육대상에 적합한 활동지 (디자인, 언어) 개발 능력 ○ 교육대상에 적합한 활동지 (디자인, 언어) 이해 ○ 교육부서 내 예산집행 흐름 및 내용의 이해 ○ 교육전개과정 및 흐름의 이해 ○ 교육진행시 필요한 다양한 ICT 활용 및 소양 기술 ○ 그래픽 기초 능력 ○ 기관의 교육운영 전략 및 비전 이해 ○ 기관의 유·무형의 인적, 물적 자원과 콘텐츠 이해 ○ 기관의 자원연계 교육주제 및 목표를 설정할 수 있는 능력 ○ 기획안 작성 및 활용 능력 ○ 박물관교육방법에 따른 프로그램을 설계할 수 있는 능력 ○ 상황에 따른 융통성 있는 교구재 활용 기술 ○ 상황에 따른 융통성 있는 프로그램 실행 기술 ○ 수업지도안(교재) 작성 능력 ○ 수업지도안(교재) 작성법 이해 ○ 수업지도안에서 강조하는 교육전략 및 방법에 따른 진행 기술 ○ 수업지도안에서 강조하는 교육전략 및 방법에 대한 이해 ○ 수업활동에서 사용하는 다양한 ICT의 특징과 목적에 대한 이해 ○ 예산의 편성 및 확보 능력 ○ 예산집행 능력 ○ 유사 교육프로그램 국내외 현황 이해 ○ 자료 수집과 분석 기법에 대한 이해 ○ 자원조사 및 콘텐츠 분석 능력 ○ 정보 취합, 분류 및 문서화 능력 ○ 종합 평가 결과의 환류 방안에 대한 지식 ○ 종합 평가 방법론에 대한 지식 ○ 종합 평가의 목적과 중요성 이해 ○ 진단평가 분석과 환류 능력	

	○ 진단평가에 따른 환류 이해 ○ 최근 박물관 교육철학 및 이론적 동향과 흐름 이해 ○ 최신 박물관 교육방법 및 학습이론에 입각한 교육방법을 결정할 수 있는 능력 ○ 평가결과를 반영하여 차후 프로그램 개선 및 관리 방안 제시할 수 있는 능력 ○ 평가도구(설문지 작성 포함) 개발 능력 ○ 평가보고서 및 문서 시각화 작성법에 대한 지식 ○ 평가보고서의 데이터베이스 구축 능력 ○ 평가자료 분석에 따른 해석 능력 ○ 프레젠테이션 기술에 대한 지식 ○ 프로그램 관련 전문 인력풀을 구축할 수 있는 능력 ○ 프로그램 평가방법 결정에 대한 지식 ○ 프로그램 평가방법에 대한 이해 ○ 프로그램 홍보용 브로슈어 및 안내서 개발 능력 ○ 학교 교과과정 이해 ○ 학교 교과과정과 연계한 교육주제를 설정할 수 있는 능력
사전직무경험	·문화재 수집 ·문화재 관리 ·문화재 조사
직무숙련기간	약 3년

☐ 직무 기본 정보

직 무	학예	능력단위분류번호	0801040107_14v1
		능 력 단 위	문화재 교류
직무 목적	교류실태를 분석하여 교류정책을 수립하고, 교류협력 체제를 구축하여 교류협력 성과를 분석하고 활용할 수 있다.		
개발 날짜	2014. 11. 12	개 발 기 관	(사)한국박물관협회

☐ 직무 책임 및 역할

주 요 업 무	책임 및 역할
교류실태 분석하기	• 민관산학연 기관·단체와 다자간·양자간 업무협약 체결 현황을 조사한다. • 민관산학연 기관·단체와 업무협약 체결의 실태를 분석하여 대책을 수립한다. • 민관산학연 기관·단체와 업무협약 체결의 지속 가능성과 해지 필요성을 분석한다.
교류정책 수립하기	• 국제규범, 법령, 조례, 정관 등에 근거하여 교류정책의 보편성과 유사점을 파악한다. • 국제규범, 법령, 조례, 정관 등에 근거하여 교류정책의 특수성과 차이점을 파악한다. • 국제규범, 법령, 조례, 정관 등에 근거하여 교류정책을 수립한다.
교류협력 체제 구축하기	• 민관산학연 기관·단체와 다자간·양자간 업무협약 체결을 위한 협력 체제 구축을 위한 제반여건을 조사하여 적용한다. • 민관산학연 기관·단체와 다자간·양자간 업무협약 체결을 위한 협력 체제 구축을 위한 예산을 편성하고 집행한다. • 민관산학연 기관·단체와 다자간·양자간 업무협약 체결을 위한 보증·보험·공증 업무처리를 수행한다.
교류협력 실행하기	• 민관산학연 기관·단체와 업무협약에 근거하여 인적 교류 협력을 실행한다. • 민관산학연 기관·단체와 업무협약에 근거하여 물적 교류 협력을 실행한다. • 민관산학연 기관·단체와 업무협약에 근거하여 기술적 교류 협력을 실행한다. • 민관산학연 기관·단체와 업무협약에 근거하여 학술적 교류 협력을 실행한다.
교류협력 성과 분석하기	• 민관산학연 기관·단체와 업무협약에 근거하여 인적 교류 협력의 성과를 분석한다. • 민관산학연 기관·단체와 업무협약에 근거하여 물적 교류 협력의 성과를 분석한다. • 민관산학연 기관·단체와 업무협약에 근거하여 기술적 교류 협력의 성과를 분석한다. • 민관산학연 기관·단체와 업무협약에 근거하여 학술적 교류 협력의 성과를 분석한다.
교류협력 성과 활용하기	• 민관산학연 기관·단체와 업무협약에 근거한 인적, 물적, 기술적·학술적 교류 협력의 성과를 박물관 목적사업에 활용한다. • 민관산학연 기관·단체와 업무협약에 근거한 인적, 물적, 기술적·학술적 교류 협력의 성과를 박물관 표적활동에 활용한다. • 민관산학연 기관·단체와 업무협약에 근거한 인적, 물적, 기술적·학술적 교류 협력의 성과를 유관 기관·단체와 교류에 활용한다.

□ **직무수행 요건**

구 분	상 세 내 용	
학습경험	· 대학원 (석사) 졸업	(전공 : 문화재 및 커뮤니케이션 관련학과)
	· 해당 없음	
자격증	· 박물관미술관학예사	
지식·기술	○ ICOM, ICOMOS, IUCN, ICCROM, UNESCO, UN의 정관, 윤리강령 적용 기술 ○ ICOM, ICOMOS, IUCN, ICCROM, UNESCO, UN의 정관, 윤리강령에 대한 지식 ○ 국제협약, 국제협정, 선언문, 권고안, 운용지침, 지도방침 적용 기술 ○ 국제협약, 국제협정, 선언문, 권고안, 운용지침, 지도방침에 대한 지식 ○ 민관산학연 기관·단체와 다자간·양자간 업무협약 체결 현황 조사 능력 ○ 민관산학연 기관·단체와 업무협약 체결의 실태를 분석하여 대책 수립 능력 ○ 민관산학연 기관·단체와 업무협약 체결의 지속 가능성과 해지 필요성 분석 능력 ○ 박물관 및 미술관 진흥법, 문화재보호법, 법령, 조례, 예규, 정관, 방침 적용 기술 ○ 박물관 및 미술관 진흥법, 문화재보호법, 법령, 조례, 예규, 정관, 방침에 대한 지식 ○ 업무협약 체결을 위한 보증·보험·공증 업무처리를 수행할 수 있는 능력 ○ 업무협약에 근거하여 기술적 교류 협력을 실행할 수 있는 능력 ○ 업무협약에 근거하여 기술적 교류 협력의 성과 분석 능력 ○ 업무협약에 근거하여 물적 교류 협력의 성과 분석 능력 ○ 업무협약에 근거하여 학술적 교류 협력을 실행할 수 있는 능력 ○ 업무협약에 근거하여 학술적 교류 협력의 성과 분석 능력 ○ 업무협약에 근거한 인적, 물적, 기술적, 학술적 교류 협력에 관한 지침에 대한 지식 ○ 인적, 물적, 기술적, 학술적 교류 협력에 관한 정성적, 정량적, 통합적 통계분석 처리 능력 ○ 인적, 물적, 기술적, 학술적 교류 협력에 관한 정성적, 정량적, 통합적 통계분석 처리 지식 ○ 인적, 물적, 기술적·학술적 교류 협력의 성과를 박물관 목적사업에 적용할 수 있는 능력 ○ 인적, 물적, 기술적·학술적 교류 협력의 성과를 박물관 표적활동에 활용할 수 있는 능력 ○ 인적, 물적, 기술적·학술적 교류 협력의 성과를 유관 기관·단체와 공용할 수 있는 능력 ○ 협력 체제 구축을 위한 예산을 편성하여 집행하는 능력 ○ 협력 체제 구축을 위한 제반여건을 조사하여 적용할 수 있는 능력	
사전직무경험	· 문화재 수집 · 문화재 관리 · 문화재 조사	
직무숙련기간	약 3년	

☐ 직무 기본 정보

직 무	학예	능력단위분류번호	0801040108_14v1
		능 력 단 위	문화재 평가
직무 목적	학예와 관련된 제반 사업의 평가계획 수립, 사업성과 평가, 문화재 가치 평가, 이용 만족도 평가, 경영성과 평가를 수행할 수 있다.		
개발 날짜	2014. 11. 12	개 발 기 관	(사)한국박물관협회

☐ 직무 책임 및 역할

주 요 업 무	책임 및 역할
평가 계획 수립하기	• 해당 사업에 따라 수립할 평가 계획의 기초 자료를 수집한다. • 수립된 평가 계획에 따라 수집된 자료를 기초로 평가 요인을 추출한다. • 평가 대상 및 요인에 따라 평가 지표를 작성한다. • 수행한 해당 사업 및 경영 성과 분석에 따른 평가 계획을 수립한다.
사업성과 평가하기	• 수행한 사업의 성과에 따라 도출 결과를 정리한다. • 수행한 사업의 항목에 따른 개별 평가 지표를 사업 평가에 적용한다. • 수립된 평가 계획에 따라 사업성과를 평가한다. • 수행한 사업의 성과에 따른 사업평가 결과를 추후 사업에 반영한다.
문화재 가치 평가하기	• 문화재 가치를 이해·추출 한다. • 문화재 가치 관련 자료를 분석·평가한다. • 평가한 문화재 가치를 문화재 사업에 활용한다.
이용 만족도 평가하기	• 이용 만족도를 이해·추출한다. • 이해 만족도 관련 자료를 분석·평가한다. • 평가한 이해 만족도를 박물관 경영에 활용한다.
경영성과 평가하기	• 수립된 평가 계획에 따라 경영성과를 평가한다. • 수행한 사업에 따른 기관별 경영성과를 정리한다. • 수행한 사업에 따른 기관별 평가 지표를 경영 평가에 적용한다. • 수행한 사업에 따른 평가 결과를 추후 경영에 반영한다.

□ 직무수행 요건

구 분	상 세 내 용	
학습경험	• 대학원 (석사) 졸업	(전공 : 문화재 및 평가 관련학과)
	• 해당 없음	
자 격 증	• 박물관미술관학예사	
지식·기술	○ 경영성과 평가 방법론을 과학적으로 적용하는 능력 ○ 경영성과 평가 자료를 검증·해석할 수 있는 능력 ○ 경영성과 평가 자료를 공정하게 통계 처리하는 능력 ○ 경영성과 평가 자료를 환류·활용할 수 있는 능력 ○ 경영성과 평가의 기대치와 문제점을 산출하는 능력 ○ 문화예술경제학에 관한 기초지식 ○ 문화재 가치 평가 방법론을 과학적으로 적용하는 능력 ○ 문화재 가치를 분석·평가할 수 있는 지식 ○ 문화재 가치에 관한 지식 ○ 문화재 가치평가 방법론에 관한 지식 ○ 보존공물, 문화재, 박물관자료에 관한 지식 ○ 분석·평가 이론에 관한 기초지식 ○ 분석·평가대상 자료를 공정하게 통계 처리하는 능력 ○ 분석·평가한 자료를 검증·해석할 수 있는 능력 ○ 분석·평가한 자료를 환류·활용할 수 있는 능력 ○ 비영리 경영평가의 특수성에 관한 지식 ○ 산출된 가치를 검증·해석할 수 있는 능력 ○ 산출된 이용만족도를 검증·해석할 수 있는 능력 ○ 역사적·문화적·지리적 맥락의 이해 ○ 이용 만족도 분석·평가 방법론을 과학적으로 적용하는 능력 ○ 이용 만족도를 분석·평가할 수 있는 지식 ○ 이용 만족도에 관한 지식 ○ 이용 만족도와 관련 자료와 정보에 관한 지식 ○ 이용 만족도와 재방문율의 상관관계의 이해 ○ 자원 보전과 활용에 관한 지식 ○ 통계학에 관한 기초지식 ○ 평가 계획 수립의 기대치와 문제점을 산출하는 능력 ○ 평가 계획을 체계적으로 수립하는 능력 ○ 평가 방법론을 과학적으로 적용하는 능력 ○ 평가대상의 특성을 총체적이고 객관적으로 파악하는 능력 ○ 평가된 이용 만족도를 박물관 경영에 활용할 수 있는 능력 ○ 평가된 자료의 가치를 활용할 수 있는 능력	
사전직무경험	• 문화재 수집 • 문화재 관리 • 문화재 조사	
직무숙련기간	약 3년	

☐ 직무 기본 정보

직 무	학예	능력단위분류번호	0801040109_14v1
		능 력 단 위	문화재 경영
직무 목적	기관(박물관)의 설립 목적을 달성하기 위하여 중장기 계획 수립, 사업개발, 재정 운영계획 수립, 인적자원 관리, 건축·시설관리 업무를 수행하는 능력이다.		
개발 날짜	2014. 11. 12	개 발 기 관	(사)한국박물관협회

☐ 직무 책임 및 역할

주 요 업 무	책임 및 역할
중장기 계획 수립하기	· 기관 설립 취지에 맞게 종합적인 중장기 계획을 수립한다. · 기관의 기본 현황을 토대로 경영전략과 사업계획을 수립한다. · 조사·연구, 수집·관리, 전시, 교육, 보존 등 학예직의 기본업무를 수행한다. · 국내외 환경변화를 종합적으로 분석하여 정책에 반영한다.
사업 개발하기	· 기관 및 주변 환경에 대한 자료를 수집한다. · 수집된 자료를 분석·평가한다. · 기관 설립 취지에 맞게 사업을 개발한다. · 이용자 및 이용자 선호도를 파악한다. · 기관에 대한 기본적인 지식 및 사업을 분석·평가한다. · 분석된 자료를 기초로 이용자에 맞는 사업을 개발한다. · 개발된 사업을 적용·분석·평가한다.
재정운영계획 수립하기	· 기관별 중장기 재정 운영 계획을 수립한다. · 세부 사업별 재정 운영 계획을 수립한다. · 계획에 의거하여 재원을 조달하고 집행한다. · 재정 운영 결과를 분석한다.
인적자원관리하기	· 기관별 중장기 인적자원 관리 계획을 수립한다. · 세부 사업별 인력 운영 및 교육 계획을 수립한다. · 내외부 인적자원 네트워크를 구축·관리한다. · 자원봉사자를 모집하고 운영한다. · 인적자원 운영 결과를 분석한다.
건축 시설 관리하기	· 기관별 중장기 건축시설 관리계획을 수립한다. · 공간별 세부 운영계획을 수립하고 관리한다. · 내외부 시설관리 네트워크를 구축·관리한다. · 시설을 점검하고 유지보수 업무를 수행한다.

□ 직무수행 요건

구 분	상 세 내 용	
학습경험	· 대학원 (석사) 졸업	(전공 : 문화재 및 경영 관련학과)
	· 해당 없음	
자 격 증	· 박물관 미술관 학예사, 경영관련 자격	
지식·기술	○ SWOT 분석 능력 ○ 건축 기초 공학에 대한 지식 ○ 경제적, 재무적 타당성 분석 방법에 대한 지식 ○ 관련 기기 사용 기술 ○ 기관 이해 및 분석·평가에 관한 지식 ○ 노동 시장조사 능력 ○ 노무 관리에 대한 지식 ○ 문화에 대한 이해를 기초로 종합적으로 분석할 수 있는 문화 기술 ○ 문화이론 및 문화정책에 대한 지식 ○ 박물관·미술관·과학관 등 문화기관에 대한 기본 지식 ○ 박물관학에 대한 종합적인 지식 ○ 사업 개발 및 수행·평가에 관한 지식 ○ 사업 개발 및 적용 기술 ○ 사업개발 절차 및 작성에 대한 지식 ○ 사업계획서 작성 기술 ○ 선호도 조사 분석을 위한 기술 ○ 시설 업무 지침에 따른 공조 관리 지식 ○ 시설물의 특성과 운용, 유지 보수에 관한 지식 ○ 시장현황자료 정보검색 및 분석능력 ○ 업무별·직급별 직무에 대한 이해 ○ 이용자 분석에 관한 지식 ○ 인적자원관리에 대한 지식 ○ 자료분석 프로그램 활용 능력 ○ 자료수집 및 분석 능력 ○ 재무제표 분석 방법에 대한 이해 ○ 조사연구, 전시, 교육 등 학예업무에 대한 기본 지식 ○ 중장기 사업 계획을 설계하고 기술할 수 있는 능력 ○ 채용관련 인사규정에 대한 지식 ○ 채용전형 방법 및 절차에 대한 이해 ○ 커뮤니케이션을 위한 문서화 능력 ○ 통계학적인 기술 ○ 학예업무 전반에 대한 수행 능력 ○ 학예업무에 대한 지식 ○ 학예직의 기본 업무를 수행할 수 있는 기술 ○ 환경 관리 지침에 관한 지식 ○ 환경 기기 사용과 정기 운용 일지 작성 기술 ○ 회계 관련 법규 및 매뉴얼에 대한 이해	
사전직무경험	· 문화재 교육 · 문화재 교류 · 문화재 평가	
직무숙련기간	약 5년	

☐ 직무 기본 정보

직 무	학예	능력단위분류번호	0801040110_14v1
		능 력 단 위	문화재 마케팅
직무 목적	홍보를 포함한 마케팅과 관련된 내용을 조직체의 전반적인 사업 전략에 적합하도록 해당 분야의 계획을 수립하고, 전체적인 현황을 분석하며, 해당 업무의 실제적인 실행 및 그 성과를 분석까지 수행할 수 있다.		
개발 날짜	2014. 11. 12	개 발 기 관	(사)한국박물관협회

☐ 직무 책임 및 역할

주 요 업 무	책임 및 역할
홍보 마케팅 계획 수립하기	· 홍보 마케팅의 주제에 따른 실천 방법과 특징을 파악한다. · 홍보 마케팅의 주제에 따른 제반 자료를 수집·정리·활용한다. · 홍보 마케팅을 실시하고자 하는 조직체의 구성원 관련 분야 전문가와의 소통을 통해 업무 추진 방향을 설정한다.
홍보 마케팅 현황 분석하기	· 홍보 마케팅을 실시하고자 하는 조직체의 장·단점과 현황에 따른 사항을 파악한다. · 홍보 마케팅의 대상에 적합한 효율적인 방안을 도출한다. · 온·오프라인 등 각종 홍보 마케팅의 유형에 따른 전략을 도출한다.
홍보 마케팅 실행하기	· 홍보 마케팅의 주제(범주)에 따른 자료를 작성한다. · 홍보 마케팅의 방법에 따른 다양한 작업을 기획·실행한다. · 홍보 마케팅 효과의 창출이 가능한 적정 시점을 파악·활용한다. · 홍보 마케팅의 실행에 따른 효과를 예측·대비한다.
홍보 마케팅 성과 분석하기	· 홍보 마케팅의 실행에 따른 성과를 분석한다. · 홍보 마케팅의 성과에 따른 자료를 생산한다. · 홍보 마케팅의 실행에 따른 성과를 개선, 발전시킨다.

□ 직무수행 요건

구 분	상 세 내 용	
학습경험	· 대학 (2년제) 졸업	(전공 : 문화재 및 마케팅 관련학과)
	· 해당 없음	
자 격 증	· 박물관 미술관 학예사	
지식 · 기술	○ SNS 등 인터넷 자료 수집·분석 지식 ○ SWOT분석, STP절차, 마케팅 믹스 전략 실행 능력 ○ SWOT분석, STP절차, 마케팅 믹스 전략에 관한 지식 ○ 각종 매체 자료 수집·분석 지식 ○ 각종 매체에 적합한 자료의 생산제공 기술 ○ 계획서를 비롯한 각종 문서의 작성과 관련한 지식 ○ 국외 자료를 검색, 이해, 활용할 수 있는 외국어 관련 지식 ○ 데이터 분석 및 결과 도출이 가능한 통계 관련 기술 ○ 문화유산 관련 논문을 포함한 전문서적의 이해 능력 ○ 문화유산 관련 시사를 파악하고 이해하는 능력 ○ 소통에 필수적인 화법 관련 지식 ○ 웹사이트 제작, SNS 운영 등 디지털 네트워킹 능력 ○ 웹사이트, SNS 등 인터넷 활용에 관한 지식 ○ 인터넷 논문, 전문서적을 비롯한 정보 검색,활용 기술 ○ 자료 분석을 정확하게 표현할 수 있는 문서 작성 기술 ○ 조사 · 통계 관련 지식 ○ 최적화된 문서 · 자료를 출판 · 생산에 관한 지식 ○ 출판물 발간 · 편집 기술 ○ 프레젠테이션을 포함한 컴퓨터 운용 및 제반 프로그램 운용 기술 ○ 홍보 마케팅 관련 국외 자료를 열람·활용할 수 있는 외국어 관련 지식 ○ 홍보 마케팅 관련 매체 및 데이터의 이해 · 분석 · 활용 지식 ○ 홍보 마케팅의 대상과의 협의에 필요한 의사 표현력 ○ 홍보 마케팅의 성과를 반영한 홈페이지 등 인터넷 자료 업그레이드 기술 ○ 홍보 마케팅의 성과를 열람할 수 있는 프레젠테이션 작성·생산 기술 ○ 홍보 마케팅의 성과와 관련한 후속보완 자료를 작성·전파하는 능력 ○ 홍보·마케팅에 필요한 각종 매체 활용에 관한 지식	
사전직무경험	-	
직무숙련기간	약 2년	

☐ 직무 기본 정보

직 무	학예	능력단위분류번호	0801040111_14v1
		능 력 단 위	문화재 정보 서비스
직무 목적	이용자에게 문화재와 관련된 유용한 정보를 제공하기 위하여 계획 수립, 시스템 구축, 시스템 운영, 콘텐츠 개발, 콘텐츠 활용의 업무를 수행할 수 있다.		
개발 날짜	2014. 11. 12	개 발 기 관	(사)한국박물관협회

☐ 직무 책임 및 역할

주 요 업 무	책임 및 역할
정보관리 서비스 계획 수립하기	· 기관 설립 취지에 부합하는 문화재 종합 정보관리 서비스 계획을 수립한다. · 사업별 세부 정보관리 서비스계획을 수립한다. · 국내·외 정보 환경변화를 종합적으로 분석하여 정보관리 서비스 정책에 반영한다.
정보관리 시스템 구축하기	· 사업별 정보관리 서비스운영 효율을 높이기 위해 수요를 파악한다. · 기존 정보관리 서비스 시스템에 대한 조사, 분석, 평가한다. · 정보관리 서비스 시스템을 구축하는데 소요되는 개발 투자비용과 시간을 산정한다. · 정보관리 서비스 시스템을 구축하는데 소요되는 비용 대비 시스템 구축효과를 예측한다.
정보관리 시스템 운영하기	· 정보관리 서비스의 신규 운영 체제 도입에 따라 시스템을 설계한다. · 정보관리 서비스 환경 변화에 따라 운영계획을 수립한다. · 정보관리 서비스 시스템 운영의 평가를 통하여 운영 개선에 환류 한다.
정보관리 콘텐츠 개발하기	· 정보관리 서비스의 신규 운영 체제 도입에 따라 콘텐츠 개발 매뉴얼을 작성한다. · 콘텐츠 개발 매뉴얼에 따라 정보관리 서비스 콘텐츠를 개발한다. · 사용자의 요구에 따라 정보관리 서비스 콘텐츠를 수정 보완한다.
정보관리 콘텐츠 활용하기	· 정보관리 서비스 이용자의 요구를 수집·분석한다. · 정보관리 서비스의 신규 운영 체제 도입에 따라 이용자 활용 매뉴얼을 작성한다. · 정보관리 서비스 시스템을 통하여 콘텐츠를 이용자에게 제공한다.

□ 직무수행 요건

구 분	상 세 내 용	
학습경험	· 대학 (2년제) 졸업	(전공 : 문화재 및 정보 관련학과)
	· 해당 없음	
자 격 증	· 박물관 미술관 학예사, 정보처리사	
지식·기술	○ 부서별 업무 체계 및 특성 이해 ○ 비상사태 유형 및 사례 이해 ○ 비용대비 효과 산정 방법에 대한 이해 ○ 비용대비 효과 산정 방법에 대한 이해 ○ 업무의 변화에 따른 시스템 교체 판단 능력 ○ 예비시스템의 구성에 대한 이해 ○ 요구 사항 분석 능력 ○ 전문가 의견을 종합하여 문서화하는 능력 ○ 정보관리 서비스 시스템 개발 비용 및 시간 산정 방법에 대한 지식 ○ 정보관리 서비스 시스템 구성 요소에 대한 이해 ○ 정보관리 서비스 시스템 도입의 적정한 시기 판단 능력 ○ 정보관리 서비스 시스템 불안정 징후 감지 능력 ○ 정보관리 서비스 시스템 불안정적 요소에 관한 이해 ○ 정보관리 서비스 시스템 운영 체제 이해 ○ 정보관리 서비스 시스템 운영 흐름에 대한 시각화 표현 능력 ○ 정보관리 서비스 시스템 운영에 대한 문제점 판단 능력 ○ 정보관리 서비스 시스템 운영의 효율성 및 실효성 평가 방법에 대한 이해 ○ 정보관리 서비스 시스템 유지보수에 대한 이론적 적정 재정 규모에 대한 이해 ○ 정보관리 서비스 시스템 전문가 섭외 능력 ○ 정보관리 서비스 시스템 효율성 판단 능력 ○ 정보관리 서비스 정책 요인 이해 ○ 정보관리 서비스 콘텐츠 개발 비용 및 시간 산정 방법에 대한 이해 ○ 정보관리 서비스 콘텐츠 구성 요소에 대한 이해 ○ 정보관리 서비스 콘텐츠 시스템 도입의 적정한 시기 판단 능력 ○ 정보관리 서비스 콘텐츠 효율성 판단 능력 ○ 정보관리 서비스 콘텐츠의 운영 절차에 대한 이해 ○ 정보관리 서비스콘텐츠 운영 체제 이해 ○ 정보관리 서비스콘텐츠 운영 매뉴얼 작성 방법에 대한 이해 ○ 정보관리 서비스콘텐츠 운영 흐름에 대한 시각화 표현 능력 ○ 정보관리 서비스콘텐츠 운영에 대한 문제점 판단 능력 ○ 정보관리 서비스콘텐츠 운영의 효율성 및 실효성 평가 방법에 대한 이해 ○ 정보관리 서비스콘텐츠 전문가 섭외 능력 ○ 커뮤니케이션을 위한 문서화 능력 ○ 하드웨어/소프트웨어 대체 처리 능력	
사전직무경험	-	
직무숙련기간	약 2년	

3. 채용·배치·승진 체크리스트

3.1. 채용·배치·승진체크리스트 개요

○ 개념 : 근로자를 채용하거나 배치하거나 승진시키기 위하여 각 개인이 해당 직급에서 요구되는 직업능력을 어느 정도 가지고 있는지 확인하기 위한 진단도구

○ 구성요소 : ① 목적, ② 직급명, ③ 인적사항, ④ 능력구분, ⑤ 평가영역, ⑥ 평가문항, ⑦ 답변기재란, ⑧ 평가결과로 구성

【 채용·배치·승진 체크리스트 구성요소 】

구성요소	세 부 내 용
목적	• 평가를 실시하는 방향이나 이유로 채용, 배치, 승진이 있음
직급명	• 해당 조직에서 일의 종류나 난이도, 책임도 등의 유사성을 기준으로 구분한 등급
인적사항	• 평가하고자 하는 예비근로자 및 근로자의 성명, 직위, 성별 등과 같은 개인적 특성
능력구분	• 평가하고자 하는 직급에서 요구되는 직업능력의 구분(직업기초능력, 직무수행능력)
평가영역	• 직업기초능력과 직무수행능력의 하위영역
평가문항	• 예비근로자 및 근로자의 지식이나 활동을 측정하기 위한 측정가능하고 구체적인 문장
답변기재란	• 평가자가 평가문항을 읽고 평가대상자의 행동과 일치하는 정도에 직접 표기하는 부분
평가결과	• 기재한 답변을 합산하여 점수를 산출하고 해석

3-2. 채용·배치·승진체크리스트

목적 : ☐ 채용 ☐ 배치 ☐ 승진	1급 학예사

이 름 :
직 위 :
성 별 :
특이사항 :

[직업기초능력]

평 가 영 역	평 가 문 항	매우 미흡	미흡	보통	우수	매우 우수
의사소통능력	직장생활에서 필요한 문서를 읽고 내용을 이해할 수 있다.	①	②	③	④	⑤
	직장생활에서 목적과 상황에 적합한 아이디어와 정보를 전달할 수 있는 문서를 작성할 수 있다.	①	②	③	④	⑤
	다른 사람의 말을 주의 깊게 듣고 정확하게 반응할 수 있다.	①	②	③	④	⑤
	목적과 상황에 맞는 말과 비언어적 행동을 통해 아이디어와 정보를 효과적으로 전달할 수 있다.	①	②	③	④	⑤
수리능력	실제적이고 복잡한 업무 상황에서 문제를 해결하기 위해 측정도구를 설계·활용하고, 결과물을 분석해서 제시할 수 있다.	①	②	③	④	⑤
	연속적인 과제를 포함하는 업무 상황에서 사용한 수학적 사고와 기법의 효과성을 평가하고, 조사결과물을 제시할 수 있다.	①	②	③	④	⑤
	간단한 업무 상황에서 적절한 수학적 사고와 기법을 선택해서 정확한 측정을 하고, 획득한 정보를 해석할 수 있다.	①	②	③	④	⑤
문제해결능력	직장생활에서 발생한 다양한 문제를 해결하기 위해서 창의적, 논리적, 비판적으로 판단할 수 있다.	①	②	③	④	⑤
	직장생활에서 발생한 문제를 적절한 해결책을 적용하여 해결할 수 있다.	①	②	③	④	⑤
자기개발능력	자신의 부족한 점에 대한 개선책을 찾으며, 수행결과에 대한 조정과 평가를 할 수 있다.	①	②	③	④	⑤
	자신의 장점에 대한 자부심을 가지며, 수행계획을 세우고 능력을 발휘할 수 있다.	①	②	③	④	⑤
	자신에 대한 최소한의 인식을 하며, 수립된 목표를 이해할 수 있다.	①	②	③	④	⑤

자원관리능력	직장생활에서 필요한 시간을 확인하고, 확보하여 업무 수행에 이를 할당할 수 있다.	①	②	③	④	⑤
	직장생활에서 필요한 물적자원을 확인하고, 확보하여 업무 수행에 이를 할당할 수 있다.	①	②	③	④	⑤
대인관계능력	직장생활에서 다른 구성원들과 목표를 공유하고 원만한 관계를 유지하며, 자신의 역할을 이해하고 책임감 있게 업무를 수행할 수 있다.	①	②	③	④	⑤
	직장생활 중 조직구성원들의 업무향상에 도움을 주며 동기화시킬 수 있고, 조직의 목표 및 비전을 제시할 수 있다.	①	②	③	④	⑤
	직장생활에서 조직구성원 사이에 갈등이 발생하였을 경우 이를 원만히 조절할 수 있다.	①	②	③	④	⑤
	직장생활에서 필요한 경우 다른 사람과 효과적으로 협상할 수 있다.	①	②	③	④	⑤
정보능력	직장생활에서 컴퓨터 관련이론을 이해하여 업무수행을 위해 인터넷과 소프트웨어를 활용할 수 있다.	①	②	③	④	⑤
	직장생활에서 필요한 정보를 찾아내고, 업무수행에 적합하게 조직·관리하여 활용할 수 있다.	①	②	③	④	⑤
기술능력	실제적이고 복잡한 업무 상황에서 다양한 기술들을 비교하여 적합한 기술을 선택, 적용하고, 향후에 필요한 새로운 기술을 확인할 수 있다.	①	②	③	④	⑤
	연속적인 과제를 포함하는 업무 상황에서 기술매뉴얼을 참고하여 필요한 기술을 선택하고, 활용에 따라 현장 적용성을 평가할 수 있다.	①	②	③	④	⑤
	간단한 업무 상황에서 상사의 지시에 따라 업무에 필요한 기술의 원리와 절차의 이해와 선택을 바탕으로 안전하게 기술을 활용할 수 있다.	①	②	③	④	⑤
조직이해능력	새로운 조직체제를 설계하고 다양한 조직의 운영을 이해하며, 국제적 상황변화를 업무에 적용할 수 있다.	①	②	③	④	⑤
	조직간의 관련성을 이해하고 역할에 따른 업무를 수행하며, 다른 나라와의 관습 및 제도의 차이를 이해할 수 있다.	①	②	③	④	⑤
	조직의 체제 및 구조, 문제점을 확인하며 다른 나라와의 문화적 차이를 이해할 수 있다.	①	②	③	④	⑤
직업윤리	근로자에게 요구되는 기본적인 윤리를 준수할 수 있다.	①	②	③	④	⑤
	공동체의 유지·발전에 필요한 기본적인 윤리를 준수할 수 있다.	①	②	③	④	⑤

[직무수행능력]

평가 영역		평가 문항	매우 미흡	미흡	보통	우수	매우 우수
문화재 연구	연구계획 수립하기	· 해당 단체의 설립목표와 기본운영조례에 따라 연구계획을 세울 수 있다.	①	②	③	④	⑤
		· 연구계획의 단계에서 전시와 교육을 전제로 연구주제를 구체적으로 설정할 수 있다.	①	②	③	④	⑤
		· 연구계획에 따라 연구팀을 조직할 수 있다.	①	②	③	④	⑤
		· 연구주제에 관한 선행 연구자료를 조사하고 연구방법론을 설정해 구체적인 결과를 예측할 수 있다.	①	②	③	④	⑤
		· 기존의 연구성과를 분석하고 이를 토대로 새로운 고찰과 해석으로 발전시킬 수 있다.	①	②	③	④	⑤
	연구자료 조사하기	· 연구계획에 따라 조사일정을 세울 수 있다.	①	②	③	④	⑤
		· 연구목적에 부합하는 국내외 자료들을 조사할 수 있다.	①	②	③	④	⑤
		· 국내외 자료의 소재를 파악하여 목록을 작성할 수 있다.	①	②	③	④	⑤
		· 조사된 연구자료를 분석 분류 평가 정리할 수 있다.	①	②	③	④	⑤
	연구 실행하기	· 수립된 연구 계획과 조사된 자료를 연계시킬 수 있다.	①	②	③	④	⑤
		· 문화재의 특성을 고려하여 연구 방법을 선택할 수 있다.	①	②	③	④	⑤
		· 연구 계획 절차를 기반으로 연구를 수행할 수 있다.	①	②	③	④	⑤
		· 창의적이고 생산적인 연구결과를 도출할 수 있다.	①	②	③	④	⑤
	연구 결과물 정리하기	· 연구계획과 목적에 부합하도록 연구 결과물을 작성할 수 있다.	①	②	③	④	⑤
		· 연구과정에서 수집된 실물자료와 사진자료, 영상자료 등 일체의 자료에 관한 목록을 작성할 수 있다.	①	②	③	④	⑤
		· 연구과정에서 수집된 귀중자료는 박물관에 소장될 수 있도록 요청할 수 있다.	①	②	③	④	⑤
문화재 경영	중장기 계획 수립하기	· 기관 설립 취지에 맞게 종합적인 중장기 계획을 수립할 수 있다.	①	②	③	④	⑤
		· 기관의 기본 현황을 토대로 경영전략과 사업계획을 수립할 수 있다.	①	②	③	④	⑤
		· 조사·연구, 수집·관리, 전시, 교육, 보존 등 학예직의 기본업무를 수행할 수 있다.	①	②	③	④	⑤
		· 국내외 환경변화를 종합적으로 분석하여 정책에 반영할 수 있다.	①	②	③	④	⑤
	사업 개발하기	· 기관 및 주변 환경에 대한 자료를 수집할 수 있다.	①	②	③	④	⑤
		· 수집된 자료를 분석·평가할 수 있다.	①	②	③	④	⑤
		· 기관 설립 취지에 맞게 사업을 개발할 수 있다.	①	②	③	④	⑤

		· 이용자 및 이용자 선호도를 파악할 수 있다.	①	②	③	④	⑤
		· 기관에 대한 기본적인 지식 및 사업을 분석·평가할 수 있다.	①	②	③	④	⑤
		· 분석된 자료를 기초로 이용자에 맞는 사업을 개발할 수 있다.	①	②	③	④	⑤
		· 개발된 사업을 적용·분석·평가할 수 있다.	①	②	③	④	⑤
	재정운영계획 수립하기	· 기관별 중장기 재정 운영 계획을 수립할 수 있다.	①	②	③	④	⑤
		· 세부 사업별 재정 운영 계획을 수립할 수 있다.	①	②	③	④	⑤
		· 계획에 의거하여 재원을 조달하고 집행할 수 있다.	①	②	③	④	⑤
		· 재정 운영 결과를 분석할 수 있다.	①	②	③	④	⑤
	인적자원관리하기	· 기관별 중장기 인적자원 관리 계획을 수립할 수 있다.	①	②	③	④	⑤
		· 세부 사업별 인력 운영 및 교육 계획을 수립할 수 있다.	①	②	③	④	⑤
		· 내외부 인적자원 네트워크를 구축·관리할 수 있다.	①	②	③	④	⑤
		· 자원봉사자를 모집하고 운영할 수 있다.	①	②	③	④	⑤
		· 인적자원 운영 결과를 분석할 수 있다.	①	②	③	④	⑤
	건축 시설 관리하기	· 기관별 중장기 건축시설 관리계획을 수립할 수 있다.	①	②	③	④	⑤
		· 공간별 세부 운영계획을 수립하고 관리할 수 있다.	①	②	③	④	⑤
		· 내외부 시설관리 네트워크를 구축·관리할 수 있다.	①	②	③	④	⑤
		· 시설을 점검하고 유지보수 업무를 수행할 수 있다.	①	②	③	④	⑤

[평가결과]

영 역	점 수
직업기초능력	
직무수행능력	
합 계	

목적 : ☐ 채용 ☐ 배치 ☐ 승진	2급 학예사

이 름 :

직 위 :

성 별 :

특이사항 :

[직업기초능력]

평가영역	평가문항	매우 미흡	미흡	보통	우수	매우 우수
의사소통능력	직장생활에서 필요한 문서를 읽고 내용을 이해할 수 있다.	①	②	③	④	⑤
	직장생활에서 목적과 상황에 적합한 아이디어와 정보를 전달할 수 있는 문서를 작성할 수 있다.	①	②	③	④	⑤
	다른 사람의 말을 주의 깊게 듣고 정확하게 반응할 수 있다.	①	②	③	④	⑤
	목적과 상황에 맞는 말과 비언어적 행동을 통해 아이디어와 정보를 효과적으로 전달할 수 있다.	①	②	③	④	⑤
수리능력	실제적이고 복잡한 업무 상황에서 문제를 해결하기 위해 측정도구를 설계·활용하고, 결과물을 분석해서 제시할 수 있다.	①	②	③	④	⑤
	연속적인 과제를 포함하는 업무 상황에서 사용한 수학적 사고와 기법의 효과성을 평가하고, 조사결과물을 제시할 수 있다.	①	②	③	④	⑤
	간단한 업무 상황에서 적절한 수학적 사고와 기법을 선택해서 정확한 측정을 하고, 획득한 정보를 해석할 수 있다.	①	②	③	④	⑤
문제해결능력	직장생활에서 발생한 문제를 해결하기 위해서 창의적, 논리적, 비판적으로 생각할 수 있다.	①	②	③	④	⑤
	직장생활에서 발생한 문제를 적절한 해결책을 적용하여 해결할 수 있다.	①	②	③	④	⑤
자기개발능력	자신의 부족한 점에 대한 개선책을 찾으며, 수행결과에 대한 조정과 평가를 할 수 있다.	①	②	③	④	⑤
	자신의 장점에 대한 자부심을 가지며, 수행계획을 세우고 능력을 발휘할 수 있다.	①	②	③	④	⑤
	자신에 대한 최소한의 인식을 하며, 수립된 목표를 이해할 수 있다.	①	②	③	④	⑤
자원관리능력	직장생활에서 필요한 시간을 확인하고, 확보하여 업무 수행에 이를 할당할 수 있다.	①	②	③	④	⑤
	직장생활에서 필요한 물적자원을 확인하고, 확보하여 업무 수행에 이를 할당할 수 있다.	①	②	③	④	⑤

대인관계능력	직장생활에서 다른 구성원들과 목표를 공유하고 원만한 관계를 유지하며, 자신의 역할을 이해하고 책임감 있게 업무를 수행할 수 있다.	①	②	③	④	⑤
	직장생활 중 조직구성원들의 업무향상에 도움을 주며 동기화시킬 수 있고, 조직의 목표 및 비전을 제시할 수 있다.	①	②	③	④	⑤
	직장생활에서 조직구성원 사이에 갈등이 발생하였을 경우 이를 원만히 조절할 수 있다.	①	②	③	④	⑤
	직장생활에서 필요한 경우 다른 사람과 효과적으로 협상할 수 있다.	①	②	③	④	⑤
정보능력	직장생활에서 컴퓨터 관련이론을 이해하여 업무수행을 위해 인터넷과 소프트웨어를 활용할 수 있다.	①	②	③	④	⑤
	직장생활에서 필요한 정보를 찾아내고, 업무수행에 적합하게 조직·관리하여 활용할 수 있다.	①	②	③	④	⑤
기술능력	실제적이고 복잡한 업무 상황에서 다양한 기술들을 비교하여 적합한 기술을 선택, 적용하고, 향후에 필요한 새로운 기술을 확인할 수 있다.	①	②	③	④	⑤
	연속적인 과제를 포함하는 업무 상황에서 기술매뉴얼을 참고하여 필요한 기술을 선택하고, 활용에 따라 현장 적용성을 평가할 수 있다.	①	②	③	④	⑤
	간단한 업무 상황에서 상사의 지시에 따라 업무에 필요한 기술의 원리와 절차의 이해와 선택을 바탕으로 안전하게 기술을 활용할 수 있다.	①	②	③	④	⑤
조직이해능력	새로운 조직체제를 설계하고 다양한 조직의 운영을 이해하며, 국제적 상황변화를 업무에 적용할 수 있다.	①	②	③	④	⑤
	조직간의 관련성을 이해하고 역할에 따른 업무를 수행하며, 다른 나라와의 관습 및 제도의 차이를 이해할 수 있다.	①	②	③	④	⑤
	조직의 체제 및 구조, 문제점을 확인하며 다른 나라와의 문화적 차이를 이해할 수 있다.	①	②	③	④	⑤
직업윤리	근로자에게 요구되는 기본적인 윤리를 준수할 수 있다.	①	②	③	④	⑤
	공동체의 유지·발전에 필요한 기본적인 윤리를 준수할 수 있다.	①	②	③	④	⑤

[직무수행능력]

평가 영역		평가 문항	매우 미흡	미흡	보통	우수	매우 우수
문화재 교육	교육계획 수립하기	· 교육 주제와 교육 대상에 따른 연간 교육 계획(안)을 수립할 수 있다.	①	②	③	④	⑤
		· 교육 계획(안)에 따른 교육 대상층과 지역사회의 요구사항을 조사할 수 있다.	①	②	③	④	⑤
		· 수립된 교육 계획(안)에 따른 개별 교육 프로그램(안)을 계획할 수 있다.	①	②	③	④	⑤
		· 개별 교육 프로그램(안)에 따른 기관의 유·무형의 인적, 물적 자원조사와 콘텐츠를 분석·활용할 수 있다.	①	②	③	④	⑤
	프로그램 설계하기	· 교육 프로그램(안)에 따른 교육 주제 및 목표를 설정할 수 있다.	①	②	③	④	⑤
		· 교육 프로그램(안)에 따른 교육 대상의 특성을 분석할 수 있다.	①	②	③	④	⑤
		· 교육 프로그램(안)에 따라 교육 목표에 적합한 교육 방법을 선택할 수 있다.	①	②	③	④	⑤
		· 교육 프로그램(안)에 따라 운영에 필요한 교육 환경을 준비할 수 있다.	①	②	③	④	⑤
		· 교육 프로그램(안)에 따라 필요한 교육 자료 및 콘텐츠를 결정할 수 있다.	①	②	③	④	⑤
	프로그램 개발하기	· 교육 방법에 따른 수업용 자료를 개발할 수 있다.	①	②	③	④	⑤
		· 교육 방법에 따른 학습자용 활동지를 개발할 수 있다.	①	②	③	④	⑤
		· 교육 방법에 따른 평가도구를 개발할 수 있다.	①	②	③	④	⑤
		· 개발된 내용에 따른 전문 인력풀의 감수 및 내용 확정을 실행할 수 있다.	①	②	③	④	⑤
		· 확정된 내용에 따른 교재 디자인과 인쇄 과정을 진행할 수 있다.	①	②	③	④	⑤
		· 교육 내용에 따른 프로그램 홍보용 브로슈어 및 안내서를 개발할 수 있다.	①	②	③	④	⑤
	프로그램 실행하기	· 교육 목표에 따라 교육 프로그램 참가자를 모집할 수 있다.	①	②	③	④	⑤
		· 교육 프로그램에 따라 교육 강사를 모집, 교육할 수 있다.	①	②	③	④	⑤
		· 교육 프로그램을 대내외적으로 홍보 마케팅을 수행할 수 있다.	①	②	③	④	⑤
		· 개발된 프로그램의 교육 계획을 적합하게 실행할 수 있다.	①	②	③	④	⑤
		· 개발된 프로그램의 실행에 필요한 예산을 집행할 수 있다.	①	②	③	④	⑤
	프로그램 평가하기	· 교육 목표에 따라 운영 프로그램을 종합 평가할 수 있다.	①	②	③	④	⑤
		· 교육 목표에 따라 평가 자료를 수집, 분석할 수 있다.	①	②	③	④	⑤
		· 평가 내용과 시사점에 따른 프로그램 유지, 개선, 관리 방안을 제시할 수 있다.	①	②	③	④	⑤
		· 교육 목표에 따른 교육 실시 결과 보고서를 작성할 수 있다.	①	②	③	④	⑤

문화재 교류	교류실태 분석하기	· 민관산학연 기관·단체와 다자간·양자간 업무협약 체결 현황을 조사할 수 있다.	①	②	③	④	⑤
		· 민관산학연 기관·단체와 업무협약 체결의 실태를 분석하여 대책을 수립할 수 있다.	①	②	③	④	⑤
		· 민관산학연 기관·단체와 업무협약 체결의 지속 가능성과 해지 필요성을 분석할 수 있다.	①	②	③	④	⑤
	교류정책 수립하기	· 국제규범, 법령, 조례, 정관 등에 근거하여 교류정책의 보편성과 유사점을 파악할 수 있다.	①	②	③	④	⑤
		· 국제규범, 법령, 조례, 정관 등에 근거하여 교류정책의 특수성과 차이점을 파악할 수 있다.	①	②	③	④	⑤
		· 국제규범, 법령, 조례, 정관 등에 근거하여 교류정책을 수립할 수 있다.	①	②	③	④	⑤
	교류협력 체제 구축하기	· 민관산학연 기관·단체와 다자간·양자간 업무협약 체결을 위한 협력 체제 구축을 위한 제반여건을 조사하여 적용할 수 있다.	①	②	③	④	⑤
		· 민관산학연 기관·단체와 다자간·양자간 업무협약 체결을 위한 협력 체제 구축을 위한 예산을 편성하고 집행할 수 있다.	①	②	③	④	⑤
		· 민관산학연 기관·단체와 다자간·양자간 업무협약 체결을 위한 보증·보험·공증 업무처리를 수행할 수 있다.	①	②	③	④	⑤
	교류협력 실행하기	· 민관산학연 기관·단체와 업무협약에 근거하여 인적 교류 협력을 실행할 수 있다.	①	②	③	④	⑤
		· 민관산학연 기관·단체와 업무협약에 근거하여 물적 교류 협력을 실행할 수 있다.	①	②	③	④	⑤
		· 민관산학연 기관·단체와 업무협약에 근거하여 기술적 교류 협력을 실행할 수 있다.	①	②	③	④	⑤
		· 민관산학연 기관·단체와 업무협약에 근거하여 학술적 교류협력을 실행할 수 있다.	①	②	③	④	⑤
	교류협력 성과 분석하기	· 민관산학연 기관·단체와 업무협약에 근거하여 인적 교류 협력의 성과를 분석할 수 있다.	①	②	③	④	⑤
		· 민관산학연 기관·단체와 업무협약에 근거하여 물적 교류 협력의 성과를 분석할 수 있다.	①	②	③	④	⑤
		· 민관산학연 기관·단체와 업무협약에 근거하여 기술적 교류 협력의 성과를 분석할 수 있다.	①	②	③	④	⑤
		· 민관산학연 기관·단체와 업무협약에 근거하여 학술적 교류 협력의 성과를 분석할 수 있다.	①	②	③	④	⑤
	교류협력 성과 활용하기	· 민관산학연 기관·단체와 업무협약에 근거한 인적, 물적, 기술적·학술적 교류 협력의 성과를 박물관 목적사업에 활용할 수 있다.	①	②	③	④	⑤
		· 민관산학연 기관·단체와 업무협약에 근거한 인적, 물적, 기술적·학술적 교류 협력의 성과를 박물관 표적활동에 활용할 수 있다.	①	②	③	④	⑤
		· 민관산학연 기관·단체와 업무협약에 근거한 인적, 물적, 기술적·학술적 교류 협력의 성과를 유관 기관·단체와 교류에 활용할 수 있다.	①	②	③	④	⑤

문화재 평가	평가 계획 수립하기	· 해당 사업에 따라 수립할 평가 계획의 기초 자료를 수집할 수 있다.	①	②	③	④	⑤
		· 수립된 평가 계획에 따라 수집된 자료를 기초로 평가 요인을 추출할 수 있다.	①	②	③	④	⑤
		· 평가 대상 및 요인에 따라 평가 지표를 작성할 수 있다.	①	②	③	④	⑤
		· 한 해당 사업 및 경영 성과 분석에 따른 평가 계획을 수립할 수 있다.	①	②	③	④	⑤
	사업성과 평가하기	· 수행한 사업의 성과에 따라 도출 결과를 정리할 수 있다.	①	②	③	④	⑤
		· 수행한 사업의 항목에 따른 개별 평가 지표를 사업 평가에 적용할 수 있다.	①	②	③	④	⑤
		· 수립된 평가 계획에 따라 사업성과를 평가할 수 있다.	①	②	③	④	⑤
		· 수행한 사업의 성과에 따른 사업평가 결과를 추후 사업에 반영할 수 있다.	①	②	③	④	⑤
	문화재 가치 평가하기	· 문화재 가치를 이해·추출할 수 있다.	①	②	③	④	⑤
		· 문화재 가치 관련 자료를 분석·평가할 수 있다.	①	②	③	④	⑤
		· 평가한 문화재 가치를 문화재 사업에 활용할 수 있다.	①	②	③	④	⑤
	이용 만족도 평가하기	· 이용 만족도를 이해·추출할 수 있다.	①	②	③	④	⑤
		· 이해 만족도 관련 자료를 분석·평가할 수 있다.	①	②	③	④	⑤
		· 평가한 이해 만족도를 박물관 경영에 활용할 수 있다.	①	②	③	④	⑤
	경영성과 평가하기	· 수립된 평가 계획에 따라 경영성과를 평가할 수 있다.	①	②	③	④	⑤
		· 수행한 사업에 따른 기관별 경영성과를 정리할 수 있다.	①	②	③	④	⑤
		· 수행한 사업에 따른 기관별 평가 지표를 경영 평가에 적용할 수 있다.	①	②	③	④	⑤
		· 수행한 사업에 따른 평가 결과를 추후 경영에 반영할 수 있다.	①	②	③	④	⑤

[평가결과]

영 역	점 수
직업기초능력	
직무수행능력	
합 계	

목적 : ☐ 채용 ☐ 배치 ☐ 승진	3급 학예사

이　름：

직　위：

성　별：

특이사항：

[직업기초능력]

평 가 영 역	평 가 문 항	매우 미흡	미흡	보통	우수	매우 우수
의사소통능력	직장생활에서 필요한 문서를 읽고 내용을 이해할 수 있다.	①	②	③	④	⑤
	직장생활에서 목적과 상황에 적합한 아이디어와 정보를 전달할 수 있는 문서를 작성할 수 있다.	①	②	③	④	⑤
	다른 사람의 말을 주의 깊게 듣고 정확하게 반응할 수 있다.	①	②	③	④	⑤
	목적과 상황에 맞는 말과 비언어적 행동을 통해 아이디어와 정보를 효과적으로 전달할 수 있다.	①	②	③	④	⑤
수리능력	실제적이고 복잡한 업무 상황에서 문제를 해결하기 위해 측정도구를 설계·활용하고, 결과물을 분석해서 제시할 수 있다.	①	②	③	④	⑤
	연속적인 과제를 포함하는 업무 상황에서 사용한 수학적 사고와 기법의 효과성을 평가하고, 조사결과물을 제시할 수 있다.	①	②	③	④	⑤
	간단한 업무 상황에서 적절한 수학적 사고와 기법을 선택해서 정확한 측정을 하고, 획득한 정보를 해석할 수 있다.	①	②	③	④	⑤
문제해결능력	직장생활에서 발생한 문제를 해결하기 위해서 창의적, 논리적, 비판적으로 생각할 수 있다.	①	②	③	④	⑤
	직장생활에서 발생한 문제를 적절한 해결책을 적용하여 해결할 수 있다.	①	②	③	④	⑤
자원관리능력	직장생활에서 필요한 시간을 확인하고, 확보하여 업무 수행에 이를 할당할 수 있다.	①	②	③	④	⑤
	직장생활에서 필요한 물적자원을 확인하고, 확보하여 업무 수행에 이를 할당할 수 있다.	①	②	③	④	⑤

대인관계능력	직장생활에서 다른 구성원들과 목표를 공유하고 원만한 관계를 유지하며, 자신의 역할을 이해하고 책임감 있게 업무를 수행할 수 있다.	①	②	③	④	⑤
	직장생활 중 조직구성원들의 업무향상에 도움을 주며 동기화시킬 수 있고, 조직의 목표 및 비전을 제시할 수 있다.	①	②	③	④	⑤
	직장생활에서 조직구성원 사이에 갈등이 발생하였을 경우 이를 원만히 조절할 수 있다.	①	②	③	④	⑤
	직장생활에서 필요한 경우 다른 사람과 효과적으로 협상할 수 있다.	①	②	③	④	⑤
정보능력	직장생활에서 컴퓨터 관련이론을 이해하여 업무수행을 위해 인터넷과 소프트웨어를 활용할 수 있다.	①	②	③	④	⑤
	직장생활에서 필요한 정보를 찾아내고, 업무수행에 적합하게 조직·관리하여 활용할 수 있다.	①	②	③	④	⑤
기술능력	실제적이고 복잡한 업무 상황에서 다양한 기술들을 비교하여 적합한 기술을 선택, 적용하고, 향후에 필요한 새로운 기술을 확인할 수 있다.	①	②	③	④	⑤
	연속적인 과제를 포함하는 업무 상황에서 기술매뉴얼을 참고하여 필요한 기술을 선택하고, 활용에 따라 현장 적용성을 평가할 수 있다.	①	②	③	④	⑤
	간단한 업무 상황에서 상사의 지시에 따라 업무에 필요한 기술의 원리와 절차의 이해와 선택을 바탕으로 안전하게 기술을 활용할 수 있다.	①	②	③	④	⑤
조직이해능력	새로운 조직체제를 설계하고 다양한 조직의 운영을 이해하며, 국제적 상황변화를 업무에 적용할 수 있다.	①	②	③	④	⑤
	조직간의 관련성을 이해하고 역할에 따른 업무를 수행하며, 다른 나라와의 관습 및 제도의 차이를 이해할 수 있다.	①	②	③	④	⑤
	조직의 체제 및 구조, 문제점을 확인하며 다른 나라와의 문화적 차이를 이해할 수 있다.	①	②	③	④	⑤
직업윤리	근로자에게 요구되는 기본적인 윤리를 준수할 수 있다.	①	②	③	④	⑤
	공동체의 유지·발전에 필요한 기본적인 윤리를 준수할 수 있다.	①	②	③	④	⑤

[직무수행능력]

평가 영역		평가 문항	매우 미흡	미흡	보통	우수	매우 우수
문화재 수집	수집계획 수립하기	・문화재 보호 법령에 따라 자료 보존, 관리, 활용에 관한 기본계획을 수립할 수 있다.	①	②	③	④	⑤
		・수집 계획에 따라 자료의 구입・기증・양도・반환・대여 교환의 수집방법을 구상할 수 있다.	①	②	③	④	⑤
		・소장유물에 대한 등록, 출납관리 현황과 열람 및 필름복제, 자료집 발간 등의 계획을 수립할 수 있다.	①	②	③	④	⑤
		・소장유물 정보를 전산화하기 위한 자료 촬영, 이미지 정보입력, DB작업의 계획을 수립할 수 있다.	①	②	③	④	⑤
		・미등록 자료 누적 해소를 위해 기초목록 정리 및 목록화 작업계획을 수립할 수 있다.	①	②	③	④	⑤
		・수집 계획에 따라 실행과정을 수정 보완할 수 있다.	①	②	③	④	⑤
	수집 실행하기	・수집계획에 따라 문화유산을 세척, 접합, 복원, 색 맞춤 등의 처리를 거쳐 수집할 수 있다.	①	②	③	④	⑤
		・수집계획에 따라 유무형의 문화유산을 구입, 기증, 양도, 반환, 대여, 교환 방법으로 수집할 수 있다.	①	②	③	④	⑤
		・유물, 문화재, 기록물 등의 자료원본이나 사진 등의 특성을 고려하여 수집 방법을 선택할 수 있다.	①	②	③	④	⑤
	수집 자료 관리하기	・수집한 자료의 원천정보를 획득하기 위한 기록화 작업을 수행할 수 있다.	①	②	③	④	⑤
		・수집한 자료를 문화재 보호법령에 따라 관리할 수 있다.	①	②	③	④	⑤
		・자료의 명칭을 부여하고 고유번호를 등록하여 소장 자료의 데이터화 작업을 수행할 수 있다.	①	②	③	④	⑤
		・수집 자료의 화재, 도난, 파손, 운송위험 등을 보장하는 포괄적인 위험담보를 위한 보안 대책을 마련할 수 있다.	①	②	③	④	⑤
	수집 정보 관리하기	・문화재 보호법령에 따라 수집한 문화유산을 기록 관리할 수 있다.	①	②	③	④	⑤
		・문화유산 정보관리 시스템을 활용하여 관리할 수 있다.	①	②	③	④	⑤
		・문화재 보호법령에 따라 수집된 문화유산의 정보를 활용할 수 있다.	①	②	③	④	⑤
		・문화유산 정보관리시스템을 통하여 이용자에게 정보를 제공할 수 있다.	①	②	③	④	⑤
	수장 환경 관리하기	・보존・보완・활용의 측면을 고려하여 수장시설을 관리할 수 있다.	①	②	③	④	⑤
		・수집된 자료를 보호하기 위하여 최적의 수장 환경을 유지 관리할 수 있다.	①	②	③	④	⑤
		・수장 환경 관리에 필요한 공조 설비를 검토할 수 있다.	①	②	③	④	⑤
		・수장 환경 관리에 적절한 보완대책을 수립하여 관리할 수 있다.	①	②	③	④	⑤

문화재 관리	보존계획 수립하기	· 문화재 보호법령에 따라 문화재 보존 계획을 수립할 수 있다.	①	②	③	④	⑤
		· 문화유산 관리 계획에 따라 문화재 특성을 분석할 수 있다.	①	②	③	④	⑤
		· 문화유산 특성에 따라 수장하고 격납하여 보존할 수 있다.	①	②	③	④	⑤
	예방 처리하기	· 문화유산 특성에 따라 문화재 보존 환경을 조성·관리할 수 있다.	①	②	③	④	⑤
		· 문화유산의 재질별 특성에 따른 열화 요인을 분석할 수 있다.	①	②	③	④	⑤
		· 문화재 열화 요인에 따른 예방 조치를 수행할 수 있다.	①	②	③	④	⑤
	수복 처리하기	· 문화재 수복처리에 관련된 시설 환경을 조성·관리할 수 있다.	①	②	③	④	⑤
		· 열화된 문화유산의 수복 처리를 위한 절차를 파악할 수 있다.	①	②	③	④	⑤
		· 문화유산의 특성에 맞는 수복절차에 따라 수복처리를 수행할 수 있다.	①	②	③	④	⑤
	보존환경 관리하기	· 문화유산 특성에 맞는 보존 환경 관리 요소를 도출할 수 있다.	①	②	③	④	⑤
		· 문화유산을 보호하기 위하여 최적의 보존 환경을 조성할 수 있다.	①	②	③	④	⑤
		· 보존 환경 관리에 필요한 시설을 검토하여 적절한 보완대책을 수립할 수 있다.	①	②	③	④	⑤
	보존기록 관리하기	· 문화유산 보존 기록 관리 매뉴얼을 파악할 수 있다.	①	②	③	④	⑤
		· 문화유산 예방보존 처리 과정 계획을 수립할 수 있다.	①	②	③	④	⑤
		· 문화유산 수복처리 과정을 기록할 수 있다.	①	②	③	④	⑤
		· 문화유산 보존 기록을 정보처리시스템으로 관리할 수 있다.	①	②	③	④	⑤
문화재 조사	조사계획 수립하기	· 문화재 보호 및 조사에 관한 법령에 따라 문화재 조사계획을 수립할 수 있다.	①	②	③	④	⑤
		· 문화재 조사 계획에 따른 조사 범위를 설정할 수 있다.	①	②	③	④	⑤
		· 문화재 조사 방법에 따라 세부 조사 계획 절차를 작성할 수 있다.	①	②	③	④	⑤
	유·무형 자료 조사하기	· 문화재 조사계획에 따라 유·무형 문화재의 특성을 파악할 수 있다.	①	②	③	④	⑤
		· 조사대상 유·무형 문화재에 대한 자료를 수집하여 정리할 수 있다.	①	②	③	④	⑤
		· 조사대상 유·무형 문화재의 특성을 파악하여 조사방법을 설정할 수 있다.	①	②	③	④	⑤

	조사 실행하기	· 문화재 특성에 따라 발굴조사, 문헌조사, 채집조사의 방법으로 조사 계획을 수립할 수 있다.	①	②	③	④	⑤
		· 문화재 특성을 고려한 조사 방법 계획에 따라 시간, 인력, 예산 집행 계획을 수립할 수 있다.	①	②	③	④	⑤
		· 문화재 조사활동을 위하여 유관기관 간의 협력 체제를 구축하여 조사를 수행할 수 있다.	①	②	③	④	⑤
	조사 결과 분석하기	· 문화재 조사 결과에 따른 자료를 분석하여 가치 있는 자료를 추출할 수 있다.	①	②	③	④	⑤
		· 문화재 보존, 연구, 전시, 교육 자료로 활용 할 가치가 있는 결과물을 정리하여 분류할 수 있다.	①	②	③	④	⑤
		· 조사된 결과물을 전문가의 의견을 수렴하고 가치 있는 정보로 활용할 수 있도록 수정 보완하여 데이터베이스(database)화할 수 있다.	①	②	③	④	⑤
	조사 결과물 활용하기	· 활용가치가 있는 문화재 자료를 정보화하여 이용자에게 제공할 수 있다.	①	②	③	④	⑤
		· 정보화한 문화재 자료를 콘텐츠화하여 이용자가 활용할 수 있도록 제공할 수 있다.	①	②	③	④	⑤
		· 조사결과물을 보고회, 학술대회의 자료로 활용할 수 있다.	①	②	③	④	⑤

[평가결과]

영 역	점 수
직업기초능력	
직무수행능력	
합 계	

목적 : ☐ 채용 ☐ 배치 ☐ 승진	준 학예사

이 름 :

직 위 :

성 별 :

특이사항 :

[직업기초능력]

평가영역	평가문항	매우 미흡	미흡	보통	우수	매우 우수
의사소통능력	직장생활에서 필요한 문서를 읽고 내용을 이해할 수 있다.	①	②	③	④	⑤
	직장생활에서 목적과 상황에 적합한 아이디어와 정보를 전달할 수 있는 문서를 작성할 수 있다.	①	②	③	④	⑤
	다른 사람의 말을 주의 깊게 듣고 정확하게 반응할 수 있다.	①	②	③	④	⑤
	목적과 상황에 맞는 말과 비언어적 행동을 통해 아이디어와 정보를 효과적으로 전달할 수 있다.	①	②	③	④	⑤
수리능력	실제적이고 복잡한 업무 상황에서 문제를 해결하기 위해 측정도구를 설계·활용하고, 결과물을 분석해서 제시할 수 있다.	①	②	③	④	⑤
	연속적인 과제를 포함하는 업무 상황에서 사용한 수학적 사고와 기법의 효과성을 평가하고, 조사결과물을 제시할 수 있다.	①	②	③	④	⑤
	간단한 업무 상황에서 적절한 수학적 사고와 기법을 선택해서 정확한 측정을 하고, 획득한 정보를 해석할 수 있다.	①	②	③	④	⑤
문제해결능력	직장생활에서 발생한 다양한 문제를 해결하기 위해서 창의적, 논리적, 비판적으로 판단할 수 있다.	①	②	③	④	⑤
	직장생활에서 발생한 문제를 적절한 해결책을 적용하여 해결할 수 있다.	①	②	③	④	⑤
자기개발능력	자신의 부족한 점에 대한 개선책을 찾으며, 수행결과에 대한 조정과 평가를 할 수 있다.	①	②	③	④	⑤
	자신의 장점에 대한 자부심을 가지며, 수행계획을 세우고 능력을 발휘할 수 있다.	①	②	③	④	⑤
	자신에 대한 최소한의 인식을 하며, 수립된 목표를 이해할 수 있다.	①	②	③	④	⑤
자원관리능력	직장생활에서 필요한 시간을 확인하고, 확보하여 업무 수행에 이를 할당할 수 있다.	①	②	③	④	⑤
	직장생활에서 필요한 물적자원을 확인하고, 확보하여 업무 수행에 이를 할당할 수 있다.	①	②	③	④	⑤

대인관계능력	직장생활에서 다른 구성원들과 목표를 공유하고 원만한 관계를 유지하며, 자신의 역할을 이해하고 책임감 있게 업무를 수행할 수 있다.	①	②	③	④	⑤
	직장생활 중 조직구성원들의 업무향상에 도움을 주며 동기화시킬 수 있고, 조직의 목표 및 비전을 제시할 수 있다.	①	②	③	④	⑤
	직장생활에서 조직구성원 사이에 갈등이 발생하였을 경우 이를 원만히 조절할 수 있다.	①	②	③	④	⑤
	직장생활에서 필요한 경우 다른 사람과 효과적으로 협상할 수 있다.	①	②	③	④	⑤
정보능력	직장생활에서 컴퓨터 관련이론을 이해하여 업무수행을 위해 인터넷과 소프트웨어를 활용할 수 있다.	①	②	③	④	⑤
	직장생활에서 필요한 정보를 찾아내고, 업무수행에 적합하게 조직·관리하여 활용할 수 있다.	①	②	③	④	⑤
기술능력	실제적이고 복잡한 업무 상황에서 다양한 기술들을 비교하여 적합한 기술을 선택, 적용하고, 향후에 필요한 새로운 기술을 확인할 수 있다.	①	②	③	④	⑤
	연속적인 과제를 포함하는 업무 상황에서 기술매뉴얼을 참고하여 필요한 기술을 선택하고, 활용에 따라 현장 적용성을 평가할 수 있다.	①	②	③	④	⑤
	간단한 업무 상황에서 상사의 지시에 따라 업무에 필요한 기술의 원리와 절차의 이해와 선택을 바탕으로 안전하게 기술을 활용할 수 있다.	①	②	③	④	⑤
조직이해능력	새로운 조직체제를 설계하고 다양한 조직의 운영을 이해하며, 국제적 상황변화를 업무에 적용할 수 있다.	①	②	③	④	⑤
	조직간의 관련성을 이해하고 역할에 따른 업무를 수행하며, 다른 나라와의 관습 및 제도의 차이를 이해할 수 있다.	①	②	③	④	⑤
	조직의 체제 및 구조, 문제점을 확인하며 다른 나라와의 문화적 차이를 이해할 수 있다.	①	②	③	④	⑤
직업윤리	근로자에게 요구되는 기본적인 윤리를 준수할 수 있다.	①	②	③	④	⑤
	공동체의 유지·발전에 필요한 기본적인 윤리를 준수할 수 있다.	①	②	③	④	⑤

[직무수행능력]

평가 영역		평가 문항	매우 미흡	미흡	보통	우수	매우 우수
문화재 전시	전시계획 수립하기	· 전시계획에 요구되는 제반 단계에 따라 전시 계획서를 설계할 수 있다.	①	②	③	④	⑤
		· 전시계획에 요구되는 전시주제와 전시목적의 타당성을 제시할 수 있다.	①	②	③	④	⑤
		· 전시계획에 요구되는 장소, 일정, 공동사업자 섭외, 전시물목록을 작성할 수 있다.	①	②	③	④	⑤
		· 전시계획에 요구되는 자료보존, 안전조치, 인력구성, 전시공간을 설계할 수 있다.	①	②	③	④	⑤
		· 전시계획에 요구되는 전시예산, 추진일정 업무를 추진할 수 있다.	①	②	③	④	⑤
	전시자료 수집 분석하기	· 전시에 요구되는 목적에 따라 전시자료를 조사할 수 있다.	①	②	③	④	⑤
		· 전시에 요구되는 목적에 따라 전시자료를 수집할 수 있다.	①	②	③	④	⑤
		· 전시에 요구되는 목적에 따라 전시자료를 정리할 수 있다.	①	②	③	④	⑤
		· 전시에 요구되는 목적에 따라 전시자료를 분류할 수 있다.	①	②	③	④	⑤
		· 전시에 요구되는 목적에 따라 전시자료를 분석할 수 있다.	①	②	③	④	⑤
	전시설계 디자인하기	· 전시설계에 요구되는 기초조사, 기본구상, 기본계획을 수립할 수 있다.	①	②	③	④	⑤
		· 전시설계에 요구되는 기본설계, 실시설계, 시공단계를 관리할 수 있다.	①	②	③	④	⑤
		· 전시설계에 요구되는 환경디자인, 제품디자인 업무를 추진할 수 있다.	①	②	③	④	⑤
		· 전시설계에 요구되는 시각디자인, 영상디자인 업무를 추진할 수 있다.	①	②	③	④	⑤
	전시공간 연출하기	· 전시공간 연출규정에 따라 전시공간의 연출기획을 할 수 있다.	①	②	③	④	⑤
		· 전시공간 연출규정에 따라 전시공간 요소와 형태를 설정할 수 있다.	①	②	③	④	⑤
		· 전시공간 연출규정에 따라 전시 동선과 진열장을 선택할 수 있다.	①	②	③	④	⑤
		· 전시공간 연출규정에 따라 전시물을 배열할 수 있다.	①	②	③	④	⑤
		· 전시공간 연출규정에 따라 전시시설 공정 관리를 할 수 있다.	①	②	③	④	⑤

	전시콘텐츠 제작 관리하기	· 전시에 요구되는 제반 규정에 따라 전시콘텐츠를 개발할 수 있다.	①	②	③	④	⑤
		· 전시에 요구되는 제반 규정에 따라 전시콘텐츠를 제작할 수 있다.	①	②	③	④	⑤
		· 전시에 요구되는 제반 규정에 따라 전시콘텐츠를 관리할 수 있다.	①	②	③	④	⑤
		· 전시에 요구되는 제반 규정에 따라 전시콘텐츠를 활용할 수 있다.	①	②	③	④	⑤
	전시 환경 관리하기	· 전시환경 관리규정에 따라 전시공간에 항온항습을 할 수 있다.	①	②	③	④	⑤
		· 전시환경 관리규정에 따라 전시공간에 안전시설을 설치할 수 있다.	①	②	③	④	⑤
		· 전시환경 관리규정에 따라 전시공간에 방범장치를 할 수 있다.	①	②	③	④	⑤
		· 전시환경 관리규정에 따라 관리인력을 배치할 수 있다.	①	②	③	④	⑤
	전시홍보물 제작 관리하기	· 전시에 요구되는 제반 규정에 따라 전시홍보물을 제작할 수 있다.	①	②	③	④	⑤
		· 전시에 요구되는 제반 규정에 따라 전시홍보물을 관리할 수 있다.	①	②	③	④	⑤
		· 전시에 요구되는 제반 규정에 따라 전시홍보물을 활용할 수 있다.	①	②	③	④	⑤
		· 전시에 요구되는 제반 규정에 따라 생산된 전시홍보물을 평가할 수 있다.	①	②	③	④	⑤
	전시성과 분석 평가하기	· 전시평가에 요구되는 제반 규정에 따라 전시성과분석틀을 개발할 수 있다.	①	②	③	④	⑤
		· 전시평가에 요구되는 제반 규정에 따라 전시성과를 분석할 수 있다.	①	②	③	④	⑤
		· 전시평가에 요구되는 제반 규정에 따라 전시성과를 평가할 수 있다.	①	②	③	④	⑤
		· 전시평가에 요구되는 제반 규정에 따라 전시성과 평가물 활용방안을 제시할 수 있다.	①	②	③	④	⑤
문화재 마케팅	홍보 마케팅 계획 수립하기	· 홍보 마케팅의 주제에 따른 실천 방법과 특징을 파악할 수 있다.	①	②	③	④	⑤
		· 홍보 마케팅의 주제에 따른 제반 자료를 수집·정리·활용할 수 있다.	①	②	③	④	⑤
		· 홍보 마케팅을 실시하고자 하는 조직체의 구성원 관련 분야 전문가와의 소통을 통해 업무 추진 방향을 설정할 수 있다.	①	②	③	④	⑤
	홍보 마케팅 현황 분석하기	· 홍보 마케팅을 실시하고자 하는 조직체의 장·단점과 현황에 따른 사항을 파악할 수 있다.	①	②	③	④	⑤
		· 홍보 마케팅의 대상에 적합한 효율적인 방안을 도출할 수 있다.	①	②	③	④	⑤
		· 온·오프라인 등 각종 홍보 마케팅의 유형에 따른 전략을 도출할 수 있다.	①	②	③	④	⑤

	홍보 마케팅 실행하기	・홍보 마케팅의 주제(범주)에 따른 자료를 작성할 수 있다.	①	②	③	④	⑤
		・홍보 마케팅의 방법에 따른 다양한 작업을 기획・실행할 수 있다.	①	②	③	④	⑤
		・홍보 마케팅 효과의 창출이 가능한 적정 시점을 파악・활용할 수 있다.	①	②	③	④	⑤
		・홍보 마케팅의 실행에 따른 효과를 예측・대비할 수 있다.	①	②	③	④	⑤
	홍보 마케팅 성과 분석하기	・홍보 마케팅의 실행에 따른 성과를 분석할 수 있다.	①	②	③	④	⑤
		・홍보 마케팅의 성과에 따른 자료를 생산할 수 있다.	①	②	③	④	⑤
		・홍보 마케팅의 실행에 따른 성과를 개선・발전시킬 수 있다.	①	②	③	④	⑤
문화재 정보 서비스	정보관리 서비스 계획 수립하기	・기관 설립 취지에 부합하는 문화재 종합 정보관리 서비스 계획을 수립할 수 있다.	①	②	③	④	⑤
		・사업별 세부 정보관리 서비스계획을 수립할 수 있다.	①	②	③	④	⑤
		・내・외 정보 환경변화를 종합적으로 분석하여 정보관리 서비스 정책에 반영할 수 있다.	①	②	③	④	⑤
	정보관리 시스템 구축하기	・사업별 정보관리 서비스운영 효율을 높이기 위해 수요를 파악할 수 있다.	①	②	③	④	⑤
		・기존 정보관리 서비스 시스템에 대한 조사, 분석, 평가를 할 수 있다.	①	②	③	④	⑤
		・정보관리 서비스 시스템을 구축하는데 소요되는 개발 투자비용과 시간을 산정할 수 있다.	①	②	③	④	⑤
		・정보관리 서비스 시스템을 구축하는데 소요되는 비용 대비 시스템 구축효과를 예측할 수 있다	①	②	③	④	⑤
	정보관리 시스템 운영하기	・정보관리 서비스의 신규 운영 체제 도입에 따라 시스템을 설계할 수 있다.	①	②	③	④	⑤
		・정보관리 서비스 환경 변화에 따라 운영계획을 수립할 수 있다.	①	②	③	④	⑤
		・정보관리 서비스 시스템 운영의 평가를 통하여 운영 개선에 환류할 수 있다.	①	②	③	④	⑤
	정보관리 콘텐츠 개발하기	・정보관리 서비스의 신규 운영 체제 도입에 따라 콘텐츠 개발 메뉴얼을 작성할 수 있다.	①	②	③	④	⑤
		・콘텐츠 개발 매뉴얼에 따라 정보관리 서비스 콘텐츠를 개발할 수 있다.	①	②	③	④	⑤
		・사용자의 요구에 따라 정보관리 서비스 콘텐츠를 수정 보완할 수 있다.	①	②	③	④	⑤
	정보관리 콘텐츠 활용하기	・정보관리 서비스 이용자의 요구를 수집・분석할 수 있다.	①	②	③	④	⑤
		・정보관리 서비스의 신규 운영 체제 도입에 따라 이용자 활용 매뉴얼을 작성할 수 있다.	①	②	③	④	⑤
		・정보관리 서비스 시스템을 통하여 콘텐츠를 이용자에게 제공할 수 있다.	①	②	③	④	⑤

[평가결과]

영 역	점 수
직업기초능력	
직무수행능력	
합 계	

4. 자가진단도구

4-1. 자가진단도구 개요

○ 개념 : 업무를 성공적으로 수행하는데 요구되는 능력과 근로자 자신의 보유 능력을 비교·점검해 볼 수 있는 도구

○ 구성요소 : ① 번호체계, ② 진단항목, ③ 지시문, ④ 진단영역, ⑤ 진단문항, ⑥ 답변기재란, ⑦ 진단결과로 구성

【 자가진단도구의 구성요소 】

구성요소	세부내용
번호체계	• 직업능력 자가진단도구를 분류하기 위하여 직업능력별로 부여된 번호
진단항목	• 진단하고자 하는 직업능력명
지시문	• 진단문항을 읽고 답변을 기재하는 방법에 대한 안내문
진단영역	• 진단하고자 하는 직업능력을 구성하는 하위영역과 세부영역
진단문항	• 근로자(응답자)의 지식이나 활동을 측정하기 위한 측정가능하고 구체적인 문장
답변기재란	• 근로자(응답자)가 진단문항을 읽고 자신의 상황이나 생각과 일치하는 정도에 직접 표기하는 부분
진단결과	• 기재한 답변을 합산하여 점수를 산출하고 해석

| 0801040101_14v1 | | 문화재 수집 | | | | |

진단영역	진 단 문 항	매우 미흡	미흡	보통	우수	매우 우수
수집 계획 수립하기	1. 나는 문화재 보호 법령에 따라 자료 보존, 관리, 활용에 관한 기본계획을 수립할 수 있다.	①	②	③	④	⑤
	2. 나는 수집 계획에 따라 자료의 구입·기증양도·반환·대여·교환의 수집방법을 구상할 수 있다.	①	②	③	④	⑤
	3. 나는 소장유물에 대한 등록, 출납관리 현황과 열람 및 필름복제, 자료집 발간 등의 계획을 수립할 수 있다.	①	②	③	④	⑤
	4. 나는 소장유물 정보를 전산화하기 위한 자료 촬영, 이미지 정보입력, DB작업의 계획을 수립할 수 있다.	①	②	③	④	⑤
	5. 나는 미등록 자료 누적 해소를 위해 기초목록 정리 및 목록화 작업계획을 수립할 수 있다.	①	②	③	④	⑤
	6. 나는 수집 계획에 따라 실행과정을 수정 보완할 수 있다.	①	②	③	④	⑤
수집 실행하기	1. 나는 수집계획에 따라 문화유산을 세척, 접합, 복원, 색맞춤 등의 처리를 거쳐 수집할 수 있다.	①	②	③	④	⑤
	2. 나는 수집계획에 따라 유무형의 문화유산을 구입, 기증, 양도, 반환, 대여, 교환 방법으로 수집할 수 있다.	①	②	③	④	⑤
	3. 나는 유물, 문화재, 기록물 등의 자료원본이나 사진 등의 특성을 고려하여 수집 방법을 선택할 수 있다.	①	②	③	④	⑤
수집 자료 관리하기	1. 나는 수집한 자료의 원천정보를 획득하기 위한 기록화 작업을 수행할 수 있다.	①	②	③	④	⑤
	2. 나는 수집한 자료를 문화재 보호법령에 따라 관리할 수 있다.	①	②	③	④	⑤
	3. 나는 자료의 명칭을 부여하고 고유번호를 등록하여 소장 자료의 데이터화 작업을 수행할 수 있다.	①	②	③	④	⑤
	4. 나는 수집 자료의 화재, 도난, 파손, 운송위험 등을 보장하는 포괄적인 위험담보를 위한 보안 대책을 마련할 수 있다.	①	②	③	④	⑤
수집 정보 관리하기	1. 나는 문화재 보호법령에 따라 수집한 문화유산을 기록 관리할 수 있다.	①	②	③	④	⑤
	2. 나는 문화유산 정보관리 시스템을 활용하여 관리할 수 있다.	①	②	③	④	⑤
	3. 나는 문화재 보호법령에 따라 수집된 문화유산의 정보를 활용할 수 있다.	①	②	③	④	⑤

		①	②	③	④	⑤
	4. 나는 문화유산 정보관리시스템을 통하여 이용자에게 정보를 제공할 수 있다.	①	②	③	④	⑤
수장 환경 관리하기	1. 나는 보존·보완·활용의 측면을 고려하여 수장시설을 관리할 수 있다.	①	②	③	④	⑤
	2. 나는 수집된 자료를 보호하기 위하여 최적의 수장환경을 유지 관리할 수 있다.	①	②	③	④	⑤
	3. 나는 수장 환경 관리에 필요한 공조 설비를 검토할 수 있다.	①	②	③	④	⑤
	4. 나는 수장 환경 관리에 적절한 보완대책을 수립하여 관리할 수 있다.	①	②	③	④	⑤

[진단결과]

진단영역	문항 수	점 수	점수 ÷ 문항 수
수집 계획 수립하기	6		
수집 실행하기	3		
수집 자료 관리하기	4		
수집 정보 관리하기	4		
수장 환경 관리하기	4		
합 계	21		

☞ 자신의 점수를 문항 수로 나눈 값이 '3점'이하에 해당하는 영역은 업무를 성공적으로 수행하는데 요구는 능력이 부족한 것으로 교육훈련이나 개인학습을 통한 개발이 필요함.

| 0801040102_14v1 | | 문화재 관리 | | | | |

진단영역	진 단 문 항	매우 미흡	미흡	보통	우수	매우 우수
보존 계획 수립하기	1. 나는 문화재 보호법령에 따라 문화재 보존 계획을 수립할 수 있다.	①	②	③	④	⑤
	2. 나는 문화유산 관리 계획에 따라 문화재 특성을 분석할 수 있다.	①	②	③	④	⑤
	3. 나는 문화유산 특성에 따라 수장하고 격납하여 보존할 수 있다.	①	②	③	④	⑤
예방 처리하기	1. 나는 문화유산 특성에 따라 문화재 보존 환경을 조성·관리할 수 있다.	①	②	③	④	⑤
	2. 나는 문화유산의 재질별 특성에 따른 열화 요인을 분석할 수 있다.	①	②	③	④	⑤
	3. 나는 문화재 열화 요인에 따른 예방 조치를 수행할 수 있다.	①	②	③	④	⑤
수복 처리하기	1. 나는 문화재 수복처리에 관련된 시설 환경을 조성 관리할 수 있다.	①	②	③	④	⑤
	2. 나는 열화된 문화유산의 수복 처리를 위한 절차를 파악할 수 있다.	①	②	③	④	⑤
	3. 나는 문화유산의 특성에 맞는 수복절차에 따라 수복처리를 수행할 수 있다.	①	②	③	④	⑤
보존 환경 관리하기	1. 나는 문화유산 특성에 맞는 보존 환경 관리 요소를 도출할 수 있다.	①	②	③	④	⑤
	2. 나는 문화유산을 보호하기 위하여 최적의 보존 환경을 조성할 수 있다.	①	②	③	④	⑤
	3. 나는 보존 환경 관리에 필요한 시설을 검토하여 적절한 보완대책을 수립할 수 있다.	①	②	③	④	⑤
보존 기록 관리하기	1. 나는 문화유산 보존 기록 관리 매뉴얼을 파악할 수 있다.	①	②	③	④	⑤
	2. 나는 문화유산 예방보존 처리 과정 계획을 수립할 수 있다.	①	②	③	④	⑤
	3. 나는 문화유산 수복처리 과정을 기록할 수 있다.	①	②	③	④	⑤
	4. 나는 문화유산 보존 기록을 정보처리시스템으로 관리할 수 있다.	①	②	③	④	⑤

[진단결과]

진단영역	문항 수	점 수	점수 ÷ 문항 수
보존 계획 수립하기	3		
예방처리하기	3		
수복처리하기	3		
보존 환경 관리하기	3		
보존 기록 관리하기	4		
합 계	16		

☞ 자신의 점수를 문항 수로 나눈 값이 '3점'이하에 해당하는 영역은 업무를 성공적으로 수행하는데 요구는 능력이 부족한 것으로 교육훈련이나 개인학습을 통한 개발이 필요함.

| 0801040103_14v1 | | 문화재 조사 |

진단영역	진 단 문 항	매우 미흡	미흡	보통	우수	매우 우수
조사계획 수립하기	1. 나는 문화재 보호 및 조사에 관한 법령에 따라 문화재 조사계획을 수립할 수 있다.	①	②	③	④	⑤
	2. 나는 문화재 조사 계획에 따른 조사 범위를 설정할 수 있다.	①	②	③	④	⑤
	3. 나는 문화재 조사 방법에 따라 세부 조사 계획 절차를 작성할 수 있다.	①	②	③	④	⑤
유·무형 자료 조사하기	1. 나는 문화재 조사계획에 따라 유·무형 문화재의 특성을 파악할 수 있다.	①	②	③	④	⑤
	2. 나는 조사대상 유·무형 문화재에 대한 자료를 수집하여 정리할 수 있다.	①	②	③	④	⑤
	3. 나는 조사대상 유·무형 문화재의 특성을 파악하여 조사방법을 설정할 수 있다.	①	②	③	④	⑤
조사 실행하기	1. 나는 문화재 특성에 따라 발굴조사, 문헌조사, 채집 조사의 방법으로 조사 계획을 수립할 수 있다.	①	②	③	④	⑤
	2. 나는 문화재 특성을 고려한 조사 방법 계획에 따라 시간, 인력, 예산집행 계획을 수립할 수 있다.	①	②	③	④	⑤
	3. 나는 문화재 조사활동을 위하여 유관기관 간의 협력체제를 구축하여 조사를 수행할 수 있다.	①	②	③	④	⑤
조사 결과 분석하기	1. 나는 문화재 조사 결과에 따른 자료를 분석하여 가치 있는 자료를 추출할 수 있다.	①	②	③	④	⑤
	2. 나는 문화재 보존, 연구, 전시, 교육 자료로 활용 할 가치가 있는 결과물을 정리하여 분류할 수 있다.	①	②	③	④	⑤
	3. 나는 조사된 결과물을 전문가의 의견을 수렴하고 가치 있는 정보로 활용할 수 있도록 수정 보완하여 데이터베이스(database)화할 수 있다.	①	②	③	④	⑤
조사 결과물 활용하기	1. 나는 활용가치가 있는 문화재 자료를 정보화하여 이용자에게 제공할 수 있다.	①	②	③	④	⑤
	2. 나는 정보화한 문화재 자료를 콘텐츠화하여 이용자가 활용할 수 있도록 제공할 수 있다.	①	②	③	④	⑤
	3. 나는 조사결과물을 보고회, 학술대회의 자료로 활용할 수 있다.	①	②	③	④	⑤

[진단결과]

진단영역	문항 수	점 수	점수 ÷ 문항 수
조사계획 수립하기	3		
유·무형 자료 조사하기	3		
조사 실행하기	3		
조사 결과 분석하기	3		
조사 결과물 활용하기	3		
합 계	15		

☞ 자신의 점수를 문항 수로 나눈 값이 '3점'이하에 해당하는 영역은 업무를 성공적으로 수행하는데 요구되는 능력이 부족한 것으로 교육훈련이나 개인학습을 통한 개발이 필요함.

0801040104_14v1		문화재 연구				

진단영역	진 단 문 항	매우 미흡	미흡	보통	우수	매우 우수
연구계획 수립하기	1. 나는 해당 단체의 설립목표와 기본운영조례에 따라 연구계획을 세울 수 있다.	①	②	③	④	⑤
	2. 나는 연구계획의 단계에서 전시와 교육을 전제로 연구주제를 구체적으로 설정할 수 있다.	①	②	③	④	⑤
	3. 나는 연구계획에 따라 연구팀을 조직할 수 있다.	①	②	③	④	⑤
	4. 나는 연구주제에 관한 선행 연구자료를 조사하고 연구방법론을 설정해 구체적인 결과를 예측할 수 있다.	①	②	③	④	⑤
	5. 기존의 연구성과를 분석하고 이를 토대로 새로운 고찰과 해석으로 발전시킬 수 있다.	①	②	③	④	⑤
연구자료 조사하기	1. 나는 연구계획에 따라 조사일정을 세울 수 있다.	①	②	③	④	⑤
	2. 나는 연구목적에 부합하는 국내외 자료들을 조사할 수 있다.	①	②	③	④	⑤
	3. 나는 국내외 자료의 소재를 파악하여 목록을 작성할 수 있다.	①	②	③	④	⑤
	4. 나는 조사된 연구자료를 분석 분류 평가 정리할 수 있다.	①	②	③	④	⑤
연구 실행하기	1. 나는 수립된 연구 계획과 조사된 자료를 연계시킬 수 있다.	①	②	③	④	⑤
	2. 문화재의 특성을 고려하여 연구 방법을 선택할 수 있다.	①	②	③	④	⑤
	3. 나는 연구 계획 절차를 기반으로 연구를 수행할 수 있다.	①	②	③	④	⑤
	4. 나는 창의적이고 생산적인 연구결과를 도출할 수 있다.	①	②	③	④	⑤
연구 결과물 정리하기	1. 나는 연구계획과 목적에 부합하도록 연구 결과물을 작성할 수 있다.	①	②	③	④	⑤
	2. 나는 연구과정에서 수집된 실물자료와 사진자료, 영상자료 등 일체의 자료에 관한 목록을 작성할 수 있다.	①	②	③	④	⑤
	3. 나는 연구과정에서 수집된 귀중자료는 박물관에 소장될 수 있도록 요청할 수 있다.	①	②	③	④	⑤

[진단결과]

진단영역	문항 수	점 수	점수 ÷ 문항 수
연구계획 수립하기	5		
연구 자료 조사하기	4		
연구 실행하기	4		
연구 결과물 정리하기	3		
합 계	16		

☞ 자신의 점수를 문항 수로 나눈 값이 '3점'이하에 해당하는 영역은 업무를 성공적으로 수행하는데 요구는 능력이 부족한 것으로 교육훈련이나 개인학습을 통한 개발이 필요함.

| 0801040105_14v1 | | 문화재 전시 |

진단영역	진단문항	매우 미흡	미흡	보통	우수	매우 우수
전시계획 수립하기	1. 나는 전시계획에 요구되는 제반 단계에 따라 전시 계획서를 설계할 수 있다.	①	②	③	④	⑤
	2. 나는 전시계획에 요구되는 전시주제와 전시목적의 타당성을 제시할 수 있다.	①	②	③	④	⑤
	3. 나는 전시계획에 요구되는 장소, 일정, 공동사업자 섭외, 전시물목록을 작성할 수 있다.	①	②	③	④	⑤
	4. 나는 전시계획에 요구되는 자료보존, 안전조치, 인력구성, 전시공간을 설계할 수 있다.	①	②	③	④	⑤
	5. 나는 전시계획에 요구되는 전시예산, 추진일정 업무를 추진할 수 있다.	①	②	③	④	⑤
전시자료 수집 분석하기	1. 나는 전시에 요구되는 목적에 따라 전시자료를 조사할 수 있다.	①	②	③	④	⑤
	2. 나는 전시에 요구되는 목적에 따라 전시자료를 수집할 수 있다.	①	②	③	④	⑤
	3. 나는 전시에 요구되는 목적에 따라 전시자료를 정리할 수 있다.	①	②	③	④	⑤
	4. 나는 전시에 요구되는 목적에 따라 전시자료를 분류할 수 있다.	①	②	③	④	⑤
	5. 나는 전시에 요구되는 목적에 따라 전시자료를 분석할 수 있다.	①	②	③	④	⑤
전시설계 디자인하기	1. 나는 전시설계에 요구되는 기초조사, 기본구상, 기본계획을 수립할 수 있다.	①	②	③	④	⑤
	2. 나는 전시설계에 요구되는 기본설계, 실시설계, 시공단계를 관리할 수 있다.	①	②	③	④	⑤
	3. 나는 전시설계에 요구되는 환경디자인, 제품디자인 업무를 추진할 수 있다.	①	②	③	④	⑤
	4. 나는 전시설계에 요구되는 시각디자인, 영상디자인 업무를 추진할 수 있다.	①	②	③	④	⑤
전시 공간 연출하기	1. 나는 전시공간 연출규정에 따라 전시공간의 연출 기획을 할 수 있다.	①	②	③	④	⑤
	2. 나는 전시공간 연출규정에 따라 전시공간 요소와 형태를 설정할 수 있다.	①	②	③	④	⑤
	3. 나는 전시공간 연출규정에 따라 전시 동선과 진열장을 선택할 수 있다.	①	②	③	④	⑤

		①	②	③	④	⑤
	4. 나는 전시공간 연출규정에 따라 전시물을 배열할 수 있다.	①	②	③	④	⑤
	5. 나는 미전시공간 연출규정에 따라 전시시설 공정 관리를 할 수 있다.	①	②	③	④	⑤
전시콘텐츠 제작 관리하기	1. 나는 전시에 요구되는 제반 규정에 따라 전시콘텐츠를 개발할 수 있다.	①	②	③	④	⑤
	2. 나는 전시에 요구되는 제반 규정에 따라 전시콘텐츠를 제작할 수 있다.	①	②	③	④	⑤
	3. 나는 전시에 요구되는 제반 규정에 따라 전시콘텐츠를 관리할 수 있다.	①	②	③	④	⑤
	4. 나는 전시에 요구되는 제반 규정에 따라 전시콘텐츠를 활용할 수 있다.	①	②	③	④	⑤
전시환경 관리하기	1. 나는 전시환경 관리규정에 따라 전시공간에 항온항습을 할 수 있다.	①	②	③	④	⑤
	2. 나는 전시환경 관리규정에 따라 전시공간에 안전시설을 설치할 수 있다.	①	②	③	④	⑤
	3. 나는 전시환경 관리규정에 따라 전시공간에 방범장치를 할 수 있다.	①	②	③	④	⑤
	4. 나는 전시환경 관리규정에 따라 관리 인력을 배치할 수 있다.	①	②	③	④	⑤
전시홍보물 제작 관리하기	1. 나는 전시에 요구되는 제반 규정에 따라 전시홍보물을 제작할 수 있다.	①	②	③	④	⑤
	2. 나는 전시에 요구되는 제반 규정에 따라 전시홍보물을 관리할 수 있다.	①	②	③	④	⑤
	3. 나는 전시에 요구되는 제반 규정에 따라 전시홍보물을 활용할 수 있다.	①	②	③	④	⑤
	4. 나는 전시에 요구되는 제반 규정에 따라 생산된 전시홍보물을 평가할 수 있다.	①	②	③	④	⑤
전시성과 분석 평가하기	1. 나는 전시평가에 요구되는 제반 규정에 따라 전시성과분석틀을 개발할 수 있다.	①	②	③	④	⑤
	2. 나는 전시평가에 요구되는 제반 규정에 따라 전시성과를 분석할 수 있다.	①	②	③	④	⑤
	3. 전시평가에 요구되는 제반 규정에 따라 전시성과를 평가할 수 있다.	①	②	③	④	⑤
	4. 나는 전시평가에 요구되는 제반 규정에 따라 전시성과 평가물 활용방안을 제시할 수 있다.	①	②	③	④	⑤

[진단결과]

진단영역	문항 수	점 수	점수 ÷ 문항 수
전시계획 수립하기	5		
전시자료 수집 분석하기	5		
전시설계 디자인하기	4		
전시 공간 연출하기	5		
전시콘텐츠 제작 관리하기	4		
전시환경 관리하기	4		
전시홍보물 제작 관리하기	4		
전시성과 분석 평가하기	4		
합 계	35		

☞ 자신의 점수를 문항 수로 나눈 값이 '3점'이하에 해당하는 영역은 업무를 성공적으로 수행하는데 요구되는 능력이 부족한 것으로 교육훈련이나 개인학습을 통한 개발이 필요함.

| 0801040106_14v1 | | 문화재 교육 |

진단영역	진 단 문 항	매우 미흡	미흡	보통	우수	매우 우수
교육계획 수립하기	1. 나는 교육 주제와 교육 대상에 따른 연간 교육 계획(안)을 수립할 수 있다.	①	②	③	④	⑤
	2. 나는 교육 계획(안)에 따른 교육 대상층과 지역사회의 요구사항을 조사할 수 있다.	①	②	③	④	⑤
	3. 나는 수립된 교육 계획(안)에 따른 개별 교육 프로그램(안)을 계획할 수 있다.	①	②	③	④	⑤
	4. 나는 개별 교육 프로그램(안)에 따른 기관의 유·무형의 인적, 물적 자원조사와 콘텐츠를 분석·활용할 수 있다.	①	②	③	④	⑤
프로그램 설계하기	1. 나는 교육 프로그램(안)에 따른 교육 주제 및 목표를 설정할 수 있다.	①	②	③	④	⑤
	2. 나는 교육 프로그램(안)에 따른 교육 대상의 특성을 분석할 수 있다.	①	②	③	④	⑤
	3. 나는 교육 프로그램(안)에 따라 교육 목표에 적합한 교육 방법을 선택할 수 있다.	①	②	③	④	⑤
	4. 나는 교육 프로그램(안)에 따라 운영에 필요한 교육환경을 준비할 수 있다.	①	②	③	④	⑤
	5. 나는 교육 프로그램(안)에 따라 필요한 교육 자료 및 콘텐츠를 결정할 수 있다.	①	②	③	④	⑤
프로그램 개발하기	1. 나는 교육 방법에 따른 수업용 자료를 개발할 수 있다.	①	②	③	④	⑤
	2. 나는 교육 방법에 따른 학습자용 활동지를 개발할 수 있다.	①	②	③	④	⑤
	3. 나는 교육 방법에 따른 평가도구를 개발할 수 있다.	①	②	③	④	⑤
	4. 나는 개발된 내용에 따른 전문 인력풀의 감수 및 내용 확정을 실행할 수 있다.	①	②	③	④	⑤
	5. 나는 확정된 내용에 따른 교재 디자인과 인쇄 과정을 진행할 수 있다.	①	②	③	④	⑤
	6. 나는 교육 내용에 따른 프로그램 홍보용 브로슈어 및 안내서를 개발할 수 있다.	①	②	③	④	⑤
프로그램 실행하기	1. 나는 교육 목표에 따라 교육 프로그램 참가자를 모집할 수 있다.	①	②	③	④	⑤
	2. 나는 교육 프로그램에 따라 교육 강사를 모집, 교육할 수 있다.	①	②	③	④	⑤
	3. 나는 교육 프로그램을 대내외적으로 홍보 마케팅을 수행할 수 있다.	①	②	③	④	⑤
	4. 나는 개발된 프로그램의 교육 계획을 적합하게 실행할 수 있다.	①	②	③	④	⑤
	5. 나는 개발된 프로그램의 실행에 필요한 예산을 집행할 수 있다.	①	②	③	④	⑤

프로그램 평가하기	1. 나는 교육 목표에 따라 운영 프로그램을 종합 평가할 수 있다.	①	②	③	④	⑤
	2. 나는 교육 목표에 따라 평가 자료를 수집, 분석할 수 있다.	①	②	③	④	⑤
	3. 나는 평가 내용과 시사점에 따른 프로그램 유지, 개선, 관리 방안을 제시할 수 있다.	①	②	③	④	⑤
	4. 나는 교육 목표에 따른 교육 실시 결과 보고서를 작성할 수 있다.	①	②	③	④	⑤

[진단결과]

진단영역	문항 수	점 수	점수 ÷ 문항 수
교육계획 수립하기	4		
프로그램 설계하기	5		
프로그램 개발하기	6		
프로그램 실행하기	5		
프로그램 평가하기	4		
합 계	24		

☞ 자신의 점수를 문항 수로 나눈 값이 '3점'이하에 해당하는 영역은 업무를 성공적으로 수행하는데 요구는 능력이 부족한 것으로 교육훈련이나 개인학습을 통한 개발이 필요함.

| 0801040107_14v1 | | 문화재 교류 |

진단영역	진 단 문 항	매우 미흡	미흡	보통	우수	매우 우수
교류 실태 분석하기	1. 나는 민관산학연 기관·단체와 다자간·양자간 업무 협약 체결 현황을 조사할 수 있다.	①	②	③	④	⑤
	2. 나는 민관산학연 기관·단체와 업무협약 체결의 실태를 분석하여 대책을 수립할 수 있다.	①	②	③	④	⑤
	3. 나는 민관산학연 기관·단체와 업무협약 체결의 지속 가능성과 해지 필요성을 분석할 수 있다.	①	②	③	④	⑤
교류 정책 수립하기	1. 나는 국제규범, 법령, 조례, 정관 등에 근거하여 교류정책의 보편성과 유사점을 파악할 수 있다.	①	②	③	④	⑤
	2. 나는 국제규범, 법령, 조례, 정관 등에 근거하여 교 정책의 특수성과 차이점을 파악할 수 있다.	①	②	③	④	⑤
	3. 나는 국제규범, 법령, 조례, 정관 등에 근거하여 교류정책을 수립할 수 있다.	①	②	③	④	⑤
교류 협력 체제 구축하기	1. 나는 민관산학연 기관·단체와 다자간·양자간 업무협약 체결을 위한 협력 체제 구축을 위한 제 반여건을 조사하여 적용할 수 있다.	①	②	③	④	⑤
	2. 나는 민관산학연 기관·단체와 다자간·양자간 업무협약 체결을 위한 협력 체제 구축을 위한 예산을 편성하고 집행할 수 있다.	①	②	③	④	⑤
	3. 나는 민관산학연 기관·단체와 다자간·양자간 업무협약 체결을 위한 보증·보험·공증 업무처리를 수행할 수 있다.	①	②	③	④	⑤
교류 협력 실행하기	1. 나는 민관산학연 기관·단체와 업무협약에 근거하여 인적 교류 협력을 실행할 수 있다.	①	②	③	④	⑤
	2. 나는 민관산학연 기관·단체와 업무협약에 근거하여 물적 교류 협력을 실행할 수 있다.	①	②	③	④	⑤
	3. 나는 민관산학연 기관·단체와 업무협약에 근거하여 기술적 교류 협력을 실행할 수 있다.	①	②	③	④	⑤
	4. 나는 민관산학연 기관·단체와 업무협약에 근거하여 학술적 교류 협력을 실행할 수 있다.	①	②	③	④	⑤
교류 협력 성과 분석하기	1. 나는 민관산학연 기관·단체와 업무협약에 근거하여 인적 교류 협력의 성과를 분석할 수 있다.	①	②	③	④	⑤
	2. 나는 민관산학연 기관·단체와 업무협약에 근거하여 물적 교류 협력의 성과를 분석할 수 있다.	①	②	③	④	⑤
	3. 나는 민관산학연 기관·단체와 업무협약에 근거하여 기술적 교류 협력의 성과를 분석할 수 있다.	①	②	③	④	⑤
	4. 나는 민관산학연 기관·단체와 업무협약에 근거하여 학술적 교류 협력의 성과를 분석할 수 있다.	①	②	③	④	⑤

교류협력 성과 활용하기	1. 나는 민관산학연 기관·단체와 업무협약에 근거한 인적, 물적, 기술적·학술적 교류 협력의 성과를 박물관 목적사업에 활용할 수 있다.	①	②	③	④	⑤
	2. 나는 민관산학연 기관·단체와 업무협약에 근거한 인적, 물적, 기술적·학술적 교류 협력의 성과를 박물관 표적활동에 활용할 수 있다.	①	②	③	④	⑤
	3. 나는 민관산학연 기관·단체와 업무협약에 근거한 인적, 물적, 기술적·학술적 교류 협력의 성과를 유관 기관·단체와 교류에 활용할 수 있다.	①	②	③	④	⑤

[진단결과]

진단영역	문항 수	점 수	점수 ÷ 문항 수
교류 실태 분석하기	3		
교류 정책 수립하기	3		
교류 협력 체제 구축하기	3		
교류 협력 실행하기	4		
교류 협력 성과 분석하기	4		
교류 협력 성과 활용하기	3		
합 계	20		

☞ 자신의 점수를 문항 수로 나눈 값이 '3점'이하에 해당하는 영역은 업무를 성공적으로 수행하는데 요구는 능력이 부족한 것으로 교육훈련이나 개인학습을 통한 개발이 필요함.

| 0801040108_14v1 | | 문화재 평가 |

진단영역	진 단 문 항	매우 미흡	미흡	보통	우수	매우 우수
평가 계획 수립 하기	1. 나는 해당 사업에 따라 수립할 평가 계획의 기초 자료를 수집할 수 있다.	①	②	③	④	⑤
	2. 나는 수립된 평가 계획에 따라 수집된 자료를 기초로 평가 요인을 추출할 수 있다.	①	②	③	④	⑤
	3. 나는 평가 대상 및 요인에 따라 평가 지표를 작성할 수 있다.	①	②	③	④	⑤
	4. 나는 수행한 해당 사업 및 경영 성과 분석에 따른 평가 계획을 수립할 수 있다.	①	②	③	④	⑤
사업성과 평가하기	1. 나는 수행한 사업의 성과에 따라 도출 결과를 정리할 수 있다.	①	②	③	④	⑤
	2. 나는 수행한 사업의 항목에 따른 개별 평가 지표를 사업 평가에 적용할 수 있다.	①	②	③	④	⑤
	3. 나는 수립된 평가 계획에 따라 사업성과를 평가할 수 있다.	①	②	③	④	⑤
	4. 나는 수행한 사업의 성과에 따른 사업평가 결과를 추후 사업에 반영할 수 있다.	①	②	③	④	⑤
문화재 가치 평 가하기	1. 나는 문화재 가치를 이해·추출할 수 있다.	①	②	③	④	⑤
	2. 나는 문화재 가치 관련 자료를 분석·평가할 수 있다.	①	②	③	④	⑤
	3. 나는 평가한 문화재 가치를 문화재 사업에 활용할 수 있다.	①	②	③	④	⑤
이용자 만족도 평가하기	1. 나는 이용 만족도를 이해·추출할 수 있다.	①	②	③	④	⑤
	2. 나는 이해 만족도 관련 자료를 분석·평가할 수 있다.	①	②	③	④	⑤
	3. 나는 평가한 이해 만족도를 박물관 경영에 활용할 수 있다.	①	②	③	④	⑤
경영성과 평가하기	1. 나는 수립된 평가 계획에 따라 경영성과를 평가할 수 있다.	①	②	③	④	⑤
	2. 나는 수행한 사업에 따른 기관별 경영성과를 정리할 수 있다.	①	②	③	④	⑤
	3. 나는 수행한 사업에 따른 기관별 평가 지표를 경영 평가에 적용할 수 있다.	①	②	③	④	⑤
	4. 나는 수행한 사업에 따른 평가 결과를 추후 경영에 반영할 수 있다.	①	②	③	④	⑤

[진단결과]

진단영역	문항 수	점 수	점수 ÷ 문항 수
평가 계획 수립하기	4		
사업성과 평가하기	4		
문화재 가치 평가하기	3		
이용자 만족도 평가하기	3		
경영성과 평가하기	4		
합　계	18		

☞ 자신의 점수를 문항 수로 나눈 값이 '3점'이하에 해당하는 영역은 업무를 성공적으로 수행하는데 요구되는 능력이 부족한 것으로 교육훈련이나 개인학습을 통한 개발이 필요함.

| 0801040109_14v1 | | 문화재 경영 | | | | |

진단영역	진단문항	매우 미흡	미흡	보통	우수	매우 우수
중장기계획 수립하기	1. 나는 기관 설립 취지에 맞게 종합적인 중장기 계획을 수립할 수 있다.	①	②	③	④	⑤
	2. 나는 기관의 기본 현황을 토대로 경영전략과 사업계획을 수립할 수 있다.	①	②	③	④	⑤
	3. 나는 조사·연구, 수집·관리, 전시, 교육, 보존 등 학예직의 기본업무를 수행할 수 있다.	①	②	③	④	⑤
	4. 나는 국내외 환경변화를 종합적으로 분석하여 정책에 반영할 수 있다.	①	②	③	④	⑤
사업 개발하기	1. 나는 기관 및 주변 환경에 대한 자료를 수집할 수 있다.	①	②	③	④	⑤
	2. 나는 수집된 자료를 분석·평가할 수 있다.	①	②	③	④	⑤
	3. 나는 기관 설립 취지에 맞게 사업을 개발할 수 있다.	①	②	③	④	⑤
	4. 나는 이용자 및 이용자 선호도를 파악할 수 있다.	①	②	③	④	⑤
	5. 나는 기관에 대한 기본적인 지식 및 사업을 분석·평가할 수 있다.	①	②	③	④	⑤
	6. 나는 분석된 자료를 기초로 이용자에 맞는 사업을 개발할 수 있다.	①	②	③	④	⑤
	7. 나는 개발된 사업을 적용·분석·평가할 수 있다.	①	②	③	④	⑤
재정 운영계획 수립하기	1. 나는 기관별 중장기 재정 운영 계획을 수립할 수 있다.	①	②	③	④	⑤
	2. 나는 세부 사업별 재정 운영 계획을 수립할 수 있다.	①	②	③	④	⑤
	3. 나는 계획에 의거하여 재원을 조달하고 집행할 수 있다.	①	②	③	④	⑤
	4. 나는 재정 운영 결과를 분석할 수 있다.	①	②	③	④	⑤
인적자원 관리하기	1. 나는 기관별 중장기 인적자원 관리 계획을 수립할 수 있다.	①	②	③	④	⑤
	2. 나는 세부 사업별 인력 운영 및 교육 계획을 수립할 수 있다	①	②	③	④	⑤
	3. 나는 내·외부 인적자원 네트워크를 구축·관리할 수 있다.	①	②	③	④	⑤
	4. 나는 자원봉사자를 모집하고 운영할 수 있다.	①	②	③	④	⑤
	5. 나는 인적자원 운영 결과를 분석할 수 있다.	①	②	③	④	⑤

건축 시설 관리 하기	1. 나는 기관별 중장기 건축시설 관리계획을 수립할 수 있다.	①	②	③	④	⑤
	2. 나는 공간별 세부 운영계획을 수립하고 관리할 수 있다.	①	②	③	④	⑤
	3. 나는 내외부 시설관리 네트워크를 구축·관리할 수 있다.	①	②	③	④	⑤
	4. 나는 시설을 점검하고 유지보수 업무를 수행할 수 있다.	①	②	③	④	⑤

[진단결과]

진단영역	문항 수	점 수	점수 ÷ 문항 수
중장기계획 수립하기	4		
사업 개발하기	6		
재정 운영계획 수립하기	4		
인적자원 관리하기	5		
건축 시설 관리하기	4		
합 계	23		

☞ 자신의 점수를 문항 수로 나눈 값이 '3점'이하에 해당하는 영역은 업무를 성공적으로 수행하는데 요구되는 능력이 부족한 것으로 교육훈련이나 개인학습을 통한 개발이 필요함.

| 0801040110_14v1 | | 문화재 마케팅 |

진단영역	진 단 문 항	매우 미흡	미흡	보통	우수	매우 우수
홍보 마케팅 계획 수립하기	1. 나는 홍보 마케팅의 주제에 따른 실천 방법과 특징을 파악할 수 있다.	①	②	③	④	⑤
	2. 나는 홍보 마케팅의 주제에 따른 제반 자료를 수집 정리·활용할 수 있다.	①	②	③	④	⑤
	3. 나는 홍보 마케팅을 실시하고자 하는 조직체의 구성원 관련 분야 전문가와의 소통을 통해 업무 추진 방향을 설정할 수 있다.	①	②	③	④	⑤
홍보 마케팅 현황 분석하기	1. 나는 홍보 마케팅을 실시하고자 하는 조직체의 장·단점과 현황에 따른 사항을 파악할 수 있다.	①	②	③	④	⑤
	2. 나는 홍보 마케팅의 대상에 적합한 효율적인 방안을 도출할 수 있다.	①	②	③	④	⑤
	3. 나는 온·오프라인 등 각종 홍보 마케팅의 유형에 따른 전략을 도출할 수 있다.	①	②	③	④	⑤
홍보 마케팅 실행하기	1. 나는 홍보 마케팅의 주제(범주)에 따른 자료를 작성할 수 있다.	①	②	③	④	⑤
	2. 나는 홍보 마케팅의 방법에 따른 다양한 작업을 기획·실행할 수 있다.	①	②	③	④	⑤
	3. 나는 홍보 마케팅 효과의 창출이 가능한 적정 시점을 파악·활용할 수 있다.	①	②	③	④	⑤
	4. 나는 홍보 마케팅의 실행에 따른 효과를 예측·대비할 수 있다.	①	②	③	④	⑤
홍보 마케팅 성과 분석하기	1. 나는 홍보 마케팅의 실행에 따른 성과를 분석할 수 있다.	①	②	③	④	⑤
	2. 나는 홍보 마케팅의 성과에 따른 자료를 생산할 수 있다.	①	②	③	④	⑤
	3. 나는 홍보 마케팅의 실행에 따른 성과를 개선, 발전 시킬 수 있다.	①	②	③	④	⑤

[진단결과]

진단영역	문항 수	점 수	점수 ÷ 문항 수
홍보 마케팅 계획 수립하기	3		
홍보 마케팅 현황 분석하기	3		
홍보 마케팅 실행하기	4		
홍보 마케팅 성과 분석하기	3		
합 계	13		

☞ 자신의 점수를 문항 수로 나눈 값이 '3점'이하에 해당하는 영역은 업무를 성공적으로 수행하는데 요구되는 능력이 부족한 것으로 교육훈련이나 개인학습을 통한 개발이 필요함.

| 0801040111_14v1 | | 문화재 정보서비스 |

진단영역	진단문항	매우 미흡	미흡	보통	우수	매우 우수
정보관리 서비스 계획 수립하기	1. 나는 기관 설립 취지에 부합하는 문화재 종합 정보관리 서비스 계획을 수립할 수 있다.	①	②	③	④	⑤
	2. 나는 사업별 세부 정보관리 서비스계획을 수립할 수 있다.	①	②	③	④	⑤
	3. 나는 국내·외 정보 환경변화를 종합적으로 분석하여 정보관리 서비스 정책에 반영할 수 있다.	①	②	③	④	⑤
정보관리 시스템 구축하기	1. 나는 사업별 정보관리 서비스운영 효율을 높이기 위해 수요를 파악할 수 있다.	①	②	③	④	⑤
	2. 나는 기존 정보관리 서비스 시스템에 대한 조사, 분석, 평가를 할 수 있다.	①	②	③	④	⑤
	3. 나는 정보관리 서비스 시스템을 구축하는데 소요되는 개발 투자비용과 시간을 산정할 수 있다.	①	②	③	④	⑤
	4. 나는 정보관리 서비스 시스템을 구축하는데 소요되는 비용 대비 시스템 구축효과를 예측할 수 있다	①	②	③	④	⑤
정보관리 시스템 운영하기	1. 나는 정보관리 서비스의 신규 운영 체제 도입에 따라 시스템을 설계할 수 있다.	①	②	③	④	⑤
	2. 나는 정보관리 서비스 환경 변화에 따라 운영계획을 수립할 수 있다.	①	②	③	④	⑤
	3. 나는 정보관리 서비스 시스템 운영의 평가를 통하여 운영 개선에 환류할 수 있다.	①	②	③	④	⑤
정보관리 콘텐츠 개발하기	1. 나는 정보관리 서비스의 신규 운영 체제 도입에 따라 콘텐츠 개발 메뉴얼을 작성할 수 있다.	①	②	③	④	⑤
	2. 나는 콘텐츠 개발 매뉴얼에 따라 정보관리 서비스 콘텐츠를 개발할 수 있다.	①	②	③	④	⑤
	3. 나는 사용자의 요구에 따라 정보관리 서비스 콘텐츠를 수정 보완할 수 있다.	①	②	③	④	⑤
정보관리 콘텐츠 활용하기	1. 나는 정보관리 서비스 이용자의 요구를 수집·분석할 수 있다.	①	②	③	④	⑤
	2. 나는 정보관리 서비스의 신규 운영 체제 도입에 따라 이용자 활용 매뉴얼을 작성할 수 있다.	①	②	③	④	⑤
	3. 나는 정보관리 서비스 시스템을 통하여 콘텐츠를 이용자에게 제공할 수 있다.	①	②	③	④	⑤

[진단결과]

진단영역	문항 수	점 수	점수 ÷ 문항 수
정보관리 서비스 계획 수립하기	3		
정보관리 시스템 구축하기	4		
정보관리 시스템 운영하기	3		
정보관리 콘텐츠 개발하기	3		
정보관리 콘텐츠 활용하기	3		
합 계	16		

☞ 자신의 점수를 문항 수로 나눈 값이 '3점'이하에 해당하는 영역은 업무를 성공적으로 수행하는데 요구되는 능력이 부족한 것으로 교육훈련이나 개인학습을 통한 개발이 필요함.

2 훈련기준

□ **개발목적**
  ○ 체계적이고 효과적인 직업능력개발을 위하여 훈련의 대상이 되는 직종별로 훈련의 목표, 교과내용 및 시설·장비와 교사 등에 관한 훈련기준 개발(근로자 직업능력개발법 제38조)
    * 내용구성 : 훈련의 목표, 교과목 및 그 내용, 시설 및 장비, 훈련기간 및 훈련시간, 훈련방법, 훈련교사, 적용기간

□ **활용대상**
  ○ 「근로자 직업능력개발법」에 따른 직업능력개발 훈련
  ○ 기타 직업교육훈련

□ **활용(예시)**
  ○ 국가직무능력표준에 따라 제시한 능력단위별 훈련기준을 조합하여 훈련기준으로 활용

<방법 1> 훈련이수체계도에서 제시한 훈련과정/과목으로 편성

<자동차차체정비 훈련 예시>

훈련수준	훈련모듈		구 분
	표준 직무	명 칭	
1수준(정비사)	자동차차체정비	단품교환	필수
		방음방청작업	

<방법 2> 훈련이수체계도에서 제시한 훈련과정/과목(필수)과 다른 직종의 훈련과정/과목(선택)으로 편성

자격종목	훈련모듈		구 분
	표준직무	명 칭	
1수준(정비사)	자동차차체정비	단품교환	필수
		방음방청작업	
	자동차도장	건조작업	선택
		구도막제거작업	

1.1. 훈련기준

I. 개 요

1. 직 종 명 : 학예

2. 직종 정의 : 자연 및 인류에 관한 유·무형 자료의 수집, 관리, 보존, 조사, 연구, 전시, 교육, 교류, 평가, 경영, 마케팅, 정보서비스 업무에 종사

3. 훈련이수체계(수준별 이수 과정/과목)

수준	학예	문화재 보수	문화재 보존
7	문화재 연구 문화재 경영		
6	문화재 교육 문화재 교류 문화재 평가	문화재 실측설계 문화재 감리	문화유산 보존 계획 문화유산 보존 감리
5	문화재 수집 문화재 관리 문화재 조사	문화재 시공 기법조사 문화재 유지관리	고고유물 보존 미술품 보존 직물 보존 건축 문화유산 보존 사적 보존 근대 문화유산 보존 자연 문화유산 보존 무형 문화유산 보존 문화유산 분석 조사 문화유산 보존 자료 개발 문화유산 보존 교육
4	문화재 전시 문화재 마케팅 문화재 정보서비스	문화재 목조 시공 문화재 석조 시공 문화재 미장 시공 문화재 온돌 시공 문화재 기와 시공 문화재 단청 시공	기록 문화유산 보존 문화유산 예방 보존 문화유산 안전관리
	직업기초능력		

※ 해당직종(음영)의 훈련과정을 편성하는 경우 훈련과정별 목표에 부합한 수준으로 해당 직종에서 제시한 능력단위를 기준으로 과정/과목을 편성하고, 이외 직종의 능력단위를 훈련과정에 추가 편성하려는 경우 유사 직종의 동일 수준의 능력단위를 추가할 수 있음

4. 훈련시설

시설명 \ 훈련인원	기준인원	면 적	기준인원 초과 시 면적 적용	시 설 활용구분(공용/전용)
강의실	30명	60㎡	1명당 1.2㎡씩 추가	공 용
컴퓨터실	30명	60㎡	1명당 2㎡씩 추가	전 용
실습실	30명	120㎡	1명당 4㎡씩 추가	공 용
특수실(보존처리실)	30명	120㎡	1명당 4㎡씩 추가	전 용
교보재실	30㎡, 60명을 초과 시 10㎡만 추가			전 용

※ 훈련시설은 훈련과정/과목에 필요한 시설을 구축

5. 교 사

○ 「근로자직업능력 개발법」 제33조와 관련 규정에 따름

II. 훈련과정

○ 과정/과목명 : 직업기초능력

- 훈련개요

훈련목표	직업인으로서 갖추어야할 기본적인 소양을 함양
수 준	-
최소훈련시간	45시간 (또는 훈련과정의 전체훈련시간 10% 이내에서 자율편성)
훈련가능시설	강의실 또는 컴퓨터실
권장훈련방법	집체 또는 원격 훈련

- 편성내용

단 원 명	학 습 내 용
의사소통능력	업무를 수행함에 있어 글과 말을 읽고 들음으로써 다른 사람이 뜻한 바를 파악하고, 자기가 뜻한 바를 글과 말을 통해 정확하게 쓰거나 말하는 능력함양
수리능력	업무를 수행함에 있어 사칙연산, 통계, 확률의 의미를 정확하게 이해하고 이를 업무에 적용하는 능력함양
문제해결능력	업무를 수행함에 있어 문제 상황이 발생하였을 경우, 창조적이고 논리적인 사고를 통하여 이를 올바르게 인식하고 적절히 해결하는 능력함양
자기개발능력	업무를 추진하는데 스스로를 관리하고 개발하는 능력함양
자원관리능력	업무를 수행하는데 시간, 자본, 재료 및 시설, 인적자원 등의 자원 가운데 무엇이 얼마나 필요한지를 확인하고, 이용 가능한 자원을 최대한 수집하여 실제 업무에 어떻게 활용할 것인지를 계획하고, 계획대로 업무 수행에 이를 할당하는 능력
대인관계능력	업무를 수행하는데 있어 접촉하게 되는 사람들과 문제를 일으키지 않고 원만하게 지내는 능력
정보능력	업무와 관련된 정보를 수집하고, 이를 분석하여 의미 있는 정보를 찾아내며, 의미 있는 정보를 업무수행에 적절하도록 조직하고, 조직된 정보를 관리하며, 업무 수행에 이러한 정보를 활용하고, 이러한 제 과정에 컴퓨터를 사용하는 능력함양
기술능력	업무를 수행함에 있어 도구, 장치 등을 포함하여 필요한 기술에는 어떠한 것들이 있는지 이해하고, 실제로 업무를 수행함에 있어 적절한 기술을 선택하여, 적용하는 능력함양
조직이해능력	업무를 원활하게 수행하기 위해 국제적인 추세를 포함하여 조직의 체제와 경영에 대해 이해하는 능력함양
직업윤리	업무를 수행함에 있어 원만한 직업생활을 위해 필요한 태도, 매너, 올바른 직업관 함양

○ 과정/과목명 : 0801040101_14v1 문화재 수집
- 훈련개요

훈련목표	문화재 수집에 대한 계획 수립, 실행, 자료관리, 정보관리, 수장환경 관리 등을 수행하는 능력 함양
수 준	5
최소훈련시간	45시간
훈련가능시설	강의실, 실습실, 컴퓨터실, 교보재실
권장훈련방법	집체훈련, 원격훈련, 현장견학, 현장실습

- 편성내용

단 원 명 (능력단위 요소명)	훈 련 내 용 (수행준거)	평가시 고려사항
수집계획 수립하기	1.1 문화재 보호 법령에 따라 자료 보존, 관리, 활용에 관한 기본계획을 수립할 수 있다. 1.2 수집 계획에 따라 자료의 구입·기증·양도·반환·대여·교환의 수집방법을 구상할 수 있다. 1.3 소장유물에 대한 등록, 출납관리 현황과 열람 및 필름복제, 자료집 발간 등의 계획을 수립할 수 있다. 1.4 소장유물 정보를 전산화하기 위한 자료 촬영, 이미지 정보입력, DB작업의 계획을 수립할 수 있다. 1.5 미등록 자료 누적 해소를 위해 기초목록 정리 및 목록화 작업계획을 수립할 수 있다. 1.6 수집 계획에 따라 실행과정을 수정 보완할 수 있다.	- 평가자는 다음의 사항을 평가해야 한다. • 수집 기본정책 및 계획 수립 능력 • 소장 자료 현황분석 능력 • 수집 실행능력 • 수집자료 등록 능력 • 수집관리 매뉴얼 이해 능력 • 운반 장비 종류 및 운용 방법 • 소장 자료 보호·보완 능력 • 수장환경 요건 및 수장시설 관리 능력 • 공조 설비 검토 능력 • 안전 장비 및 사고 대비 능력 • 유물보험 가입절차 및 대비방안 능력
수집 실행하기	2.1 수집계획에 따라 문화유산을 세척, 접합, 복원, 색맞춤 등의 처리를 거쳐 수집할 수 있다. 2.2 수집계획에 따라 유무형의 문화유산을 구입, 기증, 양도, 반환, 대여, 교환 방법으로 수집할 수 있다. 2.3 유물, 문화재, 기록물 등의 자료원본이나 사진 등의 특성을 고려하여 수집 방법을 선택할 수 있다.	
수집 자료 관리하기	3.1 수집한 자료의 원천정보를 획득하기 위한 기록화 작업을 수행할 수 있다. 3.2 수집한 자료를 문화재 보호법령에 따라 관리할 수 있다. 3.3 자료의 명칭을 부여하고 고유번호를 등록하여 소장 자료의 데이터화 작업을 수행할 수 있다. 3.4 수집 자료의 화재, 도난, 파손, 운송위험 등을 보장하는 포괄적인 위험담보를 위한 보안대책을 마련할 수 있다.	

단 원 명 (능력단위 요소명)	훈 련 내 용 (수행준거)	평가시 고려사항
수집 정보 관리하기	4.1 문화재 보호법령에 따라 수집한 문화유산을 기록 관리할 수 있다. 4.2 문화유산 정보관리 시스템을 활용하여 관리할 수 있다. 4.3 문화재 보호법령에 따라 수집된 문화유산의 정보를 활용할 수 있다. 4.4. 문화유산 정보관리시스템을 통하여 이용자에게 정보를 제공할 수 있다.	
수장 환경 관리하기	5.1 보존·보완·활용의 측면을 고려하여 수장시설을 관리할 수 있다. 5.2 수집된 자료를 보호하기 위하여 최적의 수장 환경을 유지 관리할 수 있다. 5.3 수장 환경 관리에 필요한 공조 설비를 검토할 수 있다. 5.4 수장 환경 관리에 적절한 보완대책을 수립하여 관리할 수 있다.	

- 지식·기술·태도

구 분	주 요 내 용
지 식	• 3D스캔, X-ray를 이용한 비파괴검사에 관한 지식 • 공연, 전시, 배포, 대여 등 저작재산권의 침해와 관련한 법률 지식 • 국보, 보물, 천연기념물 또는 중요 민속 문화재의 지정서 발급 및 재발급에 관한 지식 • 국제협약, 국제협정, 선언문, 권고안, 운용지침, 지도방침에 관한 지식 • 기록 관리와 데이터 처리 시스템 관련 지식 • 기탁, 기증 등 문화재 수집과 관련한 소유권, 유치권 등 민법 법률지식 • 문화유산 관련 국제기구(ICCROM, IIC, ICOMOS, ICOM)의 문화유산 보호에 관한 지식 • 문화유산 훼손 사전방지를 위한 국가지정문화재, 등록문화재 등 상시관리에 관한 지식 • 문화유산의 출입정보를 실시간 확인하기 위한 RFID 부착에 관한 지식 • 문화유산의 포장과 운반 용역 입찰을 위한 총액입찰 및 최저가 낙찰제 등에 관한 지식 • 문화재보호법, 매장문화재보호 및 조사에 관한 법률, 문화재보호기금법, ICOM윤리강령에 관한 지식 • 문화재보호법, 박물관 및 미술관 진흥법, ICOM윤리강령 • 문화재청 관련 지침(훈령), 규정(예규), 기준(고시), 매뉴얼 • 방사선 발생장치를 이용한 재질(성분)분석에 관한 지식 • 방사선투과(XRF, EPMA, SEM 등)기법, 고증, 탁본, 선탁 등 자료감식에 대한 지식 • 사고에 대비한 전시유물보험 가입 및 사고발생시 보상조치에 관한 지식 • 소방안전관리에 관한 지식 • 소장자료 수집의 대한 지식 • 수리, 정비, 복구, 복원, 보존처리에 관한 지식 • 수장환경 안전수칙에 관한 지식 • 수장환경에 영향을 미치는 환경적 요인에 관한 지식 • 수집 정보관리에 관한 전문지식

	• 수집방법에 관한 업무절차와 생물자원, 매장유물의 체계적 수립을 위한 굴착행위 등 토지형질에 관한 지식 • 어문저작물, 음악, 미술, 영상저작물 등 저작자와 저작인접권 보호를 위한 저작권법에 관한 법률지식 • 유물관리 규정에 대한 지식 • 인류 유산 및 자연에 대한 역사 문화적 지식 • 재질별 적정 온도·습도·조도 등 수장환경 관리에 필요한 지식 • 화물자동차 운수사업별에 의한 운송 사업 등록에 관한 지식
기 술	• 공조 설비 검토 능력과 안전사고 대비 능력 • 등록 자원정보 분석 능력 • 문화유산 화재대응 향상을 위한 3D GIS 및 문화재 DB구축 기술 • 문화유산의 외형적 특징을 포착하기 위한 3D 스캔기술 • 생물자원의 수집, 유물의 출토 위치, 출토상태, 유물과 유구의 조합 상태, 총서 관계를 체계적으로 수집할 수 있는 기술능력 • 소장 자료 수장대 제작에 관한 기술 • 소장 자료 취급과 정리용품 및 방재물품 구입 및 유지보수 능력 • 소장 자료 현황분석능력 • 소장 자료 훈증소독, 상태점검 수복에 관한 기술 • 수분제거 및 원형보존을 위한 전기 오븐 건조에 관한 기술 • 수장고 보조시설 관리 능력 • 수장고별 출입통제시스템 및 실시간 위치 확인센서 운용에 관한 기술 • 수집과 관련한 각종 서류작성법과 문서화 기술능력 • 수집환경변화에 따라 조율할 수 있는 능력 • 역사, 민족, 지질 및 자연환경에 관한 문헌조사와 현장조사 기술 • 외부여건(시장, 시세)과 내부여건(자금, 인력) 분석 능력 • 자료의 전경, 측면, 확대촬영 등 관람지원 및 기록사진 촬영에 관한 기술 • 자원관리 프로그램 운영기술 • 재무계획과 예산 경비 산출 능력 • 재질별 자료관리 기술 • 정보 검색시스템 지원기술 • 정보처리 및 문서관리 기술 • 정책수립을 위한 현황파악 및 문서화 능력 • 포장과 자료 운반 중 훼손 방지를 위한 무진동 탑차 운행 기술 • 항온·항습 등 수장환경 관리 기술
태 도	• 기술과 정보서비스의 상호 관련성 수용 태도 • 기술기준 준수 • 문화유산 관리(격납, 보관, 대여, 운송)시 안전사항 준수 • 보존처리와 관련한 직원들과 상호 협조하는 태도 • 사고발생 시 적극적으로 대처하는 태도 • 새로운 변화에 능동적으로 대처하는 태도 • 수집방법에 필요한 약정사항 준수 • 수집실행 시 국제적 유의사항 준수 • 수집정책수립에 필요한 윤리강령 준수 • 안전사항 준수 • 양적 측면보다 질적 측면을 우선시 하는 태도 • 전산 정보 체계를 통한 정보교류와 상호협력 관계 유지 • 정기적 재검토 및 조정하는 태도 • 지식과 기술의 상호 관련성 수용 태도 • 쾌적한 수장환경 유지 노력

- 장비

장 비 명	단 위	활용구분(공용/전용)	1대당 활용인원
• 버어니어 캘리퍼스	점	공용	5
• 확대경	점	공용	5
• 현미경	점	공용	10
• 저울	점	공용	10
• 카메라	대	공용	10
• 문화재 보관장	점	공용	30
• 컴퓨터	대	공용	1
• 스캐너	대	공용	30

※ 장비는 주장비만 제시한 것으로 그 외의 장비와 공구는 별도로 확보

- 재료

재 료 목 록
• 문화재보호법
• 문화유산 관련 국제기구(ICCROM, IIC, ICOMOS, ICOM) 보존 원칙 및 지침
• 문화재청 관련 지침(훈령), 규정(예규), 기준(고시), 매뉴얼
• 박물관 정관
• 소장자료 보관 지침 (매뉴얼)

• 수집관리에 필요한 각종 표준 자료 및 서식
  - 수집자료 : 유물매도신청서 및 신청유물명세서, 기탁증서 등
  - 유물등록자료 : 유물카드, 유물대장, 등록서류철 등

※ 재료는 주재료만 제시한 것으로 그 외의 재료는 별도로 확보

○ 과정/과목명 : 0801040102_14v1 문화재 관리
- 훈련개요

훈련목표	문화재의 원형 유지를 위한 보존 정책 수립, 예방처리, 수복처리, 보존환경, 보존기록 등을 관리하는 능력 함양
수 준	5
최소훈련시간	60시간
훈련가능시설	강의실, 실습실, 컴퓨터실, 보존 처리실, 교보재실
권장훈련방법	집체훈련, 원격훈련, 현장견학, 현장실습

- 편성내용

단 원 명 (능력단위 요소명)	훈 련 내 용 (수행준거)	평가시 고려사항
보존계획 수립하기	1.1 문화재 보호법령에 따라 문화재 보존 계획을 수립할 수 있다. 1.2 문화유산 관리 계획에 따라 문화재 특성을 분석할 수 있다. 1.3 문화유산 특성에 따라 수장하고 격납하여 보존할 수 있다.	- 평가자는 다음의 사항을 평가해야 한다. ● 보존에 관한 기본정책 및 계획 수립 능력 ● 문화재 특성에 맞는 보존 환경 조성 능력 ● 문화재의 특성에 맞는 수복 처리 능력 ● 문화재 보존 기록 관리 능력
예방 처리하기	2.1 문화유산 특성에 따라 문화재 보존 환경을 조성·관리할 수 있다. 2.2 문화유산의 재질별 특성에 따른 열화 요인을 분석할 수 있다. 2.3 문화재 열화 요인에 따른 예방 조치를 수행할 수 있다.	
수복 처리하기	3.1 문화재 수복처리에 관련된 시설 환경을 조성·관리할 수 있다. 3.2 열화된 문화유산의 수복 처리를 위한 절차를 파악할 수 있다. 3.3 문화유산의 특성에 맞는 수복절차에 따라 수복 처리를 수행할 수 있다.	
보존 환경 관리하기	4.1 문화유산 특성에 맞는 보존 환경 관리 요소를 도출할 수 있다. 4.2 문화유산을 보호하기 위하여 최적의 보존 환경을 조성할 수 있다. 4.3 보존 환경 관리에 필요한 시설을 검토하여 적절한 보완대책을 수립할 수 있다.	
보존 기록 관리하기	5.1 문화유산 보존 기록 관리 매뉴얼을 파악할 수 있다. 5.2 문화유산 예방보존 처리 과정 계획을 수립할 수 있다. 5.3 문화유산 수복처리 과정을 기록할 수 있다. 5.4 문화유산 보존 기록을 정보처리시스템으로 관리할 수 있다.	

- 지식·기술·태도

구 분	주 요 내 용
지 식	• ICOM 윤리강령 • 다양한 조사대상, 목적, 내용에 따른 조사기법에 대한 전문지식 • 문화유산 보존 관리에 관한 전문지식 • 문화유산 보존 예방 관리에 관한 전문지식 • 문화유산 수복처리에 관한 전문지식 • 문화유산 수복처리에 대한 절차와 방법에 관한 지식 • 문화유산 특성에 관련된 전문지식 • 보존수장환경 안전수칙에 관한 지식 • 사고에 대비한 보험제도 관련지식 • 소장 자료 보존에 대한 전문지식(수집 범위, 지역, 시기 등) • 소장 자료 재질별 관리에 대한 전문지식 • 소장자료 재질별 관리에 대한 전문지식 • 유물 및 자료의 소유권과 사용에 관한 법적 기준 • 인류 유산 및 자연에 대한 역사적 문화적 전문지식 • 자연 및 인류에 관한 유·무형의 문화유산에 대한 전문지식 • 자원에 대한 과학적인 분석과 결과물을 정리하는 전문지식 • 재질별 적정 온도, 습도, 조도 등 보존환경 관리에 필요한 전문 지식
기 술	• 문화유산 취급과 보관기술 • 문화유산에 대한 특성 분석 능력 • 문화유산의 정리·관리에 대한 관련 기기 조작 능력 • 보존 관리 체크리스트 작성 능력 • 보존 목적·내용에 부합하는 분석 능력 • 보존시설 관리 능력 • 사진 촬영술 • 소장 자료 현황분석능력 • 소장자료 취급과 보관기술 • 안전사고 대비 능력 • 외부여건(시장, 시세)과 내부여건(자금, 인력) 분석 능력 • 자원관리 프로그램 운영기술 • 재무계획과 예산 경비 산출 능력 • 재질별 자료관리 기술 • 정책수립을 위한 현황파악 및 문서화 능력 • 포장과 운반 기술 • 항온, 항습 등 보존환경 관리 기술
태 도	• 기술기준 준수 • 다양한 문화유산의 분석에 대한 윤리의식 • 문화유산 보존활동에 대한 사명감 • 문화재 관리(격납, 보관, 대여, 운송)시 안전사항 준수 • 보존정책수립에 필요한 윤리강령 준수 • 보존처리와 관련한 직원들과 상호 협조하는 태도 • 사고발생 시 적극적으로 대처하는 태도 • 새로운 변화에 능동적으로 대처하는 태도 • 양적 측면보다 질적 측면을 우선시 하는 태도 • 자원의 가치와 존엄성 존중 • 정기적 재검토 및 조정하는 태도 • 지식과 기술의 상호 관련성 수용 태도 • 쾌적한 수장환경 유지 노력

- 장비

장 비 명	단 위	활용구분(공용/전용)	1대당 활용인원
• 온도·습도·조도 측정기	점	공용	5
• 카메라	대	공용	30
• 컴퓨터	대	공용	1
• 문화재 보존관리 작업수행에 필요한 각종 제반 시스템	세트	공용	30

※ 장비는 주장비만 제시한 것으로 그 외의 장비와 공구는 별도로 확보

- 재료

재 료 목 록
• 문화재 보존 작업과 관련된 컴퓨터 작업 수행에 필요한 각종 운용 프로그램
• 문화재 관리 작업과 관련된 컴퓨터 작업 수행에 필요한 각종 운용 프로그램

※ 재료는 주재료만 제시한 것으로 그 외의 재료는 별도로 확보

○ 과정/과목명 : 0801040103_14v1 문화재 조사
- 훈련개요

훈련목표	문화재에 대한 조사 계획을 수립, 실행, 분석, 정리하여 그 결과물을 도출하고 활용하는 능력 함양
수 준	5
최소훈련시간	45시간
훈련가능시설	강의실, 실습실, 컴퓨터실, 교보재실
권장훈련방법	집체훈련, 원격훈련, 현장견학, 현장실습

- 편성내용

단 원 명 (능력단위 요소명)	훈 련 내 용 (수행준거)	평가시 고려사항
조사계획 수립하기	1.1 문화재 보호 및 조사에 관한 법령에 따라 문화재 조사계획을 수립할 수 있다. 1.2 문화재 조사 계획에 따른 조사 범위를 설정할 수 있다. 1.3 문화재 조사 방법에 따라 세부 조사 계획 절차를 작성할 수 있다.	- 평가자는 다음의 사항을 평가해야 한다. ● 학술조사계획 수립 능력 ● 적절한 조사 방법 선정 능력 ● 조사원 교육계획 수립 능력 ● 조사업무 매뉴얼 제작 능력 ● 유·무형 자료의 특성 서술 능력 ● 문화재 훼손 방지 능력 ● 발굴조사, 문헌조사, 채집조사의 수행 능력 ● 조사기간 편성과 인력운영, 예산집행의 수행 능력 ● 문화재의 정보 분석 및 추출 능력 ● 조사 성과 분석 능력 ● 조사 결과물 분류 및 정리 능력 ● 조사 관련 정보의 집적(database) 및 관리 능력 ● 디지털 아카이브와 멀티미디어를 결합한 콘텐츠 개발 능력
유·무형 자료 조사하기	2.1 문화재 조사계획에 따라 유·무형 문화재의 특성을 파악할 수 있다. 2.2 조사대상 유·무형 문화재에 대한 자료를 수집하여 정리할 수 있다. 2.3 조사대상 유·무형 문화재의 특성을 파악하여 조사방법을 설정할 수 있다.	
조사 실행하기	3.1 문화재 특성에 따라 발굴조사, 문헌조사, 채집조사의 방법으로 조사 계획을 수립할 수 있다. 3.2 문화재 특성을 고려한 조사 방법 계획에 따라 시간, 인력, 예산집행 계획을 수립할 수 있다. 3.3 문화재 조사활동을 위하여 유관기관 간의 협력 체제를 구축하여 조사를 수행할 수 있다.	
조사 결과 분석하기	4.1 문화재 조사 결과에 따른 자료를 분석하여 가치 있는 자료를 추출할 수 있다. 4.2 문화재 보존, 연구, 전시, 교육 자료로 활용 할 가치가 있는 결과물을 정리하여 분류할 수 있다. 4.3 조사된 결과물을 전문가의 의견을 수렴하고 가치 있는 정보로 활용할 수 있도록 수정 보완하여 데이터베이스(database)화할 수 있다.	
조사 결과물 활용하기	5.1 활용가치가 있는 문화재 자료를 정보화하여 이용자에게 제공할 수 있다. 5.2 정보화한 문화재 자료를 콘텐츠화하여 이용자가 활용할 수 있도록 제공할 수 있다. 5.3 조사결과물을 보고회, 학술대회의 자료로 활용할 수 있다.	

- 지식 · 기술 · 태도

구 분	주 요 내 용
지 식	• 결과물을 디지털 정보화할 수 있는 전문 지식 • 다양한 조사대상, 목적, 내용에 따른 조사기법에 대한 전문 지식 • 다양한 조사대상의 가치 및 특성을 추출할 수 있는 전문지식 • 문화재 조사의 과학적 방법론에 대한 전문지식 • 인류 문화유산 및 자연에 대한 역사적, 과학적인 전문 지식 • 자연 및 인류에 관한 유·무형의 문화재에 대한 전문지식 • 조사 자원에 대한 과학적인 분석과 결과물을 정리하는 전문 지식 • 조사 자원에 대한 과학적인 분석을 할 수 있는 전문지식 • 조사를 위한 과학적인 수집·분석·정리에 필요한 지식 • 조사와 관련된 제반 법규와 규정에 대한 지식 • 콘텐츠의 다양한 형식·특성에 대한 전문 지식
기 술	• 각종 문헌 및 자료에 대한 특성을 분석할 수 있는 능력 • 문화재 수집·분석을 위한 관련 기기 조작 능력 • 문화재에 대한 특성 분석 능력 • 문화재의 정리·관리에 대한 관련 정보 활용 능력 • 문화콘텐츠 개발에 각종 기기 조작 능력 • 문화콘텐츠에 대한 특성 이해 능력 • 수집된 정보를 과학적으로 분석할 수 있는 능력 • 유관 기관과의 소통 능력 • 조사 기간·비용·효율성 등을 고려한 조사계획 수립 능력 • 조사 목적에 맞춰 세부 사업을 실행하고 결과를 예측할 수 있는 능력 • 조사 목적·내용에 부합하는 조사·분석 능력 • 조사활동과 과학적 분석을 위한 각종 기기 조작 능력 • 행사 기획 및 추진 능력
태 도	• 다양한 문화유산의 분석(조사)에 대한 윤리의식 • 문화유산 조사활동에 대한 사명감 • 분석 및 조사활동 대한 객관적 사고와 판단 • 사업 수행에 대한 객관적 사고와 판단 • 자원의 가치, 특성의 다양성에 대한 수용적인 태도 • 자원의 가치와 존엄성 존중

- 장비

장 비 명	단 위	활용구분(공용/전용)	1대당 활용인원
• 분석기기	대	전용	1
• 컴퓨터	개	공용	30
• 문화재 조사 작업수행에 필요한 각종 제반 시스템	세트	전용	1

※ 장비는 주장비만 제시한 것으로 그 외의 장비와 공구는 별도로 확보

- 재료

재 료 목 록
• 문화재 조사 작업과 관련된 컴퓨터 작업 수행에 필요한 각종 운용 프로그램

※ 재료는 주재료만 제시한 것으로 그 외의 재료는 별도로 확보

○ 과정/과목명 : 0801040104_14v1 문화재 연구
- 훈련개요

훈련목표	수집된 문화재를 토대로 연구 계획을 수립하여 자료조사 및 연구실행 후 결과를 도출하고 정리하는 능력을 함양
수 준	7
최소훈련시간	45시간
훈련가능시설	강의실, 실습실, 컴퓨터실, 교보재실
권장훈련방법	집체훈련, 원격훈련, 현장견학, 현장실습

- 편성내용

단 원 명 (능력단위 요소명)	훈 련 내 용 (수행준거)	평가시 고려사항
연구계획 수립하기	1.1 해당 단체의 설립목표와 기본운영조례에 따라 연구계획을 세울 수 있다. 1.2 연구계획의 단계에서 전시와 교육을 전제로 연구주제를 구체적으로 설정할 수 있다. 1.3 연구계획에 따라 연구팀을 조직할 수 있다. 1.4 연구주제에 관한 선행 연구 자료를 조사하고 연구방법론을 설정해 구체적인 결과를 예측할 수 있다. 1.5 기존의 연구 성과를 분석하고 이를 토대로 새로운 고찰과 해석으로 발전시킬 수 있다.	- 평가자는 다음의 사항을 평가해야 한다. • 문화재 연구 계획 수립 능력 • 기존에 구비되어 있는 연구 목적에 적합한 자료를 조사하는 능력 • 연구주제와 관련된 선행 연구 자료를 종합 분석 평가 정리하는 능력 • 수립된 연구계획 절차에 따라서 수행하는 능력 • 연구문 작성법에 따라 연구 보고서를 명확하고 합리적으로 작성하는 능력
연구자료 조사하기	2.1 연구계획에 따라 조사일정을 세울 수 있다. 2.2 연구목적에 부합하는 국내외 자료들을 조사할 수 있다. 2.3 국내외 자료의 소재를 파악하여 목록을 작성할 수 있다. 2.4 조사된 연구자료를 분석 분류 평가 정리할 수 있다.	
연구 실행하기	3.1 수립된 연구 계획과 조사된 자료를 연계시킬 수 있다. 3.2 문화재의 특성을 고려하여 연구 방법을 선택할 수 있다. 3.3 연구 계획 절차를 기반으로 연구를 수행할 수 있다. 3.4 창의적이고 생산적인 연구결과를 도출할 수 있다.	
연구 결과물 정리하기	4.1 연구계획과 목적에 부합하도록 연구 결과물을 작성할 수 있다. 4.2 연구과정에서 수집된 실물자료와 사진자료, 영상자료 등 일체의 자료에 관한 목록을 작성할 수 있다. 4.3 연구과정에서 수집된 귀중자료는 박물관에 소장될 수 있도록 요청할 수 있다.	

- 지식 · 기술 · 태도

구 분	주 요 내 용
지 식	● 각 언어의 자료 성격에 관한 지식 ● 국내외 연구동향에 대한 지식 ● 연구과정에서 수집된 모든 자료에 대한 분류지식 ● 연구의 방법 및 형식에 관련된 지식 ● 연구의 타당성을 찾아내는 방법에 대한 지식 ● 연구이론 및 방법에 관한 지식 ● 연구자료 조사의 방법과 이론에 대한 지식 ● 연구하려는 문화재에 적합한 이론 지식 ● 자료소장자에 대한 정보 지식 ● 조사된 자료에 대한 배경 지식 ● 해당 연구주제에 대한 기존 연구에 대한 지식정보
기 술	● 기존 연구 성과에 대한 분석 및 정리 기술 능력 ● 논리적으로 문장을 구성하여 표현할 수 있는 능력 ● 수집 자료의 분류 및 보존, 관리하는 능력 ● 연구 주제에 대한 이론 문헌 독해 및 이해 능력 ● 연구기획서 기술 능력 ● 연구비를 정산할 수 있는 능력 ● 연구의 결과물을 정리할 수 있는 글쓰기 능력 ● 연구의 내용을 논리적으로 주장할 수 있는 능력 ● 연구의 타당성과 일관성 점검할 수 있는 능력 ● 정리된 자료를 분석 분류 평가능력 ● 조사 자료를 분석할 수 있는 능력 ● 조사된 자료 내용 간략 정리능력 ● 조사된 자료 목록 작성능력
태 도	● 기존연구 성과에 대한 철저한 정리태도 ● 논리 개발에 적극적인 태도 ● 박물관 자료의 역사 문화적 시각과 태도 견지 ● 수집된 자료에 대한 철저히 사후 관리하려는 태도 ● 연구 결과물을 정리하려는 적극적인 자세 ● 연구 자료에 대한 치밀한 분석 태도 ● 연구결과에 대한 타당성을 찾아내려는 자세 ● 연구팀과의 융화적 태도 ● 자료소장자로부터 유익한 정보 얻어내기 ● 자료조사지에서 관련 인사와 적극 접촉하기 ● 주장의 타당성 여부를 점검하려는 자세 ● 현장 자료정보에 대한 다각인 접근태도

- 장비

장 비 명	단 위	활용구분(공용/전용)	1대당 활용인원
● 컴퓨터	대	공용	1
● 문서작성 프로그램	점	공용	1
● 프레젠테이션 프로그램	점	공용	1

※ 장비는 주장비만 제시한 것으로 그 외의 장비와 공구는 별도로 확보

- 재료

재 료 목 록
● 문화재 연구 작업과 관련된 컴퓨터 작업 수행에 필요한 각종 운용 프로그램

※ 재료는 주재료만 제시한 것으로 그 외의 재료는 별도로 확보

○ 과정/과목명 : 0801040105_14v1 문화재 전시

- 훈련개요

훈련목표	문화재의 가치를 모색하고 전파하기 위해 일정한 주제와 다양한 기법을 이용하여 타인에게 전시물을 보여주는 능력을 함양
수 준	4
최소훈련시간	60시간
훈련가능시설	강의실, 실습실, 컴퓨터실, 교보재실
권장훈련방법	집체훈련, 원격훈련, 현장견학, 현장실습

- 편성내용

단 원 명 (능력단위 요소명)	훈 련 내 용 (수행준거)	평가시 고려사항
전시계획 수립하기	1.1 전시계획에 요구되는 제반 단계에 따라 전시계획서를 설계할 수 있다. 1.2 전시계획에 요구되는 전시주제와 전시목적의 타당성을 제시할 수 있다. 1.3 전시계획에 요구되는 장소, 일정, 공동사업자 섭외, 전시물목록을 작성할 수 있다. 1.4 전시계획에 요구되는 자료보존, 안전조치, 인력구성, 전시공간을 설계할 수 있다. 1.5 전시계획에 요구되는 전시예산, 추진일정 업무를 추진할 수 있다.	- 평가자는 다음의 사항을 평가해야 한다. • 전시 기획 능력 • 전시 공간 설계 능력 • 전시 자료 조사 · 수집 · 정리 · 분류 · 분석 능력 • 환경 디자인 · 제품 디자인 능력 • 시각 디자인 · 영상디자인 능력 • 전시 공간 연출 능력 • 전시시설 공정관리 능력 • 전시 콘텐츠 개발 · 제작 · 관리 · 활용 능력 • 전시공간 환경 관리능력 • 전시 홍보물 제작 · 활용 · 평가 능력 • 전시성과 분석능력
전시자료 수집 분석하기	2.1 전시에 요구되는 목적에 따라 전시자료를 조사할 수 있다. 2.2 전시에 요구되는 목적에 따라 전시자료를 수집할 수 있다. 2.3 전시에 요구되는 목적에 따라 전시자료를 정리할 수 있다. 2.4 전시에 요구되는 목적에 따라 전시자료를 분류할 수 있다. 2.5 전시에 요구되는 목적에 따라 전시자료를 분석할 수 있다.	
전시설계 디자인하기	3.1 전시설계에 요구되는 기초조사, 기본구상, 기본계획을 수립할 수 있다. 3.2 전시설계에 요구되는 기본설계, 실시설계, 시공단계를 관리할 수 있다. 3.3 전시설계에 요구되는 환경디자인, 제품디자인 업무를 추진할 수 있다. 3.4 전시설계에 요구되는 시각디자인, 영상디자인 업무를 추진할 수 있다.	

단 원 명 (능력단위 요소명)	훈 련 내 용 (수행준거)	평가시 고려사항
전시공간 연출하기	4.1 전시공간 연출규정에 따라 전시공간의 연출 기획을 할 수 있다. 4.2 전시공간 연출규정에 따라 전시공간 요소와 형태를 설정할 수 있다. 4.3 전시공간 연출규정에 따라 전시 동선과 진열장을 선택할 수 있다. 4.4 전시공간 연출규정에 따라 전시물을 배열할 수 있다. 4.5 전시공간 연출규정에 따라 전시시설 공정 관리를 할 수 있다.	
전시콘텐츠 제작 관리하기	5.1 전시에 요구되는 제반 규정에 따라 전시콘텐츠를 개발할 수 있다. 5.2 전시에 요구되는 제반 규정에 따라 전시콘텐츠를 제작할 수 있다. 5.3 전시에 요구되는 제반 규정에 따라 전시콘텐츠를 관리할 수 있다. 5.4 전시에 요구되는 제반 규정에 따라 전시콘텐츠를 활용할 수 있다.	
전시 환경 관리하기	6.1 전시환경 관리규정에 따라 전시공간에 항온항습을 할 수 있다. 6.2 전시환경 관리규정에 따라 전시공간에 안전시설을 설치할 수 있다. 6.3 전시환경 관리규정에 따라 전시공간에 방범장치를 할 수 있다. 6.4 전시환경 관리규정에 따라 관리인력을 배치할 수 있다.	
전시홍보물 제작 관리하기	7.1 전시에 요구되는 제반 규정에 따라 전시홍보물을 제작할 수 있다. 7.2 전시에 요구되는 제반 규정에 따라 전시홍보물을 관리할 수 있다. 7.3 전시에 요구되는 제반 규정에 따라 전시홍보물을 활용할 수 있다. 7.4 전시에 요구되는 제반 규정에 따라 생산된 전시홍보물을 평가할 수 있다.	
전시성과 분석 평가하기	8.1 전시평가에 요구되는 제반 규정에 따라 전시성과분석틀을 개발할 수 있다. 8.2 전시평가에 요구되는 제반 규정에 따라 전시성과를 분석할 수 있다. 8.3 전시평가에 요구되는 제반 규정에 따라 전시성과를 평가할 수 있다. 8.4 전시평가에 요구되는 제반 규정에 따라 전시성과 평가물 활용방안을 제시할 수 있다.	

- 지식·기술·태도

구 분	주 요 내 용
지 식	● 건축기준법, 소방법 등의 법규에 대한 지식 ● 관객 및 소비자 분석에 대한 지식 ● 국유재산법, 지방재정법, 물품관리법에 대한 지식 ● 대중 커뮤니케이션 이론에 대한 지식 ● 박물관 기술학에 대한 지식 ● 박물관학에 대한 지식 ● 소비자 심리분석 이론에 대한 지식 ● 소장자료 관리론에 대한 지식 ● 작품보존 및 수복에 관한 이론 지식 ● 재정 회계법에 대한 지식 ● 저작권법에 대한 지식 ● 전시 기획론에 대한 지식 ● 전시 매체론에 대한 지식 ● 전시개발 이론에 대한 지식 ● 전시공간 디자인론에 대한 지식 ● 전시공간 연출론에 대한 지식 ● 전시설계 및 전시 디자인론에 대한 지식 ● 전시시설 공정관리 규정에 대한 이해 ● 전시장 인력운영에 관한 이론 지식 ● 전시콘텐츠 개발 이론에 대한 지식 ● 전시콘텐츠 관리 이론에 대한 지식 ● 전시콘텐츠 제작 이론에 대한 지식 ● 전시콘텐츠 활용 이론에 대한 지식 ● 전시평가 이론에 대한 지식 ● 전시평가활용 이론에 대한 지식 ● 전시환경 안전관리에 관한 이론 지식 ● 커뮤니케이션 디자인론에 대한 지식 ● 홍보마케팅 이론에 대한 지식
기 술	● 디지털 정보미디어 운용기술 ● 방범 및 안전기술 ● 빔프로젝터, 멀티비전, 모니터 제작 관리능력 ● 소장자료 관리기술 ● 스토리텔링을 개발할 수 있는 능력 ● 시각디자인을 할 수 있는 기술 ● 웹디자인을 할 수 있는 능력 ● 작품보존 및 수복기술 ● 전시공간, 관람동선, 조명, 진열 업무의 실행 관리능력 ● 전시공간을 연출할 수 있는 능력 ● 전시공간을 제작 관리할 수 있는 능력 ● 전시관련 단체 협력망의 구성 및 운영 능력 ● 전시기획서 작성능력 ● 전시성과 분석 틀을 개발할 수 있는 능력 ● 전시성과를 분석할 수 있는 능력 ● 전시성과를 평가할 수 있는 능력 ● 전시시설을 공정관리할 수 있는 능력 ● 전시실행 관리능력 ● 전시인력을 운영할 수 있는 능력

		• 전시자료의 수집 정리 분류 분석 능력 • 전시자료의 의미와 가치 생산 능력 • 전시콘텐츠 관리기술 • 전시콘텐츠 활용기술 • 전시콘텐츠를 제작할 수 있는 능력 • 전시평가 산출능력 • 진열장, 모형물, 디오라마, 파노라마 제작 관리능력 • 출판 편집을 할 수 있는 능력 • 평면도, 조감도, 설계도, 전시배선도 도면 제작 관리능력 • 홍보마케팅 전략을 수립하는 능력 • 홍보지, 도록, 포스터, 가이드북, 설명패널, 네임텍, 홍보물 제작 관리능력
	태 도	• ICOM 윤리강령 준수 태도 • 공사비와 제작 및 시공일정 등을 준수하려는 자세 • 과장된 내용의 홍보콘텐츠를 지양하려는 자세 • 과학적 평가를 위해 계획, 기획, 진행에 관한 전 과정을 검토하려는 자세 • 관람객 중심의 전시환경 서비스 자세 • 관리가 용이한 장치를 선택하려는 태도 • 기능성, 견고성, 안전성 등을 기준으로 설계 유도하려는 태도 • 문제점을 심층적으로 입증하려는 태도 • 문화유산 전시계획을 수립하려는 적극적인 자세 • 수습에 앞선 예방에 중점을 둔 관리 태도 • 실시계획의 내용과 전시내용이 부합되는지 확인하려는 태도 • 저작물의 저작권 관리규정 준수 • 전시공간에 완벽한 스토리를 구축하기 위한 노력 • 전시관련 전문가와 유기적으로 협력하려는 자세 • 전시디자인의 제작과 시공에 전체적인 책임이 있다고 생각하는 자세 • 전시목적과 내용에 부응하는 전시홍보물 디자인하려는 자세 • 전시유물의 수집 관리규정 준수 • 전시의 목적에 부응하는 전시자료 선별 노력 • 전시주제에 부응하는 관리 해설 인력을 배치하려는 태도 • 전시주제와 전시공간의 조화를 꾀하려는 자세 • 지나친 홍보콘텐츠 생산에 따른 역기능을 예방하려는 태도 • 창의적 사고와 책임감 유지 • 향후 전시에 지침을 마련하는 활용방안을 제시하려는 적극적인 자세

- 장비

장 비 명	단 위	활용구분(공용/전용)	1대당 활용인원
• 컴퓨터	대	공용	1
• 설계관련 프로그램	세트	전용	1
• 빔프로젝터, 멀티비전	세트	공용	30
• 온도계, 습도계	점	공용	5

※ 장비는 주장비만 제시한 것으로 그 외의 장비와 공구는 별도로 확보

- 재료

재 료 목 록
• 문화재 전시 작업과 관련된 작업 수행에 필요한 각종 운용 프로그램

※ 재료는 주재료만 제시한 것으로 그 외의 재료는 별도로 확보

○ 과정/과목명 : 0801040106_14v1 문화재 교육

- 훈련개요

훈련목표	교육대상에 적합한 교육프로그램 계획을 수립하고, 설계, 개발, 실행, 평가, 환류하여 문화재의 내용을 효과적으로 전수·학습하는 능력을 함양
수 준	6
최소훈련시간	60시간
훈련가능시설	강의실, 실습실, 컴퓨터실, 교보재실
권장훈련방법	집체훈련, 원격훈련, 현장견학, 현장실습

- 편성내용

단 원 명 (능력단위 요소명)	훈 련 내 용 (수행준거)	평가시 고려사항
교육계획 수립하기	1.1 교육 주제와 교육 대상에 따른 연간 교육 계획(안)을 수립할 수 있다. 1.2 교육 계획(안)에 따른 교육 대상층과 지역사회의 요구사항을 조사할 수 있다. 1.3 수립된 교육 계획(안)에 따른 개별 교육 프로그램(안)을 계획할 수 있다. 1.4 개별 교육 프로그램(안)에 따른 기관의 유·무형의 인적, 물적 자원조사와 콘텐츠를 분석·활용할 수 있다.	- 평가자는 다음의 사항을 평가해야 한다. • 교육 계획 수립능력 • 교육 프로그램 개발 능력 • ICT 활용능력 • 교수-학습지도안 작성 능력 • 교재 개발 능력 • 학습자용 활동지 개발능력 • 평가도구 개발 능력 • 교육 프로그램 홍보 마케팅 능력 • 평가자료 수집·분석 능력 • 결과보고서 작성 능력
프로그램 설계하기	2.1 교육 프로그램(안)에 따른 교육 주제 및 목표를 설정할 수 있다. 2.2 교육 프로그램(안)에 따른 교육 대상의 특성을 분석할 수 있다. 2.3 교육 프로그램(안)에 따라 교육 목표에 적합한 교육 방법을 선택할 수 있다. 2.4 교육 프로그램(안)에 따라 운영에 필요한 교육 환경을 준비할 수 있다. 2.5 교육 프로그램(안)에 따라 필요한 교육 자료 및 콘텐츠를 결정할 수 있다.	
프로그램 개발하기	3.1 교육 방법에 따른 수업용 자료를 개발할 수 있다. 3.2 교육 방법에 따른 학습자용 활동지를 개발할 수 있다. 3.3 교육 방법에 따른 평가도구를 개발할 수 있다. 3.4 개발된 내용에 따른 전문 인력풀의 감수 및 내용 확정을 실행할 수 있다. 3.5 확정된 내용에 따른 교재 디자인과 인쇄 과정을 진행할 수 있다. 3.6 교육 내용에 따른 프로그램 홍보용 브로슈어 및 안내서를 개발할 수 있다.	

단 원 명 (능력단위 요소명)	훈 련 내 용 (수행준거)	평가시 고려사항
프로그램 실행하기	4.1 교육 목표에 따라 교육 프로그램 참가자를 모집할 수 있다. 4.2 교육 프로그램에 따라 교육 강사를 모집, 교육할 수 있다. 4.3 교육 프로그램을 대내외적으로 홍보 마케팅을 수행할 수 있다. 4.4 개발된 프로그램의 교육 계획을 적합하게 실행할 수 있다. 4.5 개발된 프로그램의 실행에 필요한 예산을 집행할 수 있다.	
프로그램 평가하기	5.1 교육 목표에 따라 운영 프로그램을 종합 평가할 수 있다. 5.2 교육 목표에 따라 평가 자료를 수집, 분석할 수 있다. 5.3 평가 내용과 시사점에 따른 프로그램 유지, 개선, 관리 방안을 제시할 수 있다. 5.4 교육 목표에 따른 교육 실시 결과 보고서를 작성할 수 있다.	

- 지식・기술・태도

구 분	주 요 내 용
지 식	● 과정평가에 따른 환류 이해 ● 교수-학습지도안 작성법 이해 ● 교육 강사 교육운영 방안에 대한 이해 ● 교육 프로그램 운영에 적합한 강사의 역량에 대한 이해 ● 교육 프로그램 홍보 마케팅할 사이트, 방법, 대상에 대한 지식 ● 교육대상 및 지역의 사회문화적, 인구학적 특성 이해 ● 교육대상별 특성 및 요구 이해 ● 교육대상에 적합한 활동지 (디자인, 언어) 이해 ● 교육부서 내 예산집행 흐름 및 내용의 이해 ● 교육전개과정 및 흐름의 이해 ● 기관의 교육운영 전략 및 비전 이해 ● 기관의 유・무형의 인적, 물적 자원과 콘텐츠 이해 ● 수업지도안(교재) 작성법 이해 ● 수업지도안에서 강조하는 교육전략 및 방법에 대한 이해 ● 수업활동에서 사용하는 다양한 ICT의 특징과 목적에 대한 이해 ● 유사 교육프로그램 국내외 현황 이해 ● 자료 수집과 분석 기법에 대한 이해 ● 종합 평가 결과의 환류 방안에 대한 지식 ● 종합 평가 방법론에 대한 지식 ● 종합 평가의 목적과 중요성 이해 ● 진단평가에 따른 환류 이해 ● 최근 박물관 교육철학 및 이론적 동향과 흐름 이해 ● 평가보고서 및 문서 시각화 작성법에 대한 지식

	● 프레젠테이션 기술에 대한 지식 ● 프로그램 평가방법 결정에 대한 지식 ● 프로그램 평가방법에 대한 이해 ● 학교 교과과정 이해
기 술	● ICT를 활용한 프로그램 설계 능력 ● 과정평가 분석과 환류 능력 ● 관련 S/W (프레젠테이션, 워드프로세서 등)를 사용할 수 있는 능력 ● 교육대상과의 긴밀한 의사소통능력 ● 교육대상에 적합한 활동지 (디자인, 언어) 개발 능력 ● 교육진행시 필요한 다양한 ICT 활용 및 소양 기술 ● 그래픽 기초 능력 ● 기관의 자원연계 교육주제 및 목표를 설정할 수 있는 능력 ● 기획안 작성 및 활용 능력 ● 박물관교육방법에 따른 프로그램을 설계할 수 있는 능력 ● 상황에 따른 융통성 있는 교구재 활용 기술 ● 상황에 따른 융통성 있는 프로그램 실행 기술 ● 수업지도안(교재) 작성 능력 ● 수업지도안에서 강조하는 교육전략 및 방법에 따른 진행 기술 ● 예산의 편성 및 확보 능력 ● 예산집행 능력 ● 자원조사 및 콘텐츠 분석 능력 ● 정보 취합, 분류 및 문서화 능력 ● 진단평가 분석과 환류 능력 ● 최신 박물관 교육방법 및 학습이론에 입각한 교육방법을 결정할 수 있는 능력 ● 평가결과를 반영하여 차후 프로그램 개선 및 관리 방안 제시할 수 있는 능력 ● 평가도구(설문지 작성 포함) 개발 능력 ● 평가보고서의 데이터베이스 구축 능력 ● 평가자료 분석에 따른 해석 능력 ● 프로그램 관련 전문 인력풀을 구축할 수 있는 능력 ● 프로그램 홍보용 브로슈어 및 안내서 개발 능력 ● 학교 교과과정과 연계한 교육주제를 설정할 수 있는 능력
태 도	● ICT 활용 교육환경에 대한 긍정적인 태도 ● ICT를 활용한 교육환경에 적극적인 태도 ● 교육대상 및 관계자들의 요청을 적극적으로 수용하려는 태도 ● 교육대상과의 소통에서 항상 밝고 긍정적인 자세 ● 교육대상과의 원활한 소통을 위한 적극적인 태도 ● 교육대상의 적극적 학습참여를 위한 편안한 학습 분위기를 조성하려는 자세 ● 교육프로그램 운영에 적합한 교육환경 (ICT, 안전성, 동선, 공간)을 준비하려는 자세 ● 기관 내 부서 간 소통에 협조적 태도 ● 디지털 DB화에 대한 적극적으로 참여하려는 자세 ● 새로운 교육방법 도입에 적극적인 태도 ● 새로운 정책 및 전략 도입에 적극적인 태도 ● 유사 교육프로그램 현황 분석 및 활용에 적극적인 태도 ● 전문가 감수결과의 적극적 수용 및 반영하려는 자세 ● 종합 평가의 목적과 결과에 대한 긍정적으로 수용하려는 자세 ● 쾌적한 교육환경 유지를 위한 부지런한 태도 ● 평가활동의 중요성 및 필요성에 대한 긍정적인 태도 ● 프로그램 운영관련 안전사항을 준수하려는 자세

- 장비

장 비 명	단 위	활용구분(공용/전용)	1대당 활용인원
• 컴퓨터	대	공용	1
• 외장하드	개	공용	1
• 빔 프로젝터, 레이저 포인터	세트	공용	30
• 모니터, 스크린	개	공용	30
• 문서 프로그램	세트	공용	1
• 그래픽 프로그램	세트	공용	1
• 프레젠테이션 프로그램	세트	공용	1

※ 장비는 주장비만 제시한 것으로 그 외의 장비와 공구는 별도로 확보

- 재료

재 료 목 록
• 문화재 교육의 교수에 필요한 각종 교안을 포함한 유인물
• 문화재 교육의 학습에 필요한 각종 학습지를 포함한 유인물
• 문화재 교육에 필요한 문구류와 체험학습 준비물

※ 재료는 주재료만 제시한 것으로 그 외의 재료는 별도로 확보

○ 과정/과목명 : 0801040107_14v1 문화재 교류

- 훈련개요

훈련목표	교류실태를 분석하여, 교류정책을 수립하고, 교류협력 체제를 구축하여, 교류협력 성과를 분석하고 활용하는 능력을 함양
수 준	6
최소훈련시간	45시간
훈련가능시설	강의실, 실습실, 컴퓨터실, 교보재실
권장훈련방법	집체훈련, 원격훈련, 현장견학, 현장실습

- 편성내용

단 원 명 (능력단위 요소명)	훈 련 내 용 (수행준거)	평가시 고려사항
교류실태 분석하기	1.1. 민관산학연 기관·단체와 다자간·양자간 업무 협약 체결 현황을 조사할 수 있다. 1.2. 민관산학연 기관·단체와 업무협약 체결의 실태를 분석하여 대책을 수립할 수 있다. 1.3. 민관산학연 기관·단체와 업무협약 체결의 지속가능성과 해지 필요성을 분석할 수 있다.	- 평가자는 다음의 사항을 평가해야 한다. • 국제협약, 국제협정, 선언문, 권고안, 운용지침, 지도방침 이행 • 박물관 및 미술관 진흥법, 문화재보호법, 법령, 조례, 예규, 정관, 방침 이행 • 사절로서 에티켓, 매너, 윤리강령 준수 여부 • 문화재 교류 실태분석 능력 • 문화재 교류정책 수립 능력 • 문화재 교류협력 체제 구축 능력 • 문화재 교류협력 성과 분석 능력 • 문화재 교류협력 성과 활용 능력
교류정책 수립하기	2.1. 국제규범, 법령, 조례, 정관 등에 근거하여 교류정책의 보편성과 유사점을 파악할 수 있다. 2.2. 국제규범, 법령, 조례, 정관 등에 근거하여 교류정책의 특수성과 차이점을 파악할 수 있다. 2.3. 국제규범, 법령, 조례, 정관 등에 근거하여 교류정책을 수립할 수 있다.	
교류협력 체제 구축하기	3.1. 민관산학연 기관·단체와 다자간·양자간 업무 협약 체결을 위한 협력 체제 구축을 위한 제반 여건을 조사하여 적용할 수 있다. 3.2. 민관산학연 기관·단체와 다자간·양자간 업무 협약 체결을 위한 협력 체제 구축을 위한 예산을 편성하고 집행할 수 있다. 3.3. 민관산학연 기관·단체와 다자간·양자간 업무 협약 체결을 위한 보증·보험·공증 업무처리를 수행할 수 있다.	
교류협력 실행하기	4.1. 민관산학연 기관·단체와 업무협약에 근거하여 인적 교류 협력을 실행할 수 있다. 4.2. 민관산학연 기관·단체와 업무협약에 근거하여 물적 교류 협력을 실행할 수 있다. 4.3. 민관산학연 기관·단체와 업무협약에 근거하여 기술적 교류 협력을 실행할 수 있다. 4.4. 민관산학연 기관·단체와 업무협약에 근거하여 학술적 교류 협력을 실행할 수 있다.	

단 원 명 (능력단위 요소명)	훈련내용 (수행준거)	평가시 고려사항
교류협력 성과 분석하기	5.1. 민관산학연 기관·단체와 업무협약에 근거하여 인적 교류 협력의 성과를 분석할 수 있다. 5.2. 민관산학연 기관·단체와 업무협약에 근거하여 물적 교류 협력의 성과를 분석할 수 있다. 5.3. 민관산학연 기관·단체와 업무협약에 근거하여 기술적 교류 협력의 성과를 분석할 수 있다. 5.4. 민관산학연 기관·단체와 업무협약에 근거하여 학술적 교류 협력의 성과를 분석할 수 있다.	
교류협력 성과 활용하기	6.1. 민관산학연 기관·단체와 업무협약에 근거한 인적, 물적, 기술적·학술적 교류 협력의 성과를 박물관 목적사업에 활용할 수 있다. 6.2. 민관산학연 기관·단체와 업무협약에 근거한 인적, 물적, 기술적·학술적 교류 협력의 성과를 박물관 표적활동에 활용할 수 있다. 6.3. 민관산학연 기관·단체와 업무협약에 근거한 인적, 물적, 기술적·학술적 교류 협력의 성과를 유관 기관·단체와 교류에 활용할 수 있다.	

- 지식 · 기술 · 태도

구 분	주 요 내 용
지 식	• ICOM, ICOMOS, IUCN, ICCROM, UNESCO, UN의 정관, 윤리강령에 대한 지식 • 국제협약, 국제협정, 선언문, 권고안, 운용지침, 지도방침에 대한 지식 • 박물관 및 미술관 진흥법, 문화재보호법, 법령, 조례, 예규, 정관, 방침에 대한 지식 • 업무협약에 근거한 인적, 물적, 기술적, 학술적 교류 협력에 관한 지침에 대한 지식 • 인적, 물적, 기술적, 학술적 교류 협력에 관한 정성적, 정량적, 통합적 통계분석 처리 지식
기 술	• ICOM, ICOMOS, IUCN, ICCROM, UNESCO, UN의 정관, 윤리강령 적용 기술 • 국제협약, 국제협정, 선언문, 권고안, 운용지침, 지도방침 적용 기술 • 민관산학연 기관·단체와 다자간·양자간 업무협약 체결 현황 조사 능력 • 민관산학연 기관·단체와 업무협약 체결의 실태를 분석하여 대책 수립 능력 • 민관산학연 기관·단체와 업무협약 체결의 지속 가능성과 해지 필요성 분석 능력 • 박물관 및 미술관 진흥법, 문화재보호법, 법령, 조례, 예규, 정관, 방침 적용 기술 • 업무협약 체결을 위한 보증·보험·공증 업무처리를 수행할 수 있는 능력 • 업무협약에 근거하여 기술적 교류 협력을 실행할 수 있는 능력 • 업무협약에 근거하여 기술적 교류 협력의 성과 분석 능력 • 업무협약에 근거하여 물적 교류 협력을 실행할 수 있는 능력 • 업무협약에 근거하여 물적 교류 협력의 성과 분석 능력 • 업무협약에 근거하여 인적 교류 협력을 실행할 수 있는 능력 • 업무협약에 근거하여 인적 교류 협력의 성과 분석 능력 • 업무협약에 근거하여 학술적 교류 협력을 실행할 수 있는 능력 • 업무협약에 근거하여 학술적 교류 협력의 성과 분석 능력 • 인적, 물적, 기술적, 학술적 교류 협력에 관한 정성적, 정량적, 통합적 통계분석 처리 능력 • 인적, 물적, 기술적·학술적 교류 협력의 성과를 박물관 목적사업에 적용할 수 있

	• 는 능력 • 인적, 물적, 기술적·학술적 교류 협력의 성과를 박물관 표적활동에 활용할 수 있는 능력 • 인적, 물적, 기술적·학술적 교류 협력의 성과를 유관 기관·단체와 공용할 수 있는 능력 • 협력 체제 구축을 위한 예산을 편성하여 집행하는 능력 • 협력 체제 구축을 위한 제반여건을 조사하여 적용할 수 있는 능력
태 도	• 교류 협력 성과 분석에 객관적이고 공정한 자세 • 교류 협력의 성과를 박물관 목적사업에 적용하려는 적극적인 자세 • 교류 협력의 성과를 박물관 표적활동에 적극 활용려는 자세 • 교류 협력의 성과를 유관 기관·단체와 적극 공유하려는 자세 • 국제협약, 국제협정, 선언문, 권고안, 지도방침, 운용지침의 적용에 성실한 태도 • 다자간 또는 양자간 교류의 보편성과 특수성 이해에 적극적인 자세 • 다자간·양자간 업무협약 체결 현황 조사에 신뢰성을 갖추려는 자세 • 박물관 및 미술관 진흥법, 문화재보호법, 법령, 조례, 예규, 정관, 방침을 준수하려는 자세 • 업무협약 체결을 위한 보증·보험·공증 업무처리를 수행하는데에 성실한 자세 • 업무협약 체결의 실태를 분석하여 대책을 수립하는 기획력을 갖추려는 자세 • 업무협약 체결의 지속 가능성과 해지 필요성을 분석하는 판단력을 가지려는 자세 • 업무협약에 근거하여 국제협약, 국제협정, 선언문, 권고안, 운용지침, 지도방침을 준수하려는 자세 • 업무협약에 근거하여 인적, 물적, 기술적, 학술적 교류 협력에 성실한 자세 • 업무협약에 근거한 관계법령, 조례, 예규, 정관, 방침 적용에 있어 공정한 자세 • 인적, 물적, 기술적, 학술적 교류 협력의 성과 분석에 적극적인 자세 • 협력 체제 구축을 위한 예산을 편성하여 집행하는데에 공정한 자세 • 협력 체제 구축을 위한 제반여건을 조사하는 통찰력을 가지려는 자세

- 장비

장 비 명	단 위	활용구분(공용/전용)	1대당 활용인원
• 컴퓨터	대	공용	1
• 프린터	대	공용	30
• 노트북	대	공용	10
• 통신기기	세트	공용	30
• 카메라	대	공용	30
• 캠코터	대	공용	30

※ 장비는 주장비만 제시한 것으로 그 외의 장비와 공구는 별도로 확보

- 재료

재 료 목 록
• 문화재 교류 수행에 필요한 컴퓨터, 프린터, 노트북, 아이패드 등의 문서제작기의 소모품 • 문화재 교류 기록에 필요한 카메라, 캠코더, 녹음기 등의 정보화 기자재의 소모품 • 문화재 교류 수행과 기록에 필요한 공식문서지, 보안용USB • 문화재 교류 구축과 활용에 필요한 홍보물, 기념품

※ 재료는 주재료만 제시한 것으로 그 외의 재료는 별도로 확보

○ 과정/과목명 : 0801040108_14v1 문화재 평가

- 훈련개요

훈련목표	학예와 관련된 제반 사업의 평가계획 수립, 사업성과 평가, 문화재 가치 평가, 이용 만족도 평가, 경영성과 평가를 수행하는 능력을 함양
수 준	6
최소훈련시간	45시간
훈련가능시설	강의실, 실습실, 컴퓨터실, 교보재실
권장훈련방법	집체훈련, 원격훈련, 현장견학, 현장실습

- 편성내용

단 원 명 (능력단위 요소명)	훈 련 내 용 (수행준거)	평가시 고려사항
평가계획 수립하기	1.1 해당 사업에 따라 수립할 평가 계획의 기초 자료를 수집할 수 있다. 1.2 수립된 평가 계획에 따라 수집된 자료를 기초로 평가 요인을 추출할 수 있다. 1.3 평가 대상 및 요인에 따라 평가 지표를 작성할 수 있다. 1.4 수행한 해당 사업 및 경영 성과 분석에 따른 평가 계획을 수립할 수 있다.	- 평가자는 다음의 사항을 평가해야 한다. • 평가계획 수립 능력 • 분석·평가 수행 능력 • 문화재 가치 평가 능력 • 이용 만족도 평가 능력 • 경영성과 평가 능력
사업성과 평가하기	2.1 수행한 사업의 성과에 따라 도출 결과를 정리할 수 있다. 2.2 수행한 사업의 항목에 따른 개별 평가 지표를 사업 평가에 적용할 수 있다. 2.3 수립된 평가 계획에 따라 사업성과를 평가할 수 있다. 2.4 수행한 사업의 성과에 따른 사업평가 결과를 추후 사업에 반영할 수 있다.	
문화재 가치 평가하기	3.1 문화재 가치를 이해·추출할 수 있다. 3.2 문화재 가치 관련 자료를 분석·평가할 수 있다. 3.3 평가한 문화재 가치를 문화재 사업에 활용할 수 있다.	
이용 만족도 평가하기	4.1 이용 만족도를 이해·추출할 수 있다. 4.2 이해 만족도 관련 자료를 분석·평가할 수 있다. 4.3 평가한 이해 만족도를 박물관 경영에 활용할 수 있다.	
경영성과 평가하기	5.1 수립된 평가 계획에 따라 경영성과를 평가할 수 있다. 5.2 수행한 사업에 따른 기관별 경영성과를 정리할 수 있다. 5.3 수행한 사업에 따른 기관별 평가 지표를 경영 평가에 적용할 수 있다. 5.4 수행한 사업에 따른 평가 결과를 추후 경영에 반영할 수 있다.	

- 지식·기술·태도

구 분	주 요 내 용
지 식	• 문화예술경제학에 관한 기초지식 • 문화재 가치를 분석·평가할 수 있는 지식 • 문화재 가치에 관한 지식 • 문화재 가치평가 방법론에 관한 지식 • 보존공물, 문화재, 박물관자료에 관한 지식 • 분석·평가 이론에 관한 기초지식 • 비영리 경영평가의 특수성에 관한 지식 • 역사적·문화적·지리적 맥락의 이해 • 이용 만족도를 분석·평가할 수 있는 지식 • 이용 만족도에 관한 지식 • 이용 만족도와 관련 자료와 정보에 관한 지식 • 이용 만족도와 재방문율의 상관관계의 이해 • 자원 보전과 활용에 관한 지식 • 통계학에 관한 기초지식
기 술	• 경영성과 평가 방법론을 과학적으로 적용하는 능력 • 경영성과 평가 자료를 검증·해석할 수 있는 능력 • 경영성과 평가 자료를 공정하게 통계 처리하는 능력 • 경영성과 평가 자료를 환류·활용할 수 있는 능력 • 경영성과 평가의 기대치와 문제점을 산출하는 능력 • 문화재 가치 평가 방법론을 과학적으로 적용하는 능력 • 분석·평가대상 자료를 공정하게 통계 처리하는 능력 • 분석·평가한 자료를 검증·해석할 수 있는 능력 • 분석·평가한 자료를 환류·활용할 수 있는 능력 • 산출된 가치를 검증·해석할 수 있는 능력 • 산출된 이용만족도를 검증·해석할 수 있는 능력 • 이용 만족도 분석·평가 방법론을 과학적으로 적용하는 능력 • 평가 계획 수립의 기대치와 문제점을 산출하는 능력 • 평가 계획을 체계적으로 수립하는 능력 • 평가 방법론을 과학적으로 적용하는 능력 • 평가대상의 특성을 총체적이고 객관적으로 파악하는 능력 • 평가대상의 특성을 총체적이고 객관적으로 파악하는 능력 • 평가된 이용 만족도를 박물관 경영에 활용할 수 있는 능력 • 평가된 자료의 가치를 활용할 수 있는 능력
태 도	• 경영성과 평가의 타당성을 확립하려는 자세 • 공명정대한 평가 자세 • 문화재 가치 평가의 타당성을 확립하려는 자세 • 이용 만족도 평가의 타당성을 확립하려는 자세 • 정확하고 통찰력 있는 사고 • 통계 처리 자료 해석의 타당성을 확립하려는 자세 • 투명하고 건전한 윤리 의식 • 평가 계획 수립의 타당성을 확립하려는 자세

- 장비

장 비 명	단 위	활용구분(공용/전용)	1대당 활용인원
• 컴퓨터	대	공용	1
• 프린터	대	공용	30
• 통계 프로그램	세트	전용	30
• 조건부가치 측정(CVM,; 지불할 의사 측정: WTP, 보상할 의사 WTA), 컨조인트 분석(CAM), 여행비용 접근(TCM), 만족도 가격 측정을 위한 문서작성기	식	전용	30

※ 장비는 주장비만 제시한 것으로 그 외의 장비와 공구는 별도로 확보

- 재료

재 료 목 록
• 조건부가치 측정(CVM,; 지불할 의사 측정: WTP, 보상할 의사 WTA), 컨조인트 분석(CAM), 여행비용 접근(TCM), 만족도 가격 측정을 위한 설문지

※ 재료는 주재료만 제시한 것으로 그 외의 재료는 별도로 확보

○ 과정/과목명 : 0801040109_14v1 문화재 경영
- 훈련개요

훈련목표	기관(박물관)의 설립 목적을 달성하기 위하여 중장기 계획 수립, 사업개발, 재정 운영계획 수립, 인적자원 관리, 건축·시설관리 업무를 수행하는 능력을 함양
수 준	7
최소훈련시간	45시간
훈련가능시설	강의실, 실습실, 컴퓨터실, 교보재실
권장훈련방법	집체훈련, 원격훈련, 현장견학, 현장실습

- 편성내용

단 원 명 (능력단위 요소명)	훈 련 내 용 (수행준거)	평가시 고려사항
중장기 계획 수립하기	1.1 기관 설립 취지에 맞게 종합적인 중장기 계획을 수립할 수 있다. 1.2 기관의 기본 현황을 토대로 경영전략과 사업계획을 수립할 수 있다. 1.3 조사·연구, 수집·관리, 전시, 교육, 보존 등 학예직의 기본업무를 수행할 수 있다. 1.4 국내외 환경변화를 종합적으로 분석하여 정책에 반영할 수 있다.	- 평가자는 다음의 사항을 평가해야 한다. ● 사업계획서 작성 능력 ● 사업계획에 따른 자원조달 계획 수립 능력 ● 신규 사업 개발 능력 ● 인사관리 능력 ● 자료분석 프로그램 활용 능력 ● 건축·시설 관리 능력
사업 개발하기	2.1 기관 및 주변 환경에 대한 자료를 수집할 수 있다. 2.2 수집된 자료를 분석·평가할 수 있다. 2.3 기관 설립 취지에 맞게 사업을 개발할 수 있다. 2.4 이용자 및 이용자 선호도를 파악할 수 있다. 2.5 기관에 대한 기본적인 지식 및 사업을 분석·평가할 수 있다. 2.6 분석된 자료를 기초로 이용자에 맞는 사업을 개발할 수 있다. 2.7 개발된 사업을 적용·분석·평가할 수 있다.	
재정운영계획 수립하기	3.1 기관별 중장기 재정 운영 계획을 수립할 수 있다. 3.2 세부 사업별 재정 운영 계획을 수립할 수 있다. 3.3 계획에 의거하여 재원을 조달하고 집행할 수 있다. 3.4 재정 운영 결과를 분석할 수 있다.	
인적자원관리하기	4.1 기관별 중장기 인적자원 관리 계획을 수립할 수 있다. 4.2 세부 사업별 인력 운영 및 교육 계획을 수립할 수 있다. 4.3 내·외부 인적자원 네트워크를 구축·관리할 수 있다. 4.4 자원봉사자를 모집하고 운영할 수 있다. 4.5 인적자원 운영 결과를 분석할 수 있다.	
건축 시설 관리하기	5.1 기관별 중장기 건축시설 관리계획을 수립할 수 있다. 5.2 공간별 세부 운영계획을 수립하고 관리할 수 있다. 5.3 내·외부 시설관리 네트워크를 구축·관리할 수 있다. 5.4 시설을 점검하고 유지보수 업무를 수행할 수 있다.	

- 지식·기술·태도

구 분	주 요 내 용
지 식	• 건축 기초 공학에 대한 지식 • 경제적, 재무적 타당성 분석 방법에 대한 지식 • 기관 이해 및 분석·평가에 관한 지식 • 노무 관리에 대한 지식 • 문화이론 및 문화정책에 대한 지식 • 박물관·미술관·과학관 등 문화기관에 대한 기본 지식 • 박물관학에 대한 종합적인 지식 • 사업 개발 및 수행·평가에 관한 지식 • 사업개발 절차 및 작성에 대한 지식 • 시설 업무 지침에 따른 공조 관리 지식 • 시설물의 특성과 운용, 유지 보수에 관한 지식 • 업무별·직급별 직무에 대한 이해 • 이용자 분석에 관한 지식 • 인적자원관리에 대한 지식 • 재무제표 분석 방법에 대한 이해 • 조사연구, 전시, 교육 등 학예업무에 대한 기본 지식 • 채용관련 인사규정에 대한 지식 • 채용전형 방법 및 절차에 대한 이해 • 학예업무에 대한 지식 • 환경 관리 지침에 관한 지식 • 회계 관련 법규 및 매뉴얼에 대한 이해
기 술	• SWOT 분석 능력 • 관련 기기 사용 기술 • 노동 시장조사 능력 • 문화에 대한 이해를 기초로 종합적으로 분석할 수 있는 문화 기술 • 사업 개발 및 적용 기술 • 사업계획서 작성 기술 • 선호도 조사 분석을 위한 기술 • 시장현황자료 정보검색 및 분석능력 • 자료분석 프로그램 활용 능력 • 자료수집 및 분석 능력 • 중장기 사업 계획을 설계하고 기술할 수 있는 능력 • 커뮤니케이션을 위한 문서화 능력 • 컴퓨터 활용 기술 • 통계학적인 기술 • 학예업무 전반에 대한 수행 능력 • 학예직의 기본 업무를 수행할 수 있는 기술 • 환경 기기 사용과 정기 운용 일지 작성 기술
태 도	• 고객 중심의 열려있는 태도 • 문화발전 및 활성화 방안에 대한 공리적 사명감 • 문화에 대한 객관적 사고와 판단 • 문화에 대한 긍정적인 사고 • 박물관 등 문화기관에 대한 이해 및 관련 지식에 대한 학문적 태도 • 이용자 눈높이에 맞는 태도 • 종합적인 분석 태도 • 창의적인 사고 • 학예직으로서 문화유산에 대한 윤리의식

	• 건축 시설 관리에 대한 책임감 • 논리적이고 객관적으로 검증하는 자세 • 부서간 긴밀한 업무 협조 태도 • 세밀하고 섬세한 분석적인 자세 • 솔선 수범 자세 준수 • 정교한 논리전개 자세 • 청결 유지에 대한 책임감 • 효율적인 목표달성을 위한 전략적 사고

- 장비

장 비 명	단 위	활용구분(공용/전용)	1대당 활용인원
• O/S패키지: 경영정보관리(MIS), 전사적 자원계획(ERP), 고객관계관리(CRM), 인적자원관리(HRM) 등	세트	전용	1
• 컴퓨터	대	공용	1
• 프린터	대	공용	30
• 오디오시스템	세트	공용	30
• 카메라	대	공용	30
• 캠코더	대	공용	30
• 스캐너	대	공용	30

※ 장비는 주장비만 제시한 것으로 그 외의 장비와 공구는 별도로 확보

- 재료

재 료 목 록
• O/S패키지: 경영정보관리(MIS), 전사적자원계획(ERP), 고객관계관리(CRM), 인적자원관리(HRM) 등의 소모품 • 문서작성기, 통신기자재, 정보화기자재, 보안기자재, 사무실기자재, 물류설비, 운송설비 등의 소모품

※ 재료는 주재료만 제시한 것으로 그 외의 재료는 별도로 확보

○ 과정/과목명 : 0801040110_14v1 문화재 마케팅

- 훈련개요

훈련목표	홍보를 포함한 마케팅과 관련된 내용을 조직체의 전반적인 사업 전략에 적합하도록 해당 분야의 계획을 수립하고, 전체적인 현황을 분석하며, 해당 업무의 실제적인 실행 및 그 성과를 분석까지 수행할 수 있는 능력을 함양
수 준	4
최소훈련시간	45시간
훈련가능시설	강의실, 실습실, 컴퓨터실, 교보재실
권장훈련방법	집체훈련, 원격훈련, 현장견학, 현장실습

- 편성내용

단 원 명 (능력단위 요소명)	훈 련 내 용 (수행준거)	평가시 고려사항
홍보 마케팅 계획 수립하기	1.1 홍보 마케팅의 주제에 따른 실천 방법과 특징을 파악할 수 있다. 1.2 홍보 마케팅의 주제에 따른 제반 자료를 수집·정리·활용할 수 있다. 1.3 홍보 마케팅을 실시하고자 하는 조직체의 구성원 관련 분야 전문가와의 소통을 통해 업무 추진 방향을 설정할 수 있다.	- 평가자는 다음의 사항을 평가해야 한다. ● 마케팅 관련 현황 이해 능력 ● 마케팅 관련 대상·범주 분석 능력 ● 마케팅 관련 데이터 수집·통계·분석·활용 능력 ● 마케팅 관련 소통화법 등 의사 표현력 ● 마케팅 관련 각종 운용 프로그램·제반 시스템·장비 및 도구 운용 능력
홍보 마케팅 현황 분석하기	2.1 홍보 마케팅을 실시하고자 하는 조직체의 장·단점과 현황에 따른 사항을 파악할 수 있다. 2.2 홍보 마케팅의 대상에 적합한 효율적인 방안을 도출할 수 있다. 2.3 온·오프라인 등 각종 홍보 마케팅의 유형에 따른 전략을 도출할 수 있다.	
홍보 마케팅 실행하기	3.1 홍보 마케팅의 주제(범주)에 따른 자료를 작성할 수 있다. 3.2 홍보 마케팅의 방법에 따른 다양한 작업을 기획·실행할 수 있다. 3.3 홍보 마케팅 효과의 창출이 가능한 적정 시점을 파악·활용할 수 있다. 3.4 홍보 마케팅의 실행에 따른 효과를 예측·대비할 수 있다.	
홍보 마케팅 성과 분석하기	4.1 홍보 마케팅의 실행에 따른 성과를 분석할 수 있다. 4.2 홍보 마케팅의 성과에 따른 자료를 생산할 수 있다. 4.3 홍보 마케팅의 실행에 따른 성과를 개선, 발전시킬 수 있다.	

- 지식 · 기술 · 태도

구 분	주 요 내 용
지 식	• SNS 등 인터넷 자료 수집·분석 지식 • SWOT분석, STP절차, 마케팅 믹스 전략에 관한 지식 • 각종 매체 자료 수집·분석 지식 • 계획서를 비롯한 각종 문서의 작성과 관련한 지식 • 국외 자료를 검색, 이해, 활용할 수 있는 외국어 관련 지식 • 문화유산 관련 논문을 포함한 전문서적의 이해 능력 • 문화유산 관련 시사를 파악하고 이해하는 능력 • 소통에 필수적인 화법 관련 지식 • 웹사이트, SNS 등 인터넷 활용에 관한 지식 • 조사·통계 관련 지식 • 최적화된 문서·자료를 출판·생산에 관한 지식 • 홍보 마케팅 관련 국외 자료를 열람·활용할 수 있는 외국어 관련 지식 • 홍보 마케팅 관련 매체 및 데이터의 이해·분석·활용 지식 • 홍보·마케팅에 필요한 각종 매체 활용에 관한 지식
기 술	• SWOT분석, STP절차, 마케팅 믹스 전략 실행 능력 • 각종 매체에 적합한 자료의 생산·제공 기술 • 데이터 분석 및 결과 도출이 가능한 통계 관련 기술 • 웹사이트 제작, SNS 운영 등 디지털 네트워킹 능력 • 인터넷, 논문, 전문서적을 비롯한 정보 검색·활용 기술 • 자료 분석을 정확하게 표현할 수 있는 문서 작성 기술 • 출판물 발간·편집 기술 • 프레젠테이션을 포함한 컴퓨터 운용 및 제반 프로그램 운용 기술 • 홍보 마케팅의 대상과의 협의에 필요한 의사 표현력 • 홍보 마케팅의 성과를 반영한 홈페이지 등 인터넷 자료 업그레이드 기술 • 홍보 마케팅의 성과를 열람할 수 있는 프레젠테이션 작성·생산 기술 • 홍보 마케팅의 성과와 관련한 후속보완 자료를 작성·전파하는 능력
태 도	• 대상에 대한 지속적인 관심과 관리 능력 • 문화유산 홍보 마케팅을 하려는 조직체를 이해하려는 자세 • 변화의 속도에 적합한 순발력과 응용력 • 상대방에 대한 배려와 유연성 • 신속, 정확하게 업무를 파악하려는 적극적인 자세 • 실천을 실현할 수 있는 학구적인 태도 • 업무의 개선·발전을 실현할 수 있는 추진력과 자발적인 학습의 실천 • 원활한 소통을 위한 오픈 마인드와 경청하는 자세 • 원활한 의사소통에 적합한 원만한 대인관계 및 사교성 • 자료를 분석·종합할 수 있는 적극성·정밀성 • 자료에 대한 이해력 응용력 • 정확하면서도 원활한 소통이 가능한 의사 전달력 • 지속적인 업무 능력 향상을 위한 자발적인 자세 • 해당 분야에 대한 지속적인 관심 • 환류를 실현할 수 있는 연속성

- 장비

장 비 명	단 위	활용구분(공용/전용)	1대당 활용인원
• 컴퓨터	대	공용	1
• 프린터,	대	공용	30
• 오디오시스템	세트	공용	30
• 카메라,	대	공용	30
• 캠코더,	대	공용	30
• 스캐너	세트	공용	30
• Ubiquitous 시스템	대	공용	30

※ 장비는 주장비만 제시한 것으로 그 외의 장비와 공구는 별도로 확보

- 재료

재 료 목 록
• 컴퓨터 작업 수행에 필요한 각종 운용 프로그램(문서 작업 관련)
• 컴퓨터 작업 수행에 필요한 각종 운용 프로그램(통계 작업 관련)
• 컴퓨터 작업 수행에 필요한 각종 운용 프로그램(이미지·음향·동영상 작업 관련)
• Ubiquitous(또는 Pervasive computing)작업 수행에 필요한 각종 운용 프로그램(Cloud Computing)

※ 재료는 주재료만 제시한 것으로 그 외의 재료는 별도로 확보

○ 과정/과목명 : 0801040111_14v1 문화재 정보서비스

- 훈련개요

훈련목표	이용자에게 문화재과 관련된 유용한 정보를 제공하기 위하여 계획 수립, 시스템 구축, 시스템 운영, 콘텐츠 개발, 콘텐츠 활용의 업무를 수행하는 능력을 함양
수 준	4
최소훈련시간	45시간
훈련가능시설	강의실, 실습실, 컴퓨터실, 교보재실
권장훈련방법	집체훈련, 원격훈련, 현장견학, 현장실습

- 편성내용

단 원 명 (능력단위 요소명)	훈 련 내 용 (수행준거)	평가시 고려사항
정보관리 서비스 계획 수립하기	1.1 기관 설립 취지에 부합하는 문화재 종합 정보관리 서비스 계획을 수립할 수 있다. 1.2 사업별 세부 정보관리 서비스계획을 수립할 수 있다. 1.3 국내·외 정보 환경변화를 종합적으로 분석하여 정보관리 서비스 정책에 반영할 수 있다.	- 평가자는 다음의 사항을 평가해야 한다. • 문화재 종합 정보서비스정책 수립 능력 • 정보 서비스 시스템 구축 능력 • 정보 서비스 시스템 매뉴얼 작성 능력 • 정보 서비스 콘텐츠 개발 능력 • 이용자 활용 매뉴얼 작성 능력
정보관리 시스템 구축하기	2.1 사업별 정보관리 서비스운영 효율을 높이기 위해 수요를 파악할 수 있다. 2.2 기존 정보관리 서비스 시스템에 대한 조사, 분석, 평가를 할 수 있다. 2.3 정보관리 서비스 시스템을 구축하는데 소요되는 개발 투자비용과 시간을 산정할 수 있다. 2.4 정보관리 서비스 시스템을 구축하는데 소요되는 비용 대비 시스템 구축효과를 예측할 수 있다	
정보관리 시스템 운영하기	3.1 정보관리 서비스의 신규 운영 체제 도입에 따라 시스템을 설계할 수 있다. 3.2 정보관리 서비스 환경 변화에 따라 운영계획을 수립할 수 있다. 3.3 정보관리 서비스 시스템 운영의 평가를 통하여 운영 개선에 환류할 수 있다.	
정보관리 콘텐츠 개발하기	4.1 정보관리 서비스의 신규 운영 체제 도입에 따라 콘텐츠 개발 메뉴얼을 작성할 수 있다. 4.2 콘텐츠 개발 매뉴얼에 따라 정보관리 서비스 콘텐츠를 개발할 수 있다. 4.3 사용자의 요구에 따라 정보관리 서비스 콘텐츠를 수정 보완할 수 있다.	
정보관리 콘텐츠 활용하기	5.1 정보관리 서비스 이용자의 요구를 수집·분석할 수 있다. 5.2 정보관리 서비스의 신규 운영 체제 도입에 따라 이용자 활용 매뉴얼을 작성할 수 있다. 5.3 정보관리 서비스 시스템을 통하여 콘텐츠를 이용자에게 제공할 수 있다.	

- 지식 · 기술 · 태도

구 분	주 요 내 용
지 식	• 부서별 업무 체계 및 특성 이해 • 비상사태 유형 및 사례 이해 • 비용대비 효과 산정 방법에 대한 이해 • 비용대비 효과 산정 방법에 대한 이해 • 예비시스템의 구성에 대한 이해 • 정보관리 서비스 시스템 개발 비용 및 시간 산정 방법에 대한 지식 • 정보관리 서비스 시스템 구성 요소에 대한 이해 • 정보관리 서비스 시스템 불안정적 요소에 관한 이해 • 정보관리 서비스 시스템 운영 체제 이해 • 정보관리 서비스 시스템 운영의 효율성 및 실효성 평가 방법에 대한 이해 • 정보관리 서비스 시스템 유지보수에 대한 이론적 적정 재정 규모에 대한 이해 • 정보관리 서비스 정책 요인 이해 • 정보관리 서비스 콘텐츠 개발 비용 및 시간 산정 방법에 대한 이해 • 정보관리 서비스 콘텐츠 구성 요소에 대한 이해 • 정보관리 서비스 콘텐츠의 운영 절차에 대한 이해 • 정보관리 서비스콘텐츠 운영 체제 이해 • 정보관리 서비스콘텐츠 운영 매뉴얼 작성 방법에 대한 이해 • 정보관리 서비스콘텐츠 운영의 효율성 및 실효성 평가 방법에 대한 이해
기 술	• 업무의 변화에 따른 시스템 교체 판단 능력 • 요구 사항 분석 능력 • 전문가 의견을 종합하여 문서화하는 능력 • 정보관리 서비스 시스템 도입의 적정한 시기 판단 능력 • 정보관리 서비스 시스템 불안정 징후 감지 능력 • 정보관리 서비스 시스템 운영 흐름에 대한 시각화 표현 능력 • 정보관리 서비스 시스템 운영에 대한 문제점 판단 능력 • 정보관리 서비스 시스템 전문가 섭외 능력 • 정보관리 서비스 시스템 효율성 판단 능력 • 정보관리 서비스 콘텐츠 시스템 도입의 적정한 시기 판단 능력 • 정보관리 서비스 콘텐츠 효율성 판단 능력 • 정보관리 서비스콘텐츠 운영 흐름에 대한 시각화 표현 능력 • 정보관리 서비스콘텐츠 운영에 대한 문제점 판단 능력 • 정보관리 서비스콘텐츠 전문가 섭외 능력 • 커뮤니케이션을 위한 문서화 능력 • 하드웨어/소프트웨어 대체 처리 능력
태 도	• 문제점 탐색에 대한 적극적 자세 • 시간과 비용의 최소화를 위해 노력하는 자세 • 시스템 상황에 대해 세밀히 검토하려는 자세 • 업계 동향 변화에 대한 민감한 대응 자세 • 업무 지원에 대한 서비스 마인드 • 업무 효율을 높이려는 적극적인 자세 • 외부환경에 변화에 대해 주의를 기울이는 자세 • 정보관리 서비스 시스템 공유체제 확립에 대한 미래지향적 태도 • 정보관리 서비스 시스템에 대한 정보를 주시하는 자세 • 활용도 높은 매뉴얼을 제작하려는 자세

- 장비

장 비 명	단 위	활용구분(공용/전용)	1대당 활용인원
• 정보 서비스 시스템	대	전용	1
• 정보 서비스 콘텐츠	개	전용	30
• 통계 프로그램	세트	전용	30

※ 장비는 주장비만 제시한 것으로 그 외의 장비와 공구는 별도로 확보

- 재료

재 료 목 록
• 문서 작업과 관련된 컴퓨터 작업 수행에 필요한 각종 운용 프로그램 • 통계 작업과 관련된 컴퓨터 작업 수행에 필요한 각종 운용 프로그램

※ 재료는 주재료만 제시한 것으로 그 외의 재료는 별도로 확보

Ⅲ. 고려사항

1. 활용방법

○ 훈련기준에서 제시한 이외의 과정수립에 필요한 사항은 「근로자직업능력개발법」 등 관련 규정을 참고하시기 바랍니다.

○ 본 훈련기준의 훈련과정은 모듈식으로, 장-단기과정 모두에서 활용가능하며, 훈련사업별로 요구하는 훈련과정 편성지침에 따라 편성할 수 있습니다.

○ 3월 350시간 이상의 장기 훈련과정을 편성하는 경우, 수강생의 수준에 적합하게 훈련이수체계도에서 제시한 해당직종의 훈련과정/과목을 필수로 반영하고, 이외 관련 직종의 과정/과목을 선택하여 편성할 수 있습니다.

　* 단, 훈련생이 '필수과정'의 일부 훈련 과정/과목을 이수하거나, 직무수행경력이 있는 경우에는 해당 훈련과정/과목을 제외하고 훈련할 수 있습니다.

　* 효율적으로 훈련하기 위해 둘 이상의 과정/과목을 결합하여 대(大)과목으로 편성하거나, 하나의 과정 과목을 둘 이상의 세(細)과목으로 편성하여 훈련할 수 있습니다.

　* 훈련과정/과목에서 제시한 훈련시간은 훈련생의 학습능력을 고려하여 최대 50%까지 연장하여 훈련할 수 있습니다.

2. 참고사항

가. 관련자격종목
○ 박물관미술관학예사

나. 직업활동 영역
○ 학예 직무
○ 문화해설사 직무

다. 국가직무능력표준 관련 직종
○ 문화재 보수
○ 문화재 보존

라. 관련 홈페이지 안내
○ 훈련기준 및 국가직무능력표준 : http://www.ncs.go.kr
○ 자격정보 : http://www.q-net.or.kr
○ 훈련교재 및 매체 : http://book.hrdkorea.or.kr

3 출제기준

□ **개발목적**
  ○ 각종 자격의 시험문제 작성시 활용하는 기준을 국가직무능력표준에 따라 제시하기 위하여 출제기준(시안)* 개발
    * 출제기준(시안) : 출제기준의 경우에는 이를 확정하는 절차를 법령으로 정하여 운영함에 따라 확정된 '출제기준'과 국가직무능력표준을 근거로 마련된 출제기준을 구분하기 위하여 '출제기준(시안)' 용어 사용

□ **활용대상**
  ○ 국가기술자격법에 따른 국가기술자격
  ○ 개별법령에 따른 국가전문자격
  ○ 자격기본법에 따른 공인민간자격, 민간자격
  ○ 고용보험법에 따른 사업내 자격

□ **활용(예시)**
  ○ 자격 및 자격취득자 특성에 따라 능력단위별 출제기준(시안)을 조합하여 출제기준으로 활용

〈방법〉 국가직무능력표준 개발시 관련자격 개선 의견(예시)로 제시된 내용을 그대로 활용

자격종목	능력단위		수준
	분류번호	명칭	
궤도기능사(가칭)	14220603_12v1	궤도부설	5
	14220602_12v1	레일용접	4
	14220605_12v1	부대공사	3

1.1. 출제기준(시안)

Ⅰ. 자격개요

1. 자격 정의

대 분 류	08.문화·예술·디자인·방송	중 분 류	4.문화재 관리	소 분 류	01.학예
자격종목명	학예			분류번호	08010401
자격종목정의	자연 및 인류에 관한 유무형의 자료의 수집, 관리, 보존, 조사, 연구, 전시, 교육, 교류, 평가, 경영, 마케팅, 정보서비스 업무를 수행하는 능력이다				

Ⅱ. 능력단위별 출제기준(시안)

능력단위 분류번호	문화재 수집 0801040101_14v1	능력단위 수준	5
능력단위 정의	문화재 수집은 문화재 수집에 대한 계획 수립, 실행, 자료관리, 정보관리, 수장환경 관리 등을 수행하는 능력이다.		
평 가 방 법	지필평가 : 복합형	시 간	60분
	실무평가 : 해당 없음	시 간	-

	능력단위 요소 (세부항목)	수 행 준 거 (세세항목)
평가 내용	0801040101_14v1.1 수집계획 수립하기	1.1 문화재 보호 법령에 따라 자료 보존, 관리, 활용에 관한 기본계획을 수립할 수 있다. 1.2 수집 계획에 따라 자료의 구입·기증·양도·반환·대여·교환의 수집방법을 구상할 수 있다. 1.3 소장유물에 대한 등록, 출납관리 현황과 열람 및 필름복제, 자료집 발간 등의 계획을 수립할 수 있다. 1.4 소장유물 정보를 전산화하기 위한 자료 촬영, 이미지 정보입력, DB작업의 계획을 수립할 수 있다. 1.5 미등록 자료 누적 해소를 위해 기초목록 정리 및 목록화 작업계획을 수립할 수 있다. 1.6 수집 계획에 따라 실행과정을 수정 보완할 수 있다.
	0801040101_14v1.2 수집 실행하기	2.1 수집계획에 따라 문화유산을 세척, 접합, 복원, 색맞춤 등의 처리를 거쳐 수집할 수 있다. 2.2 수집계획에 따라 유무형의 문화유산을 구입, 기증, 양도, 반환, 대여, 교환 방법으로 수집할 수 있다. 2.3 유물, 문화재, 기록물 등의 자료원본이나 사진 등의 특성을 고려하여 수집 방법을 선택할 수 있다.

	0801040101_14v1.3 수집 자료 관리하기	3.1 수집한 자료의 원천정보를 획득하기 위한 기록화 작업을 수행할 수 있다. 3.2 수집한 자료를 문화재 보호법령에 따라 관리할 수 있다. 3.3 자료의 명칭을 부여하고 고유번호를 등록하여 소장 자료의 데이터화 작업을 수행할 수 있다. 3.4. 수집 자료의 화재, 도난, 파손, 운송위험 등을 보장하는 포괄적인 위험담보를 위한 보안대책을 마련할 수 있다.
	0801040101_14v1.4 수집 정보 관리하기	4.1 문화재 보호법령에 따라 수집한 문화유산을 기록 관리할 수 있다. 4.2 문화유산 정보관리 시스템을 활용하여 관리할 수 있다. 4.3 문화재 보호법령에 따라 수집된 문화유산의 정보를 활용할 수 있다. 4.4. 문화유산 정보관리시스템을 통하여 이용자에게 정보를 제공할 수 있다.
	0801040101_14v1.5 수장 환경 관리하기	5.1 보존·보완·활용의 측면을 고려하여 수장시설을 관리할 수 있다. 5.2 수집된 자료를 보호하기 위하여 최적의 수장 환경을 유지 관리할 수 있다. 5.3 수장 환경 관리에 필요한 공조 설비를 검토할 수 있다. 5.4 수장 환경 관리에 적절한 보완대책을 수립하여 관리할 수 있다.
관련 지식	- 3D스캔, X-ray를 이용한 비파괴검사에 관한 지식 - 국보, 보물, 천연기념물 또는 중요 민속 문화재의 지정서 발급 및 재발급에 관한 지식 - 국제협약, 국제협정, 선언문, 권고안, 운용지침, 지도방침에 관한 지식 - 기록 관리와 데이터 처리 시스템 관련 지식 - 기탁, 기증 등 문화재 수집과 관련한 소유권, 유치권 등 민법 법률지식 - 문화유산 관련 국제기구(ICCROM, IIC, ICOMOS, ICOM)의 문화유산 보호에 관한 지식 - 문화유산 훼손 사전방지를 위한 국가지정문화재, 등록문화재 등 상시관리에 관한 지식 - 문화유산의 출입정보를 실시간 확인하기 위한 RFID 부착에 관한 지식 - 문화유산의 포장과 운반 용역 입찰을 위한 총액입찰 및 최저가 낙찰제 등에 관한 지식 - 문화재보호법, 매장문화재보호 및 조사에 관한 법률, 문화재보호기금법, ICOM윤리강령에 관한 지식 - 문화재보호법, 박물관 및 미술관 진흥법, ICOM윤리강령 - 문화재청 관련 지침(훈령), 규정(예규), 기준(고시), 매뉴얼 - 방사선 발생장치를 이용한 재질(성분)분석에 관한 지식 - 방사선투과(XRF, EPMA, SEM 등)기법, 고증, 탁본, 선탁 등 자료감식에 대한 지식 - 사고에 대비한 전시유물보험 가입 및 사고발생시 보상조치에 관한 지식 - 소장자료 수집의 대한 지식 - 수리, 정비, 복구, 복원, 보존처리에 관한 지식 - 수집 정보관리에 관한 전문지식 - 수집방법에 관한 업무절차와 생물자원, 매장유물의 체계적 수립을 위한 굴착행위 등 토지형질에 관한 지식 - 유물관리 규정에 대한 지식 - 인류 유산 및 자연에 대한 역사 문화적 지식 - 화물자동차 운수사업별에 의한 운송 사업 등록에 관한 지식	
평가 시설· 장비	강의실	

능력단위	문화재 관리		능력단위 수준	5
분류번호	0801040102_14v1			
능력단위 정의	문화재 관리는 문화재의 원형 유지를 위한 보존 정책 수립, 예방처리, 수복처리, 보존환경, 보존기록 등을 관리하는 능력이다.			
평가 방법	지필평가 : 복합형		시 간	60분
	실무평가 : 해당 없음		시 간	-

평가 내용	능력단위 요소 (세부항목)	수 행 준 거 (세세항목)
	0801040102_14v1.1 보존계획 수립하기	1.1 문화재 보호법령에 따라 문화재 보존 계획을 수립할 수 있다. 1.2 문화유산 관리 계획에 따라 문화재 특성을 분석할 수 있다. 1.3 문화유산 특성에 따라 수장하고 격납하여 보존할 수 있다.
	0801040102_14v1.2 예방 처리하기	2.1 문화유산 특성에 따라 문화재 보존 환경을 조성·관리할 수 있다. 2.2 문화유산의 재질별 특성에 따른 열화 요인을 분석할 수 있다. 2.3 문화재 열화 요인에 따른 예방 조치를 수행할 수 있다.
	0801040102_14v1.3 수복 처리하기	3.1 문화재 수복처리에 관련된 시설 환경을 조성·관리할 수 있다. 3.2 열화된 문화유산의 수복 처리를 위한 절차를 파악할 수 있다. 3.3 문화유산의 특성에 맞는 수복절차에 따라 수복처리를 수행할 수 있다.
	0801040102_14v1.4 보존 환경 관리하기	4.1 문화유산 특성에 맞는 보존 환경 관리 요소를 도출할 수 있다. 4.2 문화유산을 보호하기 위하여 최적의 보존 환경을 조성할 수 있다. 4.3 보존 환경 관리에 필요한 시설을 검토하여 적절한 보완대책을 수립할 수 있다.
	0801040102_14v1.5 보존 기록 관리하기	5.1 문화유산 보존 기록 관리 매뉴얼을 파악할 수 있다. 5.2 문화유산 예방보존 처리 과정 계획을 수립할 수 있다. 5.3 문화유산 수복처리 과정을 기록할 수 있다. 5.4 문화유산 보존 기록을 정보처리시스템으로 관리할 수 있다.

관련 지식	- ICOM 윤리강령 - 다양한 조사대상, 목적, 내용에 따른 조사기법에 대한 전문지식 - 문화유산 보존 관리에 관한 전문지식 - 문화유산 보존 예방 관리에 관한 전문지식 - 문화유산 수복처리에 관한 전문지식 - 문화유산 수복처리에 대한 절차와 방법에 관한 지식 - 문화유산 특성에 관련된 전문지식 - 보존수장환경 안전수칙에 관한 지식 - 사고에 대비한 보험제도 관련지식 - 소장 자료 보존에 대한 전문지식(수집 범위, 지역, 시기 등) - 소장 자료 재질별 관리에 대한 전문지식 - 소장자료 재질별 관리에 대한 전문지식 - 유물 및 자료의 소유권과 사용에 관한 법적 기준 - 인류 유산 및 자연에 대한 역사적 문화적 전문지식 - 자연 및 인류에 관한 유·무형의 문화유산에 대한 전문지식 - 자원에 대한 과학적인 분석과 결과물을 정리하는 전문지식 - 재질별 적정 온도, 습도, 조도 등 보존환경 관리에 필요한 전문 지식
평가 시설·장비	강의실

능력 단위	문화재 조사	능력단위 수준	5
분류번호	0801040103_14v1		

능력단위 정의	문화재 조사는 문화재에 대한 조사 계획을 수립, 실행, 분석, 정리하여 그 결과물을 도출하고 활용하는 능력이다.		
평가방법	지필평가 : 복합형	시 간	60분
	실무평가 : 해당 없음	시 간	-

	능력단위 요소 (세 부 항 목)	수 행 준 거 (세 세 항 목)
평가 내용	0801040103_14v1.1 조사계획 수립하기	1.1 문화재 보호 및 조사에 관한 법령에 따라 문화재 조사계획을 수립할 수 있다. 1.2 문화재 조사 계획에 따른 조사 범위를 설정할 수 있다. 1.3 문화재 조사 방법에 따라 세부 조사 계획 절차를 작성할 수 있다.
	0801040103_14v1.2 유·무형 자료 조사하기	2.1 문화재 조사계획에 따라 유·무형 문화재의 특성을 파악할 수 있다. 2.2 조사대상 유·무형 문화재에 대한 자료를 수집하여 정리할 수 있다. 2.3 조사대상 유·무형 문화재의 특성을 파악하여 조사방법을 설정할 수 있다.
	0801040103_14v1.3 조사 실행하기	3.1 문화재 특성에 따라 발굴조사, 문헌조사, 채집조사의 방법으로 조사 계획을 수립할 수 있다. 3.2 문화재 특성을 고려한 조사 방법 계획에 따라 시간, 인력, 예산집행 계획을 수립할 수 있다. 3.3 문화재 조사활동을 위하여 유관기관 간의 협력 체제를 구축하여 조사를 수행할 수 있다.
	0801040103_14v1.4 조사 결과 분석하기	4.1 문화재 조사 결과에 따른 자료를 분석하여 가치 있는 자료를 추출할 수 있다. 4.2 문화재 보존, 연구, 전시, 교육 자료로 활용 할 가치가 있는 결과물을 정리하여 분류할 수 있다. 4.3 조사된 결과물을 전문가의 의견을 수렴하고 가치 있는 정보로 활용할 수 있도록 수정 보완하여 데이터베이스(database)화할 수 있다.
	0801040103_14v1.5 조사 결과물 활용하기	5.1 활용가치가 있는 문화재 자료를 정보화하여 이용자에게 제공할 수 있다. 5.2 정보화한 문화재 자료를 콘텐츠화하여 이용자가 활용할 수 있도록 제공할 수 있다. 5.3 조사결과물을 보고회, 학술대회의 자료로 활용할 수 있다.
관련 지식	- 결과물을 디지털 정보화할 수 있는 전문 지식 - 다양한 조사대상, 목적, 내용에 따른 조사기법에 대한 전문 지식 - 다양한 조사대상의 가치 및 특성을 추출할 수 있는 전문지식 - 문화재 조사의 과학적 방법론에 대한 전문지식 - 인류 문화유산 및 자연에 대한 역사적, 과학적인 전문 지식 - 자연 및 인류에 관한 유·무형의 문화재에 대한 전문지식 - 조사 자원에 대한 과학적인 분석과 결과물을 정리하는 전문 지식 - 조사 자원에 대한 과학적인 분석을 할 수 있는 전문지식 - 조사를 위한 과학적인 수집·분석·정리에 필요한 지식 - 조사와 관련된 제반 법규와 규정에 대한 지식 - 콘텐츠의 다양한 형식·특성에 대한 전문 지식	
평가 시설· 장비	강의실	

능력단위	문화재 연구	능력단위 수준	7
분류번호	0801040104_14v1		
능력단위 정의	문화재 연구는 수집된 문화재를 토대로 연구 계획을 수립하여 자료조사 및 연구실행 후 결과를 도출하고 정리하는 능력이다.		
평가 방법	지필평가 : 복합형	시간	60분
	실무평가 : 해당 없음	시간	-

	능력단위 요소 (세 부 항 목)	수 행 준 거 (세 세 항 목)
평가 내용	0801040104_14v1.1 연구계획 수립하기	1.1 해당 단체의 설립목표와 기본운영조례에 따라 연구계획을 세울 수 있다. 1.2 연구계획의 단계에서 전시와 교육을 전제로 연구주제를 구체적으로 설정할 수 있다. 1.3 연구계획에 따라 연구팀을 조직할 수 있다. 1.4 연구주제에 관한 선행 연구 자료를 조사하고 연구방법론을 설정해 구체적인 결과를 예측할 수 있다. 1.5 기존의 연구 성과를 분석하고 이를 토대로 새로운 고찰과 해석으로 발전시킬 수 있다.
	0801040104_14v1.2 연구자료 조사하기	2.1 연구계획에 따라 조사일정을 세울 수 있다. 2.2 연구목적에 부합하는 국내외 자료들을 조사할 수 있다. 2.3 국내외 자료의 소재를 파악하여 목록을 작성할 수 있다. 2.4 조사된 연구자료를 분석 분류 평가 정리할 수 있다.
	0801040104_14v1.3 연구 실행하기	3.1 수립된 연구 계획과 조사된 자료를 연계시킬 수 있다. 3.2 문화재의 특성을 고려하여 연구 방법을 선택할 수 있다. 3.3 연구 계획 절차를 기반으로 연구를 수행할 수 있다. 3.4 창의적이고 생산적인 연구결과를 도출할 수 있다.
	0801040104_14v1.4 연구 결과물 정리하기	4.1 연구계획과 목적에 부합하도록 연구 결과물을 작성할 수 있다. 4.2 연구과정에서 수집된 실물자료와 사진자료, 영상자료 등 일체의 자료에 관한 목록을 작성할 수 있다. 4.3 연구과정에서 수집된 귀중자료는 박물관에 소장될 수 있도록 요청할 수 있다.
관련 지식	- 각 언어의 자료 성격에 관한 지식 - 국내외 연구동향에 대한 지식 - 연구과정에서 수집된 모든 자료에 대한 분류지식 - 연구의 방법 및 형식에 관련된 지식 - 연구의 타당성을 찾아내는 방법에 대한 지식 - 연구이론 및 방법에 관한 지식 - 연구자료 조사의 방법과 이론에 대한 지식 - 연구하려는 문화재에 적합한 이론 지식 - 자료소장자에 대한 정보 지식 - 조사된 자료에 대한 배경 지식 - 해당 연구주제에 대한 기존 연구에 대한 지식정보	
평가 시설· 장비	강의실	

능력단위	문화재 전시	능력단위 수준	4
분류번호	0801040105_14v1		
능력단위 정의	문화재 전시는 문화재의 가치를 모색하고 전파하기 위해 일정한 주제와 다양한 기법을 이용하여 타인에게 전시물을 보여주는 능력이다.		
평가 방법	지필평가 : 복합형	시간	60분
	실무평가 : 해당 없음	시간	-

	능력단위 요소 (세부 항목)	수 행 준 거 (세세 항목)
평가 내용	0801040105_14v1.1 전시계획 수립하기	1.1 전시계획에 요구되는 제반 단계에 따라 전시 계획서를 설계할 수 있다. 1.2 전시계획에 요구되는 전시주제와 전시목적의 타당성을 제시할 수 있다. 1.3 전시계획에 요구되는 장소, 일정, 공동사업자 섭외, 전시물목록을 작성할 수 있다. 1.4 전시계획에 요구되는 자료보존, 안전조치, 인력구성, 전시공간을 설계할 수 있다. 1.5 전시계획에 요구되는 전시예산, 추진일정 업무를 추진할 수 있다.
	0801040105_14v1.2 전시자료 수집 분석하기	2.1 전시에 요구되는 목적에 따라 전시자료를 조사할 수 있다. 2.2 전시에 요구되는 목적에 따라 전시자료를 수집할 수 있다. 2.3 전시에 요구되는 목적에 따라 전시자료를 정리할 수 있다. 2.4 전시에 요구되는 목적에 따라 전시자료를 분류할 수 있다. 2.5 전시에 요구되는 목적에 따라 전시자료를 분석할 수 있다.
	0801040105_14v1.3 전시설계 디자인하기	3.1 전시설계에 요구되는 기초조사, 기본구상, 기본계획을 수립할 수 있다. 3.2 전시설계에 요구되는 기본설계, 실시설계, 시공단계를 관리할 수 있다. 3.3 전시설계에 요구되는 환경디자인, 제품디자인 업무를 추진할 수 있다. 3.4 전시설계에 요구되는 시각디자인, 영상디자인 업무를 추진할 수 있다.
	0801040105_14v1.4 전시공간 연출하기	4.1 전시공간 연출규정에 따라 전시공간의 연출기획을 할 수 있다. 4.2 전시공간 연출교정에 따라 전시공간 요소와 형태를 설정할 수 있다. 4.3 전시공간 연출규정에 따라 전시 동선과 진열장을 선택할 수 있다. 4.4 전시공간 연출규정에 따라 전시물을 배열할 수 있다. 4.5 전시공간 연출규정에 따라 전시시설 공정 관리를 할 수 있다.
	0801040105_14v1.5 전시콘텐츠 제작 관리하기	5.1 전시에 요구되는 제반 규정에 따라 전시콘텐츠를 개발할 수 있다. 5.2 전시에 요구되는 제반 규정에 따라 전시콘텐츠를 제작할 수 있다. 5.3 전시에 요구되는 제반 규정에 따라 전시콘텐츠를 관리할 수 있다. 5.4 전시에 요구되는 제반 규정에 따라 전시콘텐츠를 활용할 수 있다.
	0801040105_14v1.6 전시 환경 관리하기	6.1 전시환경 관리규정에 따라 전시공간에 항온항습을 할 수 있다. 6.2 전시환경 관리규정에 따라 전시공간에 안전시설을 설치할 수 있다. 6.3 전시환경 관리규정에 따라 전시공간에 방범장치를 할 수 있다. 6.4 전시환경 관리규정에 따라 관리인력을 배치할 수 있다.
	0801040105_14v1.7 전시홍보물 제작 관리하기	7.1 전시에 요구되는 제반 규정에 따라 전시홍보물을 제작할 수 있다. 7.2 전시에 요구되는 제반 규정에 따라 전시홍보물을 관리할 수 있다. 7.3 전시에 요구되는 제반 규정에 따라 전시홍보물을 활용할 수 있다. 7.4 전시에 요구되는 제반 규정에 따라 생산된 전시홍보물을 평가할 수 있다.
	0801040105_14v1.8 전시성과 분석 평가하기	8.1 전시평가에 요구되는 제반 규정에 따라 전시성과분석틀을 개발할 수 있다. 8.2 전시평가에 요구되는 제반 규정에 따라 전시성과를 분석할 수 있다. 8.3 전시평가에 요구되는 제반 규정에 따라 전시성과를 평가할 수 있다. 8.4 전시평가에 요구되는 제반 규정에 따라 전시성과 평가물 활용방안을 제시할 수 있다.

관련 지식	- 건축기준법, 소방법 등의 법규에 대한 지식 - 관객 및 소비자 분석에 대한 지식 - 국유재산법, 지방재정법, 물품관리법에 대한 지식 - 대중 커뮤니케이션 이론에 대한 지식 - 박물관 기술학에 대한 지식 - 박물관학에 대한 지식 - 소비자 심리분석 이론에 대한 지식 - 소장자료 관리론에 대한 지식 - 작품보존 및 수복에 관한 이론 지식 - 재정 회계법에 대한 지식 - 저작권법에 대한 지식 - 전시 기획론에 대한 지식 - 전시 매체론에 대한 지식 - 전시개발 이론에 대한 지식 - 전시공간 디자인론에 대한 지식 - 전시공간 연출론에 대한 지식 - 전시설계 및 전시 디자인론에 대한 지식 - 전시시설 공정관리 규정에 대한 이해 - 전시장 인력운영에 관한 이론 지식 - 전시콘텐츠 개발 이론에 대한 지식 - 전시콘텐츠 관리 이론에 대한 지식 - 전시콘텐츠 제작 이론에 대한 지식 - 전시콘텐츠 활용 이론에 대한 지식 - 전시평가 이론에 대한 지식 - 전시평가활용 이론에 대한 지식 - 전시환경 안전관리에 관한 이론 지식 - 커뮤니케이션 디자인론에 대한 지식 - 홍보마케팅 이론에 대한 지식	
평가 시설·장비	강의실	

능력단위	문화재 교육		능력단위 수준	6
분류번호	0801040106_14v1			
능력단위 정의	문화재 교육은 교육대상에 적합한 교육프로그램 계획을 수립하고, 설계, 개발, 실행, 평가, 환류하여 문화재의 내용을 효과적으로 전수·학습하는 능력이다.			
평가방법	지필평가 : 복합형		시간	60분
	실무평가 : 해당 없음		시간	-

	능력단위 요소 (세부항목)	수 행 준 거 (세세항목)
평가 내용	0801040106_14v1.1 교육계획 수립하기	1.1 교육 주제와 교육 대상에 따른 연간 교육 계획(안)을 수립할 수 있다. 1.2 교육 계획(안)에 따른 교육 대상층과 지역사회의 요구사항을 조사할 수 있다. 1.3 수립된 교육 계획(안)에 따른 개별 교육 프로그램(안)을 계획할 수 있다. 1.4 개별 교육 프로그램(안)에 따른 기관의 유·무형의 인적, 물적 자원조사와 콘텐츠를 분석·활용할 수 있다.
	0801040106_14v1.2 프로그램 설계하기	2.1 교육 프로그램(안)에 따른 교육 주제 및 목표를 설정할 수 있다. 2.2 교육 프로그램(안)에 따른 교육 대상의 특성을 분석할 수 있다. 2.3 교육 프로그램(안)에 따라 교육 목표에 적합한 교육 방법을 선택할 수 있다. 2.4 교육 프로그램(안)에 따라 운영에 필요한 교육 환경을 준비할 수 있다. 2.5 교육 프로그램(안)에 따라 필요한 교육 자료 및 콘텐츠를 결정할 수 있다.
	0801040106_14v1.3 프로그램 개발하기	3.1 교육 방법에 따른 수업용 자료를 개발할 수 있다. 3.2 교육 방법에 따른 학습자용 활동지를 개발할 수 있다. 3.3 교육 방법에 따른 평가도구를 개발할 수 있다. 3.4 개발된 내용에 따른 전문 인력풀의 감수 및 내용 확정을 실행할 수 있다. 3.5 확정된 내용에 따른 교재 디자인과 인쇄 과정을 진행할 수 있다. 3.6 교육 내용에 따른 프로그램 홍보용 브로슈어 및 안내서를 개발할 수 있다.
	0801040106_14v1.4 프로그램 실행하기	4.1 교육 목표에 따라 교육 프로그램 참가자를 모집할 수 있다. 4.2 교육 프로그램에 따라 교육 강사를 모집, 교육할 수 있다. 4.3 교육 프로그램을 대내외적으로 홍보 마케팅을 수행할 수 있다. 4.4 개발된 프로그램의 교육 계획을 적합하게 실행할 수 있다. 4.5 개발된 프로그램의 실행에 필요한 예산을 집행할 수 있다.
	0801040106_14v1.5 프로그램 평가하기	5.1 교육 목표에 따라 운영 프로그램을 종합 평가할 수 있다. 5.2 교육 목표에 따라 평가 자료를 수집, 분석할 수 있다. 5.3 평가 내용과 시사점에 따른 프로그램 유지, 개선, 관리 방안을 제시할 수 있다. 5.4 교육 목표에 따른 교육 실시 결과 보고서를 작성할 수 있다.
관련 지식	- 과정평가에 따른 환류 이해 - 교수-학습지도안 작성법 이해 - 교육 강사 교육운영 방안에 대한 이해 - 교육 프로그램 운영에 적합한 강사의 역량에 대한 이해 - 교육 프로그램 홍보 마케팅할 사이트, 방법, 대상에 대한 지식 - 교육대상 및 지역의 사회문화적, 인구학적 특성 이해 - 교육대상별 특성 및 요구 이해 - 교육대상에 적합한 활동지 (디자인, 언어) 이해 - 교육부서 내 예산집행 흐름 및 내용의 이해	

	- 교육전개과정 및 흐름의 이해 - 기관의 교육운영 전략 및 비전 이해 - 기관의 유·무형의 인적, 물적 자원과 콘텐츠 이해 - 수업지도안(교재) 작성법 이해 - 수업지도안에서 강조하는 교육전략 및 방법에 대한 이해 - 수업활동에서 사용하는 다양한 ICT의 특징과 목적에 대한 이해 - 유사 교육프로그램 국내외 현황 이해 - 자료 수집과 분석 기법에 대한 이해 - 종합 평가 결과의 환류 방안에 대한 지식 - 종합 평가 방법론에 대한 지식 - 종합 평가의 목적과 중요성 이해 - 진단평가에 따른 환류 이해 - 최근 박물관 교육철학 및 이론적 동향과 흐름 이해 - 평가보고서 및 문서 시각화 작성법에 대한 지식 - 프레젠테이션 기술에 대한 지식 - 프로그램 평가방법 결정에 대한 지식 - 프로그램 평가방법에 대한 이해 - 학교 교과과정 이해
평가 시설· 장비	강의실

능력단위 분류번호	문화재 교류 0801040107_14v1		능력단위 수준	6
능력단위 정의	문화재 교류는 교류실태를 분석하여, 교류정책을 수립하고, 교류협력 체제를 구축하여, 교류협력 성과를 분석하고 활용하는 능력이다.			
평 가 방 법	지필평가 : 복합형		시 간	60분
	실무평가 : 해당 없음		시 간	-

	능력단위 요소 (세 부 항 목)	수 행 준 거 (세 세 항 목)
평가 내용	0801040107_14v1.1 교류실태 분석하기	1.1. 민관산학연 기관·단체와 다자간·양자간 업무협약 체결 현황을 조사할 수 있다. 1.2. 민관산학연 기관·단체와 업무협약 체결의 실태를 분석하여 대책을 수할 수 있다. 1.3. 민관산학연 기관·단체와 업무협약 체결의 지속 가능성과 해지 필요성을 분석할 수 있다.
	0801040107_14v1.2 교류정책 수립하기	2.1. 국제규범, 법령, 조례, 정관 등에 근거하여 교류정책의 보편성과 유사점을 파악할 수 있다. 2.2. 국제규범, 법령, 조례, 정관 등에 근거하여 교류정책의 특수성과 차이점을 파악할 수 있다. 2.3. 국제규범, 법령, 조례, 정관 등에 근거하여 교류정책을 수립할 수 있다.
	0801040107_14v1.3 교류협력 체제 구축하기	3.1. 민관산학연 기관·단체와 다자간·양자간 업무협약 체결을 위한 협력 체제 구축을 위한 제반여건을 조사하여 적용할 수 있다. 3.2. 민관산학연 기관·단체와 다자간·양자간 업무협약 체결을 위한 협력 체제 구축을 위한 예산을 편성하고 집행할 수 있다. 3.3. 민관산학연 기관·단체와 다자간·양자간 업무협약 체결을 위한 보증·보험·공증 업무처리를 수행할 수 있다.
	0801040107_14v1.4 교류협력 실행하기	4.1. 민관산학연 기관·단체와 업무협약에 근거하여 인적 교류 협력을 실행할 수 있다. 4.2. 민관산학연 기관·단체와 업무협약에 근거하여 물적 교류 협력을 실행할 수 있다. 4.3. 민관산학연 기관·단체와 업무협약에 근거하여 기술적 교류 협력을 실행할 수 있다. 4.4. 민관산학연 기관·단체와 업무협약에 근거하여 학술적 교류 협력을 실행할 수 있다.
	0801040107_14v1.5 교류협력 성과 분석하기	5.1. 민관산학연 기관·단체와 업무협약에 근거하여 인적 교류 협력의 성과를 분석할 수 있다. 5.2. 민관산학연 기관·단체와 업무협약에 근거하여 물적 교류 협력의 성과를 분석할 수 있다. 5.3. 민관산학연 기관·단체와 업무협약에 근거하여 기술적 교류 협력의 성과를 분석할 수 있다. 5.4. 민관산학연 기관·단체와 업무협약에 근거하여 학술적 교류 협력의 성과를 분석할 수 있다.
관련 지식	- ICOM, ICOMOS, IUCN, ICCROM, UNESCO, UN의 정관, 윤리강령에 대한 지식 - 국제협약, 국제협정, 선언문, 권고안, 운용지침, 지도방침에 대한 지식 - 박물관 및 미술관 진흥법, 문화재보호법, 법령, 조례, 예규, 정관, 방침에 대한 지식 - 업무협약에 근거한 인적, 물적, 기술적, 학술적 교류 협력에 관한 지침에 대한 지식 - 인적, 물적, 기술적, 학술적 교류 협력에 관한 정성적, 정량적, 통합적 통계분석 처리 지식	
평가 시설· 장비	강의실	

능력 단위	문화재 평가	능력단위 수준	6
분류번호	0801040108_14v1		

능력단위 정의	문화재 평가는 학예와 관련된 제반 사업의 평가계획 수립, 사업성과 평가, 문화재 가치 평가, 이용 만족도 평가, 경영성과 평가를 수행하는 능력이다.

평가 방법	지필평가 : 복합형	시 간	60분
	실무평가 : 해당 없음	시 간	-

	능력단위 요소 (세 부 항 목)	수 행 준 거 (세 세 항 목)
평가 내용	0801040108_14v1.1 평가계획 수립하기	1.1 해당 사업에 따라 수립할 평가 계획의 기초 자료를 수집할 수 있다. 1.2 수립된 평가 계획에 따라 수집된 자료를 기초로 평가 요인을 추출할 수 있다. 1.3 평가 대상 및 요인에 따라 평가 지표를 작성할 수 있다. 1.4 수행한 해당 사업 및 경영 성과 분석에 따른 평가 계획을 수립할 수 있다.
	0801040108_14v1.2 사업성과 평가하기	2.1 수행한 사업의 성과에 따라 도출 결과를 정리할 수 있다. 2.2 수행한 사업의 항목에 따른 개별 평가 지표를 사업 평가에 적용할 수 있다. 2.3 수립된 평가 계획에 따라 사업성과를 평가할 수 있다. 2.4 수행한 사업의 성과에 따른 사업평가 결과를 추후 사업에 반영할 수 있다.
	0801040108_14v1.3 문화재 가치 평가하기	3.1 문화재 가치를 이해·추출할 수 있다. 3.2 문화재 가치 관련 자료를 분석·평가할 수 있다. 3.3 평가한 문화재 가치를 문화재 사업에 활용할 수 있다.
	0801040108_14v1.4 이용 만족도 평가하기	4.1 이용 만족도를 이해·추출할 수 있다. 4.2 이해 만족도 관련 자료를 분석·평가할 수 있다. 4.3 평가한 이해 만족도를 박물관 경영에 활용할 수 있다.
	0801040108_14v1.5 경영성과 평가하기	5.1 수립된 평가 계획에 따라 경영성과를 평가할 수 있다. 5.2 수행한 사업에 따른 기관별 경영성과를 정리할 수 있다. 5.3 수행한 사업에 따른 기관별 평가 지표를 경영 평가에 적용할 수 있다. 5.4 수행한 사업에 따른 평가 결과를 추후 경영에 반영할 수 있다.

관련 지식	- 문화예술경제학에 관한 기초지식 - 문화재 가치를 분석·평가할 수 있는 지식 - 문화재 가치에 관한 지식 - 문화재 가치평가 방법론에 관한 지식 - 보존공물, 문화재, 박물관자료에 관한 지식 - 분석·평가 이론에 관한 기초지식 - 비영리 경영평가의 특수성에 관한 지식 - 역사적·문화적·지리적 맥락의 이해 - 이용 만족도를 분석·평가할 수 있는 지식 - 이용 만족도에 관한 지식 - 이용 만족도와 관련 자료와 정보에 관한 지식 - 이용 만족도와 재방문율의 상관관계의 이해 - 자원 보전과 활용에 관한 지식 - 통계학에 관한 기초지식

평가 시설· 장비	강의실

능력 단위	문화재 경영	능력단위 수준	7
분류번호	0801040109_14v1		
능력단위 정의	문화재 경영은 기관(박물관)의 설립 목적을 달성하기 위하여 중장기 계획 수립, 사업개발, 재정 운영계획 수립, 인적자원 관리, 건축·시설관리 업무를 수행하는 능력이다.		
평가 방법	지필평가 : 복합형	시 간	60분
	실무평가 : 해당 없음	시 간	-

	능력단위 요소 (세부 항목)	수 행 준 거 (세세 항목)
평가 내용	0801040109_14v1.1 중장기 계획 수립하기	1.1 기관 설립 취지에 맞게 종합적인 중장기 계획을 수립할 수 있다. 1.2 기관의 기본 현황을 토대로 경영전략과 사업계획을 수립할 수 있다. 1.3 조사·연구, 수집·관리, 전시, 교육, 보존 등 학예직의 기본업무를 수행할 수 있다. 1.4 국내외 환경변화를 종합적으로 분석하여 정책에 반영할 수 있다.
	0801040109_14v1.2 사업 개발하기	2.1 기관 및 주변 환경에 대한 자료를 수집할 수 있다. 2.2 수집된 자료를 분석·평가할 수 있다. 2.3 기관 설립 취지에 맞게 사업을 개발할 수 있다. 2.4 이용자 및 이용자 선호도를 파악할 수 있다. 2.5 기관에 대한 기본적인 지식 및 사업을 분석·평가할 수 있다. 2.6 분석된 자료를 기초로 이용자에 맞는 사업을 개발할 수 있다. 2.7 개발된 사업을 적용·분석·평가할 수 있다.
	0801040109_14v1.3 재정운영계획 수립하기	3.1 기관별 중장기 재정 운영 계획을 수립할 수 있다. 3.2 세부 사업별 재정 운영 계획을 수립할 수 있다. 3.3 계획에 의거하여 재원을 조달하고 집행할 수 있다. 3.4 재정 운영 결과를 분석할 수 있다.
	0801040109_14v1.4 인적자원관리하기	4.1 기관별 중장기 인적자원 관리 계획을 수립할 수 있다. 4.2 세부 사업별 인력 운영 및 교육 계획을 수립할 수 있다. 4.3 내·외부 인적자원 네트워크를 구축·관리할 수 있다. 4.4 자원봉사자를 모집하고 운영할 수 있다. 4.5 인적자원 운영 결과를 분석할 수 있다.
	0801040109_14v1.5 건축 시설 관리하기	5.1 기관별 중장기 건축시설 관리계획을 수립할 수 있다. 5.2 공간별 세부 운영계획을 수립하고 관리할 수 있다. 5.3 내·외부 시설관리 네트워크를 구축·관리할 수 있다. 5.4 시설을 점검하고 유지보수 업무를 수행할 수 있다.
관련 지식	- 경제적, 재무적 타당성 분석 방법에 대한 지식 - 기관 이해 및 분석·평가에 관한 지식 - 문화이론 및 문화정책에 대한 지식 - 박물관·미술관·과학관 등 문화기관에 대한 기본 지식 - 박물관학에 대한 종합적인 지식 - 사업 개발 및 수행·평가에 관한 지식 - 사업개발 절차 및 작성에 대한 지식 - 이용자 분석에 관한 지식 - 재무제표 분석 방법에 대한 이해 - 조사연구, 전시, 교육 등 학예업무에 대한 기본 지식 - 학예업무에 대한 지식 - 회계 관련 법규 및 매뉴얼에 대한 이해	

	- 건축 기초 공학에 대한 지식 - 노무 관리에 대한 지식 - 시설 업무 지침에 따른 공조 관리 지식 - 시설물의 특성과 운용, 유지 보수에 관한 지식 - 업무별·직급별 직무에 대한 이해 - 인적자원관리에 대한 지식 - 채용관련 인사규정에 대한 지식 - 채용전형 방법 및 절차에 대한 이해 - 환경 관리 지침에 관한 지식
평가 시설· 장비	강의실

능력단위	문화재 마케팅	능력단위 수준	4
분류번호	0801040110_14v1		

능력단위 정의	문화재 마케팅은 홍보를 포함한 마케팅과 관련된 내용을 조직체의 전반적인 사업 전략에 적합하도록 해당 분야의 계획을 수립하고, 전체적인 현황을 분석하며, 해당 업무의 실제적인 실행 및 그 성과를 분석까지 수행할 수 있는 능력이다.

평가방법	지필평가 : 복합형	시 간	60분
	실무평가 : 해당 없음	시 간	-

	능력단위 요소 (세부항목)	수 행 준 거 (세세항목)
평가 내용	0801040110_14v1.1 정보관리 서비스 계획 수립하기	1.1 기관 설립 취지에 부합하는 문화재 종합 정보관리 서비스 계획을 수립할 수 있다. 1.2 사업별 세부 정보관리 서비스계획을 수립할 수 있다. 1.3 국내·외 정보 환경변화를 종합적으로 분석하여 정보관리 서비스 정책에 반영할 수 있다.
	0801040110_14v1.2 정보관리 시스템 구축하기	2.1 사업별 정보관리 서비스운영 효율을 높이기 위해 수요를 파악할 수 있다. 2.2 기존 정보관리 서비스 시스템에 대한 조사, 분석, 평가를 할 수 있다. 2.3 정보관리 서비스 시스템을 구축하는데 소요되는 개발 투자비용과 시간을 산정할 수 있다. 2.4 정보관리 서비스 시스템을 구축하는데 소요되는 비용 대비 시스템 구축효과를 예측할 수 있다
	0801040110_14v1.3 정보관리 시스템 운영하기	3.1 정보관리 서비스의 신규 운영 체제 도입에 따라 시스템을 설계할 수 있다. 3.2 정보관리 서비스 환경 변화에 따라 운영계획을 수립할 수 있다. 3.3 정보관리 서비스 시스템 운영의 평가를 통하여 운영 개선에 환류할 수 있다.
	0801040110_14v1.4 정보관리 콘텐츠 개발하기	4.1 정보관리 서비스의 신규 운영 체제 도입에 따라 콘텐츠 개발 메뉴얼을 작성할 수 있다. 4.2 콘텐츠 개발 매뉴얼에 따라 정보관리 서비스 콘텐츠를 개발할 수 있다. 4.3 사용자의 요구에 따라 정보관리 서비스 콘텐츠를 수정 보완할 수 있다.
	0801040110_14v1.5 정보관리 콘텐츠 활용하기	5.1 정보관리 서비스 이용자의 요구를 수집·분석할 수 있다. 5.2 정보관리 서비스의 신규 운영 체제 도입에 따라 이용자 활용 매뉴얼을 작성할 수 있다. 5.3 정보관리 서비스 시스템을 통하여 콘텐츠를 이용자에게 제공할 수 있다.

관련 지식	- 부서별 업무 체계 및 특성 이해 - 비상사태 유형 및 사례 이해 - 비용대비 효과 산정 방법에 대한 이해 - 예비시스템의 구성에 대한 이해 - 정보관리 서비스 시스템 개발 비용 및 시간 산정 방법에 대한 지식 - 정보관리 서비스 시스템 구성 요소에 대한 이해 - 정보관리 서비스 시스템 불안정적 요소에 관한 이해 - 정보관리 서비스 시스템 운영 체제 이해 - 정보관리 서비스 시스템 운영의 효율성 및 실효성 평가 방법에 대한 이해 - 정보관리 서비스 시스템 유지보수에 대한 이론적 적정 재정 규모에 대한 이해 - 정보관리 서비스 정책 요인 이해 - 정보관리 서비스 콘텐츠 개발 비용 및 시간 산정 방법에 대한 이해

	- 정보관리 서비스 콘텐츠 구성 요소에 대한 이해 - 정보관리 서비스 콘텐츠의 운영 절차에 대한 이해 - 정보관리 서비스콘텐츠 운영 체제 이해 - 정보관리 서비스콘텐츠 운영 매뉴얼 작성 방법에 대한 이해 - 정보관리 서비스콘텐츠 운영의 효율성 및 실효성 평가 방법에 대한 이해
평가 시설· 장비	강의실

능력단위	문화재 정보서비스		능력단위 수준	4
분류번호	0801040111_14v1			
능력단위 정의	문화재 정보서비스는 이용자에게 문화재과 관련된 유용한 정보를 제공하기 위하여 계획 수립, 시스템 구축, 시스템 운영, 콘텐츠 개발, 콘텐츠 활용의 업무를 수행하는 능력이다.			
평가 방법	지필평가 : 복합형		시 간	60분
	실무평가 : 해당 없음		시 간	-

	능력단위 요소 (세 부 항 목)	수 행 준 거 (세 세 항 목)
평가 내용	0801040111_14v1.1 홍보 마케팅 계획 수립하기	1.1 홍보 마케팅의 주제에 따른 실천 방법과 특징을 파악할 수 있다. 1.2 홍보 마케팅의 주제에 따른 제반 자료를 수집·정리·활용할 수 있다. 1.3 홍보 마케팅을 실시하고자 하는 조직체의 구성원 관련 분야 전문가와의 소통을 통해 업무 추진 방향을 설정할 수 있다.
	0801040111_14v1.2 홍보 마케팅 현황 분석하기	2.1 홍보 마케팅을 실시하고자 하는 조직체의 장·단점과 현황에 따른 사항을 파악할 수 있다. 2.2 홍보 마케팅의 대상에 적합한 효율적인 방안을 도출할 수 있다. 2.3 온·오프라인 등 각종 홍보 마케팅의 유형에 따른 전략을 도출할 수 있다.
	0801040111_14v1.3 홍보 마케팅 실행하기	3.1 홍보 마케팅의 주제(범주)에 따른 자료를 작성할 수 있다. 3.2 홍보 마케팅의 방법에 따른 다양한 작업을 기획·실행할 수 있다. 3.3 홍보 마케팅 효과의 창출이 가능한 적정 시점을 파악·활용할 수 있다. 3.4 홍보 마케팅의 실행에 따른 효과를 예측·대비할 수 있다.
	0801040111_14v1.4 홍보 마케팅 성과 분석하기	4.1 홍보 마케팅의 실행에 따른 성과를 분석할 수 있다. 4.2 홍보 마케팅의 성과에 따른 자료를 생산할 수 있다. 4.3 홍보 마케팅의 실행에 따른 성과를 개선, 발전시킬 수 있다.
관련 지식	- SNS 등 인터넷 자료 수집·분석 지식 - SWOT분석, STP절차, 마케팅 믹스 전략에 관한 지식 - 각종 매체 자료 수집·분석 지식 - 계획서를 비롯한 각종 문서의 작성과 관련한 지식 - 국외 자료를 검색, 이해, 활용할 수 있는 외국어 관련 지식 - 문화유산 관련 논문을 포함한 전문서적의 이해 능력 - 문화유산 관련 시사를 파악하고 이해하는 능력 - 사이트, SNS 등 인터넷 활용에 관한 지식 - 소통에 필수적인 화법 관련 지식 - 조사·통계 관련 지식 - 최적화된 문서·자료를 출판·생산에 관한 지식 - 홍보 마케팅 관련 국외 자료를 열람·활용할 수 있는 외국어 관련 지식 - 홍보 마케팅 관련 매체 및 데이터의 이해·분석·활용 지식 - 홍보·마케팅에 필요한 각종 매체 활용에 관한 지식	
평가 시설· 장비	강의실	

CHAPTER IV

부 록

Ⅰ. 문화재관리 산업현장 검증

1 검증 사업체 현황(가나다순)

☐ 학예

번 호	사 업 체 명	부 서	성 명
1	강릉커피 박물관	학예부	정○○
2	건국대학교 박물관	학예실	설○○
3	농민문학기념관	학예부	우○○
4	동이 미술관	학예연구실	강○○
5	두루뫼박물관	학예실	강○○
6	만해기념관	학예실	김○○
7	모란미술관	학예실	계○○
8	박을복자수박물관	학예실	문○○
9	범패박물관	학예실	이○○
10	부산포민속박물관	학예사	김○○
11	북촌동양문화박물관	학예연구실	한○○
12	블루메미술관	학예연구팀	김○○
13	삼성출판박물관	-	이○○
14	삼육대박물관	박물관	박○○
15	샬트르성바오로수녀회역사박물관	학예실	이○○
16	쇳대 박물관	학예팀	유○○
17	수덕사 근역성보관	학예실	이○○

번호	사 업 체 명	부서	성명
18	아해박물관	학예사	마○○
19	안동소주박물관	학예실	김○○
20	여성생활사	학예실	윤○○
21	연기향토박물관	학예연구실	석○○
22	우리삶문화옥당박물관	학예실	유○○
23	용주사 효행박물관	학예사	김○○
24	월장사성보 박물관	학예연구실	홍○○
25	유리지공예관	학예연구원	이○○
26	의재미술관	학예연구실	이○○
27	잠월미술관	학예연구실	강○○
28	지적박물관	학예실	이○○
29	철박물관	학예연구팀	박○○
30	킴스아트필드미술관	학예연구실	이○○
31	탄허기념박물관	학예팀	이○○
32	태영민속박물관	-	한○○
33	파주나비나라	학예실	김○○
34	포토갤러리자연사랑미술관	-	전○○
35	풀짚공예박물관	학예연구실	최○○
36	프라움악기박물관	학예팀	정○○
37	한국미용박물관	학예실	노○○
38	한향림옹기박물관	학예연구팀	이○○
39	호야지리박물관	학예사	경○○
40	환기미술관	학예실	김○○

2 검증 결과

□ 학예

구 분	세 부 내 용	업체수	평균 점수	평 가 결 과
1. 직무구조	1.1 능력단위 구성	40	3.9	적절
2. 직무 및 능력단위	2.1 직무정의	40	4	적절
	2.2 능력단위 정의	40	3.8	적절
	2.3 능력단위 크기	40	3.9	적절
	2.4 능력단위 수준	40	3.7	적절
3. 능력단위요소	3.1 능력단위요소	40	3.9	적절
	3.2 능력단위요소 수준	40	3.8	적절
	3.3 수행준거	40	3.7	적절
	3.4 지식	40	3.8	적절
	3.5 기술	40	4	적절
	3.6 태도	40	4	적절
4. 직업기초능력	4.1 직업기초능력	40	4	적절
5. 적용범위 및 작업 상황	5.1 고려사항	40	3.9	적절
	5.2 관련서류	40	3.9	적절
	5.3 장비·도구	40	3.9	적절
6. 평가지침	6.1 평가방법	40	3.9	적절
	6.2 평가시 고려사항	40	3.8	적절
7. 관련자격 개선 의견	7.1 자격현황	40	3.7	적절
	7.2 자격 개선의견	40	3.5	적절
8. 평생경력개발경로	8.1 직책설정	40	3.7	적절
	8.2 경력이동	40	3.7	적절
	8.3 직무기술서	40	3.8	적절

Ⅱ. 문화재관리 표준 개발 참여 전문가 명단

□ 학예

구 분		소 속	직 위	성 명
개발 전문가	산업 현장	중앙대학교 예술문화연구원	원장	김영호
		농업중앙회 농업박물관	관장	김재균
		건국대학교 박물관	학예 실장	박재광
		서울역사박물관	부장	박현욱
		앤시(ANCI)연구소	부소장	변종필
		국립민속박물관	과장	이관호
		국립극장 공연예술박물관	관장	최석영
	교육 훈련	한국전통문화대학교	교수	최종호
		경희대학교	교수	강인애
		영남공업고등학교	교사	송승렬
	자격	군산기계공업고등학교	교사	채정배
WG심의위원		아름터건축사사무소	소장	김석순
		중요 무형문화재	-	이재순
		원창종합건설	대표이사	안상열
		국립중앙박물관	고고역사부장	송의정
		중부고고학연구소	소장	김권중
		한서대학교	교수	곽동해
		배재대학교	교수	김종헌
		공주대학교	교수	이찬희
검토위원		가회민화박물관	관장	윤열수
		한서대학교	교수	장경희
개발용역 수행기관		전북장수교육청	장학사	이영민
		한국박물관협회	기획지원실장	윤태석
		미래융합연구소	대표	오승균
		미래융합연구소	선임연구원	조연희
한국산업인력공단		표준개발실	실장	김록환
		표준개발 1팀	팀장	김병천
		표준개발 1팀	전문위원	양대은

※ WG(Working Group) : 협업형 개발체계를 구축하여 모든 직종을 대상으로 NCS를 개발하기 위하여 관련 전문기관, 부처별 추천 전문가, 교육훈련전문가, 자격전문가로 구성된 국가직무능력표준 분야별 개발 인력풀
※ WG(Working Group)심의위원회 : WG인력풀 중 산업현장, 교육·훈련, 자격전문가로 구성되며, NCS개발과 관련한 주요결정 심의, 표준안 사전심의 등 개발과정 전반에 걸친 질 관리를 담당하는 위원회